Aprendendo a Mudar

H279e Hargreaves, Andy
       Aprendendo a mudar: o ensino para além dos conteúdos e da padronização / Andy Hargreaves, Lorna Earl, Shawn Moore e Susan Manning; trad. Ronaldo Cataldo Costa. — Porto Alegre : Artmed, 2002.

       1. Educação – Adolescente. I. Earl, Lorna. II. Moore, Shawn. III. Manning, Susan. IV. Título.

       CDU 371.3:373.4/.5-053.6

Catalogação na publicação: Mônica Ballejo Canto – CRB 10/1023

ISBN 85-7307-926-6

Aprendendo a Mudar
O ensino para além dos conteúdos e da padronização

Andy Hargreaves
Lorna Earl
Shawn Moore
Susan Manning

Tradução:
Ronaldo Cataldo Costa

Consultoria, supervisão e revisão técnica desta edição:
Luciana Vellinho Corso
Professora assistente da Faculdade de Educação da UFRGS.
Mestre em Educação pela Universidade de Flinders, Adelaide, Austrália.

2002

Obra originalmente publicada sob o título
Learning to change: teaching beyond subjects and standards.
0-7879-5027-0

© Jossey-Bass Inc., 2001.

Capa
Ângela Fayet Programação Visual

Preparação do original
Márcia da Silveira Santos

Leitura final
Luciane Corrêa Siqueira

Supervisão editorial
Mônica Ballejo Canto

Projeto e editoração
Armazém Digital – RCMV

Reservados todos os direitos de publicação em língua portuguesa à
ARTMED® EDITORA LTDA.
Av. Jerônimo de Ornelas, 670 — Fone (51) 3330-3444 Fax (51) 3330-2378
90040-340 Porto Alegre, RS, Brasil

SÃO PAULO
Rua Francisco Leitão, 146 — Pinheiros
Fone (11) 3083-6160
05414-020 São Paulo, SP, Brasil

IMPRESSO NO BRASIL
PRINTED IN BRAZIL

Sobre os Autores

ANDY HARGREAVES é professor de educação no Department of Theory and Policy Studies e co-diretor do International Centre for Educational Change, do Ontario Institute for Studies in Education da University of Toronto. Ele é editor-chefe do *Journal of Educational Change* e autor e organizador de diversos livros no campo da mudança educacional, incluindo *Schooling for change*, com Lorna Earl e James Ryan (1996) (em português: *Educação para mudança: recriando a escola para adolescentes*, Artmed, 2001); *Changing teachers, changing times* (1994); *The sharp edge of educational change*, organizado juntamente com Nina Bascia (2000); e *What's worth fighting for out there?*, com Michael Fullan (1998).

LORNA EARL é professora-adjunta no Department of Theory e Policy Studies e co-diretora do International Centre for Educational Change, do Ontario Institute for Studies in Education da University of Toronto. Sua pesquisa centra-se na reforma educacional ampla, com especial atenção ao papel que a avaliação desempenha no aperfeiçoamento da escola. Atuando no campo da pesquisa aplicada e da avaliação, seu principal interesse direciona-se à aplicação criteriosa do conhecimento de pesquisas e às avaliações das realidades das escolas e das salas de aula. Entre suas publicações recentes, estão *Schooling for change,* com Andy Hargreaves e James Ryan (1997); *Assessment and accountability in education: improvement or surveillance* (1999); *Developing indicators: the call for accountability* (1999); *Education for the middle years: the paradox of hope* (1999); e *The evaluation of the Manitoba School improvement program* (1998).

SHAWN MOORE é supervisor de pesquisa sênior do Ontario Institute for Studies in Education da University of Toronto e trabalha no International Centre for Educational Change. Atualmente, ele está envolvido com dois projetos de pesquisas longitudinais que examinam como os professores estruturam sua prática e suas relações, o impacto da reforma da escola de nível médio na vida dos professores, a relação entre o aperfeiçoamento da escola e as reformas educacionais por decreto, e os processos de mudança, com o passar do tempo, através da visão dos professores, no contexto de diferentes escolas de nível médio.

SUSAN MANNING é supervisora de projetos em serviços estudantis e comunitários na Toronto District School Board, tendo sido, anteriormente, supervisora de pesquisa na Scarborough Board of Education. Suas áreas de interesse incluem o comportamento e o desenvolvimento organizacional e as tentativas de eficácia e aperfeiçoamento da escola.

Prefácio

Este livro vislumbra, através da visão dos professores, aquilo que chamamos de a nova ortodoxia da reforma educacional e a maneira como ela preenche as complexas e diversas necessidades de ensino dos adolescentes de hoje. O livro examina essa nova ortodoxia e utiliza-se de pesquisas originais para avançar e evoluir, buscando entender o que significa ensino e aprendizado eficientes, na forma de práticas cognitivamente profundas, emocionalmente envolvidas e socialmente ricas. Ele penetra em um mundo de professores exemplares, que trabalham com jovens adolescentes para observar como eles se relacionam com a nova ortodoxia educacional; interpretam-na, adaptam-na e ultrapassam-na para torná-la viva para seus estudantes; questionam, desafiam as partes mais perturbadoras e pouco práticas da ortodoxia. Este livro também revela como a realização desse novo e complexo mundo de ensino e aprendizado exige uma ampla dedicação, um trabalho intelectual árduo e muita energia emocional, o que consome muito tempo, mesmo para os melhores professores.

Nos últimos 10 anos, estivemos envolvidos em muitos estudos de mudanças educacionais, enquanto professores de todas as partes têm sido bombardeados com exigências e planos para "consertar" a educação (Fullan e Hargreaves, 1992, 1996; Earl e LeMahieu, 1997; Hargreaves e Fullan, 1998; Hargreaves, 1997b; Hargreaves e Evans, 1997; Hargreaves, Lieberman, Fullan e Hopkins, 1998; Bascia e Hargreaves, 2000). Passamos centenas de horas absortos em salas de aula e em salas de professores, em entrevistas formais e conversas casuais, escutando professores de todos os tipos e com eles conversando, principalmente os dedicados à mudança educacional. Nos primeiros anos deste novo século, as mudanças não se parecem com nenhuma outra já realizada, seja em substância, seja em âmbito.

Uma nova ortodoxia de ensino talvez esteja surgindo em diversas partes do mundo, em especial, nas nações predominantemente anglófonas. Segundo essa ortodoxia, o aprendizado baseia-se em padrões prescritos (sobretudo em alfabetização, aritmética e ciência) que são exigidos de quase todos os estudantes. Esses padrões estão relacionados com livros didáticos centralizados e avaliações modificadas, e são impostos através de sistemas de responsabilidades e monitoramento que recompensam as escolas bem-sucedidas e proporcionam apoio, ou, por outro lado, ameaçam de fechamento as que insistem em fraquejar.

Somado a esse movimento de reforma baseado na padronização, existe uma crescente preocupação mundial com o aparente desinteresse de muitos jovens em relação à sua vida escolar e com os riscos que eles, cada vez mais, encontram em suas vidas: drogas, abuso ou negligência familiar, medo, violência, suicídio, alienação, consumismo e perda de propósito e direção. As abordagens que os educadores planejam para cumprir as necessidades dos adolescentes de hoje correspondem, às vezes, ao movimento dos padrões modernos ao levantar as expectativas de aprendizagem ou colocar uma ênfase consistente no sucesso de todos os estudantes. No entanto, às vezes elas parecem não corresponder à padronização baseada em conteúdos – por exemplo, concentrar-se na integração curricular como forma de tornar o aprendizado mais interessante para os diferentes e diversos estilos de vida que os jovens têm hoje em dia. Assim, a reforma baseada na padronização parece ter uma relação ambivalente com os tipos de ensino e de escola que funcionam melhor para os jovens adolescentes, especialmente os que estão em situações de risco maior.

Com o passar dos anos, grande parte de nossa obra e de nossas pesquisas tem-se voltado para esse grupo em particular: aqueles no intermeio – jovens e seus professores. Nossa própria pesquisa conjunta começou com esse grupo, e os temos observado e estudado, através de diversas ondas de reforma, enquanto governos trocam e políticas mudam. De fato, seguimos os caminhos de transição e reforma de classe desses estudantes e de seus professores (Hargreaves, 1986; Hargreaves, Leithwood, Gérin-Lajoie, Cousins e Thiessen, 1993; Hargreaves, Earl e Ryan, 1996; Earl e LeMahieu, 1997; Earl e Lee, 1998; Earl e Katz, 2000).

Os professores de adolescentes realizam um trabalho educacional exigente, difícil e vital. Seu trabalho e sua experiência também abrem uma janela para o sistema como um todo. Como outros professores, especialmente seus colegas do ensino médio, eles devem responder com urgência à nova ortodoxia da reforma baseada na padronização. Ao mesmo tempo, para lidar com as exigentes necessidades de aprendizagem, com mundos sociais complexos e ambientes socialmente tóxicos (Garbarino, 1995) dos adolescentes, é necessária uma grande flexibilidade no currículo, para que este envolva os adolescentes, tenha significado para eles, conecte-se com suas vidas e baseie-se em relacionamentos entre professores e alunos, nos quais ambos se conheçam bem. Isso pode criar problemas para o monólito da padronização:

- Enquanto os padrões forçam o currículo a uma prescrição central detalhada, as necessidades diversas dos adolescentes de hoje pedem pela flexibilidade em estruturas mais amplas de direcionamento.

- Enquanto a padronização tende a enfatizar o conhecimento especializado do conteúdo, as necessidades dos adolescentes levam os professores a um currículo integrado e mais contextualizado, que associe a aprendizagem à vida das pessoas.
- Enquanto a padronização tende a ser imposta externamente sobre professores e estudantes, as necessidades prementes e variadas dos adolescentes fazem com que os melhores professores motivem os estudantes a definir, a interpretar e a envolver-se mais com o estabelecimento e a realização de padrões elevados de aprendizagem.

Este livro, portanto, aborda algumas das questões fundamentais em jogo na nova ortodoxia da reforma baseada na padronização, através da visão e das experiências de alguns dos melhores professores de adolescentes. Ao fazê-lo, ele também alcança, avança e ultrapassa a ortodoxia da padronização.

O estudo que forma a base para este livro começou como um retrato da maneira como os professores nos anos intermediários das 7ª e 8ª séries estavam entendendo e implementando a nova política curricular que abrangia muitos dos princípios da reforma baseada na padronização. Ainda assim, esse currículo enfocou a padronização de maneira mais aberta e ampla (como resultados) do que muitas outras versões atuais, de maneira a permitir e a encorajar uma maior responsividade entre os professores no que tange às necessidades dos adolescentes. Nossas conversas com esses professores estenderam-se além dos primeiros dois anos do projeto, o qual relatamos neste livro. Atualmente, já estamos acompanhando suas experiências e suas respostas a sucessivas ondas de reforma por mais de cinco anos. Agradecemos a esses professores por nos permitirem vislumbrar seu mundo, suas frustrações e seus sucessos, buscando representá-los para um público maior.

ORGANIZAÇÃO DO LIVRO

O livro está organizado em oito capítulos. O Capítulo 1, a introdução, apresenta a estrutura e os argumentos centrais dos capítulos que se seguem. Além disso, descreve o estudo de 29 professores, no qual o livro se baseia.

A Parte Um compreende três capítulos, representando as principais iniciativas de reforma enfrentadas pelos professores nesse estudo, assim como por muitos de seus colegas em outros contextos. O Capítulo 2 concentra-se em padrões e resultados; o Capítulo 3 investiga novos avanços na avaliação de sala de aula; e o Capítulo 4 descreve experiências de professores com a integração curricular. Em cada caso, oferecemos uma lente conceitual para investigar a reforma e mostramos como os professores do estudo estão entendendo, interpretando e integrando-a em sua prática.

Os quatro capítulos que formam a Parte Dois descrevem o que é necessário para se alcançar mudanças profundas e duradouras nas escolas. Os Capítulos 5 e 6, respectivamente, abordam o trabalho intelectual e emocional que os professores devem realizar quando envolvem-se em tentativas de mudança. No Capítulo 7, exploramos os tipos de condições que sustentam e que mantêm os professores durante a mudança. Finalmente, o Capítulo 8 resume aquilo que concluímos a respeito de como esses dedicados professores aprenderam a mudar, e oferecemos sugestões para outros profissionais, tendo em vista o que aprendemos.

AGRADECIMENTOS

Participar de um estudo que envolve entrevistas e observações e que ocorre em seis escolas de quatro regiões escolares pode ser, na maior parte das vezes, exaustivo. Não teríamos atingido nossa meta sem os supervisores de pesquisa e os estudantes de pós-graduação com quem trabalhamos no International Centre for Educational Change, do Ontario Institute for Studies in Education da University of Toronto. Shawn Moore e Susan Manning fizeram as maiores contribuições escritas para este livro, e sentimo-nos felizes de incluir seus nomes entre os autores. Michele Schmidt, Steven Katz, Clay Lafleur, Rouleen Wignall e Debra Wilson conduziram muitas entrevistas e analisaram os dados conosco, reunião após reunião. Leo Santos, como sempre, é o mágico que transformou nossa péssima habilidade no teclado e nossos rabiscos em algo legível e até elegante.

Nossos cônjuges, Pauline Hargreaves e Bob Thede, continuaram a nos proporcionar um enorme apoio intelectual e emocional enquanto nos trancávamos no escritório, semana após semana, mês após mês, para produzir o original deste livro. Como sempre, somos imensamente gratos por seu amor e por sua paciência.

ANDY HARGREAVES
LORNA EARL

Sumário

Sobre os autores v
Prefácio vii

1 Introdução: a nova ortodoxia educacional 13

Parte Um

A substância da mudança 25

2 Padrões e resultados 27

3 Avaliação de sala de aula 55

4 Integração curricular 83

Parte Dois

O processo de mudança 111

5 O trabalho intelectual da mudança 113

6 O trabalho emocional da mudança 131

7 Apoio e sustentação da mudança 151

8 Conclusão: aprendendo a mudar 175

Referências bibliográficas 189
Índice 199

Os sistema brasileiro e norte-americano de educação: equivalência de níveis

Fonte: Instituto Cultural Brasileiro Norte-Americano (adaptado).

Sistema educacional brasileiro | Sistema educacional norte-americano

Série	Nível	Idade/Age	Level		Grade
	Doutorado		Doctorate	Professional schools: Law Medicine	
	Mestrado		Master's		
	Bacharelado				
	Licenciatura Graduação 4 até 6 anos		4 year college course Bachelor's		Senior
					Junior
				Junior and Community College Associate's	Sophmore
					Freshman
	Exames Vestibulares				
4ª**	Ensino Médio	18	High School (secondary school)	Senior High School	12th
3ª		17			11th
2ª		16			10th
1ª		15			9th
8ª	Ensino Fundamental	14	Intermediate School (middle school)	Junior High School	8th
7ª		13			7th
6ª		12			6th
5ª		11	Elementary or Grade School (primary school)		5th
4ª		10			4th
3ª		09			3th
2ª		08			2th
1ª		07	Kindergarten		1th
	Pré-Escola	06			
		05			
		04			
	Creche*	03	Nursery School		
		02			
		01			
		0			

*A creche destina-se a crianças de 0 a 3 anos. O período que inclui a creche e a pré-escola (0 a 6 anos) é chamado Educação Infantil.

**Refere-se aos cursos técnicos de nível médio.

Introdução
A Nova Ortodoxia Educacional

Uma nova ortodoxia oficial de reforma educacional está sendo estabelecida com rapidez em muitas partes do mundo. Isto está ocorrendo sobretudo em países predominantemente anglo-saxônicos; no entanto, através de organizações financiadoras, como o Banco Mundial e a distribuição global de estratégias de políticas, elementos da ortodoxia também estão sendo exportados, cada vez mais, para várias partes do mundo em desenvolvimento. A nova ortodoxia apresenta os seguintes componentes principais:

- *Padrões de aprendizagem elevados*, os quais se espera que todos os estudantes atinjam (com exceção daqueles com disfunções mentais mais graves) (Tucker e Codding, 1998, 1999).
- *Aprendizado profundo*, o qual, além da simples memorização do conteúdo, enfatiza o entendimento conceitual, a resolução de problemas e a aplicação do conhecimento, itens essenciais para o sucesso na participação na nova economia do conhecimento ou na sociedade do conhecimento (Schlechty, 1990).
- *Currículo centralizado*, o qual possa eliminar o caos das opções de curso da escola de ensino médio e garantir um comprometimento comum e consistente com aquilo que os alunos deveriam saber e ser capazes de fazer; o qual possa atingir os padrões elevados que são necessários na sociedade de hoje.
- *Alfabetização e aritmética*, e em uma menor extensão a ciência, que são os principais alvos da reforma e que são necessários para se atingir padrões de aprendizagem significativamente mais elevados (Hill e Crévola, 1999).
- *Indicadores e categorias* da performance dos alunos e de planejamento curricular, que possibilitam aos professores e outros profissionais serem claros quando padrões tiverem sido alcançados (ou não).
- *Avaliações associadas*, intimamente relacionadas com o currículo prescrito, os padrões de aprendizagem e os indicadores, garantindo que

os professores mantenham seu foco na valorização de padrões de aprendizado elevados para todos.
* *Conseqüente responsabilidade*, tópico em que o desempenho escolar global, em termos da elevação dos padrões, está estritamente relacionado com os processos de reconhecimento oficial, de inspeção, e com o vínculo entre financiamento e nível de sucesso (e fracasso).

Essa nova ortodoxia consiste em algumas mudanças fundamentais e meritórias no pensamento educacional a respeito dos detalhes mais específicos do aprendizado de sala de aula e das características estruturais mais amplas da administração educacional. Ela enfatiza padrões elevados para quase todos os alunos, e não apenas para alguns, levando os professores e as escolas onde atuam a combinarem excelência com eqüidade, através de seu trabalho com estudantes de diferentes históricos. Ela muda a prioridade do currículo – da conveniência e das convenções daquilo que os professores ensinam para a qualidade e o caráter daquilo que se espera que os alunos aprendam. Esse novo pensamento educacional enfoca, ainda, o tipo de aprendizado que estrutura o problema, que é mais adequado para uma sociedade eletrônica e baseada na informação do que para uma sociedade mecânica e industrial. Ao realizar muitas avaliações, baseadas mais no desempenho do que no lápis e papel, essa ortodoxia tenta garantir que a avaliação seja utilizada como uma forma de retorno para novos direcionamentos no currículo. Por último, mas nem por isso menos importante, um Currículo Nacional ou de âmbito estadual tenta garantir que, independentemente da escola, da sua localidade, dos seus professores ou da sua liderança, todos os alunos sejam forçados a cumprir os mesmos padrões. Não será permitido que ninguém "escape por entre as frestas".

Em princípio, esses avanços educacionais prometem um progresso significativo na reforma educacional por aumentar a qualidade e os padrões do aprendizado, e a oportunidade para todos os tipos de estudantes. Entretanto, a nova ortodoxia educacional também omite algumas dimensões importantes do aprendizado e do ensino, pois contém em seu pacote de reformas alguns componentes perturbadores que ameaçam minar seus objetivos educacionais mais positivos.

QUESTIONANDO A ORTODOXIA: O CURRÍCULO KARAOKÊ

É difícil questionar o impulso combinado em favor de padrões mais elevados. Quem poderia se opor a uma reforma baseada em padrões? Pronunciar-se contra padrões assemelha-se a ser a favor do pecado. Ainda assim, existem diferenças entre defender o *princípio* de padrões educacionais elevados e inclusivos e defender os *programas* de reforma específicos, nos quais esses princípios são freqüentemente embutidos.

Na realidade, a nova ortodoxia da reforma educacional representa aquilo que chamamos um "currículo karaokê". O significado literal da palavra japonesa *karaokê* é "caixa vazia". Isso é precisamente o que a nova ortodoxia curricular é – uma caixa vazia. Por trás da ampla defesa de padrões elevados, da aprendizagem mais profunda e da avaliação mais rigorosa, todos os tipos de significados e interpretações são possíveis. O demônio, dizem, está nos detalhes, e os detalhes das abordagens específicas adotados encontram-se na reforma baseada na padronização que, em muitos locais são, de fato, demoníacos.

O currículo apressado

Em sua obra a respeito da família pós-moderna, David Elkind (1989, 1997) descreve crianças na sociedade contemporânea como sendo cada vez mais estimuladas a fazer muito mais coisas precoce e rapidamente: começar a namorar e ter consciência sexual mais cedo; aprender muitas coisas logo; associar-se a mais clubes, equipes e atividades organizados; de um modo geral, experimentar uma infância apressada, acelerada, atarefada. Antecipar, cada vez mais, o conteúdo curricular para as séries iniciais, argumenta o autor, é parte desse problema e rouba os jovens de importantes aspectos de sua infância: imaginar coisas inocentemente, brincar sozinho e acompanhado em ambientes não-estruturados, buscar um aprendizado que siga seus próprios interesses e sua própria curiosidade, entre outros fatores.

Escrevendo na Inglaterra, após mais de uma década de reforma baseada na padronização, Dadds (em fase de elaboração) critica o que denomina "o currículo apressado", no qual cumprir a lista dos conteúdos programáticos se torna mais importante do que o aprendizado. Esse currículo, ela afirma, leva os professores a apressarem as crianças com o uso do material, sem desenvolver seu entendimento, o que reduz o período vital de "espera" que os bons professores oferecem às crianças antes que respondam a suas questões (Gutierrez, 2000), elimina qualquer espaço para a voz do aluno no processo de aprendizagem (Rudduck, Day e Wallace, 1997) e inibe o desenvolvimento de habilidades de aprendizagem vitalícias, as quais a reforma baseada na padronização supostamente promoveria.

O currículo clínico

Com freqüência, o currículo comum estruturado na padronização, na prática, é um currículo clínico e convencional em que a alfabetização, a aritmética e a ciência recebem importância suprema. De fato, em textos fundamentais da área, Tucker e Codding (1998, 1999) afirmam que essas deveriam ser as áreas fundamentais dos cenários de padronização. As artes e as ciências sociais, dizem eles, deveriam tornar-se áreas em que os aprendizados fundamentais dos estudantes fossem então aplicados. Isso, é claro, designa as habilidades científicas, de forma arbitrária, como sendo fundamentais, e as habilidades artísticas como sendo "aplicadas", quando o inverso – em termos das habilidades artísticas da invenção e da criatividade, talvez – seja igualmente plausível. Hill e Crévola (1999) argumentam, de maneira semelhante, que se deve atribuir uma certa primazia à alfabetização no currículo de ensino fundamental; além disso, defendem que outros "ruídos" (como as artes) sejam removidos do currículo ou reduzidos, para abrir espaço a ela.

Na Inglaterra e no País de Gales, esse refrão familiar precedeu a introdução de seu Currículo Nacional, em 1988. Em um livro anterior, documentamos o quanto do ridicularizado "ruído" que formava as bases dos conteúdos do Currículo Nacional era de natureza emocional, social ou crítica, tal como a educação política, os estudos da paz, a educação pessoal e social, e as artes – exatamente aquilo que desenvolve mentes críticas e expressivas em escolas democráticas (Hargreaves, Earl e Ryan, 1996). De maneira peculiar e desconcertante, os conteúdos fundamentais desse novo Currículo Nacional eram quase que uma réplica exata do currículo da escola de ensino médio primeiramente designado pela lei em 1907, quando a intenção era o estabelecimento de uma política que definia um currículo de qualificação para a universidade, o qual excluísse conteúdos técnicos, que eram mais amenos e relevantes para estudantes da classe trabalhadora (Goodson, 1988).

Nos Estados Unidos, a especificação de novos padrões de aprendizagem está sob a jurisdição de associações nacionais de conteúdos, revivendo e perpetuando sua influência sobre o currículo escolar e sobre o que vale como conhecimento. Um conteúdo sobrecarregado, com um ritmo rápido através dos vários padrões, deixa pouco espaço ou dá pouco incentivo aos professores para eles conectarem o aprendizado aos interesses dos estudantes (Rudduck, 1991), dá pouco espaço para contextualizar o currículo e dar-lhe relevância em relação aos variados estilos de vida dos alunos (Tharp, Dalton e Yamauchi, 1994), ou para eles criarem programas de estudo integrado e interdisciplinar que possibilitem uma conceituação tão profunda. Ainda assim, Tucker e Codding (1999) descartam o currículo "interdisciplinar" com uma rápida série de questionamentos sarcásticos. Além disso, o enfoque esmagadoramente cognitivo e clínico da maioria dos padrões de aprendizagem relega a segundo plano as preocupações do professor com relação ao aprendizado emocional e o desenvolvimento pessoal dos alunos. Ainda assim, são, de fato, esses tipos de experiências de currículo que são envolventes para os alunos e contextualizados na vida deles, e têm um valor especial em aumentar o aprendizado entre alunos de minorias e aqueles em desvantagem. Essas experiências de estudantes com o aprendizado e com a vida em suas famílias, culturas e comunidades são de uma natureza definitivamente não-padrão (Cummins, 1998; Nieto, 1998). O eficiente progresso que poderia ser feito baseando o currículo de ciências para filhos de agricultores imigrantes mexicanos em seu próprio ambiente cultural de conhecimento de agricultura, por exemplo, não encontra lugar em um currículo que segue com rigor o padrão (Stoddart, 1999). Os currículos excessivamente padronizados são péssimos para conectar sociedades de grande diversidade cultural, pois não reconhecem que, nesses contextos, em especial, o aprendizado é uma prática social, e não apenas uma prática intelectual (Lave e Wenger, 1991).

De um modo geral, as estruturas de padrões cheias, em vez de "enxutas", enfatizam demais aquilo que Sergiovanni (2000), citando Habermas (1972), chama o *systemworld** de conhecimento, de cognição, de habilidades técnicas e de sistemas. Em comparação a isso, não é dada suficiente importância para o *lifeworld*** da moral, dos valores, da aprendizagem emocional e da experiência social. Na complexa sociedade da informação em que vivemos, teremos democracias mais empobrecidas e economias mais enfraquecidas se não pudermos educar os estudantes para o *lifeworld* artístico, crítico e sociocientífico, tanto quanto para o *systemworld* literário, aritmético e natural-científico.

Padronização e desprofissionalização

Ainda que os novos padrões de aprendizagem possam ser devidamente fundamentados, os professores perdem o interesse e a eficácia ao sentirem que não têm voz no desenvolvimento dos padrões, caso eles sejam prescritos de forma tão fechada que não deixem um espaço verdadeiro para as suas escolhas no modo como são implementados e interpretados em suas próprias classes. Por enquanto, todavia, evidências crescentes sugerem um abismo óbvio entre a confiança e até mesmo entre a grandiosidade com as quais os legisladores prescrevem seus planos de padrões, e a confusão e a desilusão dos professores que têm de implementá-los.

Na Inglaterra, Marion Dadds (em fase de elaboração) conta a maneira como uma professora percebe a si mesma como sendo nada além de uma "abelha operária" após lecionar por mais de uma década sob um sistema padronizado.

> Eles nos dizem para ir e nos mantermos ocupados por ali. Então, nos juntamos ali, como um enxame, e começamos a trabalhar. Então, eles mudam de idéia e dizem: "Não, lá!" Então, nos juntamos lá e começamos a trabalhar novamente, de uma forma diferente. E mais tarde é "acolá", e depois em outro lugar. E nós ficamos "voando", enquanto eles apontam para novas direções. Daqui a alguns anos, eles vêm observar se você está formando o enxame corretamente.

Na Inglaterra e no País de Gales, mais de uma década de prescrição curricular minuciosa deixou muitos professores sentindo-se desprofissionalizados

---
*N. de R.T. Traduzindo literalmente significa "o mundo do sistema". No contexto, o autor refere-se ao tipo de conhecimento que privilegia a leitura, a escrita, os números, as habilidades técnicas e o conhecimento científico.
**N. de R.T. "O mundo da vida". Aqui o autor refere-se ao tipo de conhecimento que privilegia a moral, a ética, o emocional e as artes.

(Nias, 1991), menos confiantes (Helsby, 1999), cinicamente condescendentes (Woods, Jeffrey, Troman e Boyle, 1997) e cada vez mais estressados (Troman e Woods, 2000) – até o ponto em que ocorre uma nova crise grave no recrutamento para o ensino (Dean, 30 jun. 2000) e em que os filhos e as filhas de professores expressam pouco interesse em adotarem a profissão (Hargreaves e Evans, 1997).

Crises semelhantes no recrutamento de professores também afligem os Estados Unidos, em particular em áreas urbanas (Darling-Hammond, 1997). A imagem pública (e da sala de aula) do magistério como sendo uma atividade altamente estressante, exigente e cada vez mais sujeita à regulação e ao controle externos não colabora muito para uma revalorização. Em um livro a respeito da padronização, a professora, Myranda Marsh (1999, p. 192), de Los Angeles dispara um tiro de advertência contra seus colegas acadêmicos e legisladores mais discordantes quando observa que "para qualquer tipo de reforma ter sucesso, os professores devem acreditar que terão uma voz significativa nas decisões e não irão se tornar os únicos bodes expiatórios do fracasso em atingir os objetivos".

Os professores, lembra Marsh, não gostam de ser rotulados como "resistentes" apenas porque adotam atitudes realisticamente cautelosas quanto à reforma. A "resistência à padronização", diz ela, "não se baseia em um desejo de evitar a responsabilidade, mas em um medo de ser excluído da discussão a respeito daquilo que constitui o sucesso" (p. 194). Como um complemento à padronização, Marsh e colegas (Lieberman e McLaughlin, 2000) propõem concentrar-se nos processos de investigação do professor (em particular quanto ao significado dos dados de desempenho) e na construção de comunidades profissionais de prática, onde os professores experimentem o tempo, o encorajamento e a urgência dos padrões ao mesmo tempo em que trabalhem com a padronização e com a reforma. Esta é uma combinação atraente. Entretanto, para associar padrões de aprendizado a esses padrões profissionais de colegialidade e investigação no ensino, os próprios padrões de aprendizagem devem deixar espaço suficiente para julgamento e envolvimento profissional. Além disso, é crucial que existam níveis suficientes de apoio e financiamento para que a investigação do professor e a discussão acadêmica ocorram na escola. Embora haja resultados promissores em iniciativas especiais e em programas-piloto, combinando a reforma baseada na padronização com os processos de investigação do professor, existem poucos sinais de que níveis regulares e disseminados de apoio para essas formas de profissionalismo no ensino estejam na eminência de acontecer em outros locais.

Contextos contraditórios

A reforma baseada na padronização não foi e não está sendo implementada em contextos que sejam neutros. Por exemplo, os níveis de apoio tributário para a educação pública, como a previdência e outras áreas da vida pública, permanecem lamentavelmente baixos em muitas nações (Hargreaves, 2000). Em sua brilhante trilogia *The risc of network society*, Castells (1996, 1997, 1998) produziu dados para mostrar que o Estado da Califórnia gasta mais com suas prisões do que com suas escolas. As escolas públicas, em certas áreas urbanas, como as de Los Angeles, foram quase totalmente evacuadas pela população branca. Quando um de nós trabalhou com um grande grupo de diretores de escolas urbanas de Los Angeles em tempos recentes, dois terços deles afirmaram que, com base em sua experiência de super-regulação e de pouco apoio, eles não seriam diretores em uma nova oportunidade, se pudessem escolher.

Os contextos cada vez mais disseminados para a reforma sustentada na padronização são, na prática, de menos recursos e de menos apoio para a educação pública, somado ao desenvolvimento de sistemas quase mercadológicos de competição entre as escolas por alunos ou recursos, ou por ambos (Whitty, Power e Halpin, 1998). Na Nova Zelândia, por exemplo, existem evidências de que anos de reformas nesse sentido não diminuíram o abismo no aprendizado entre alunos em situações privilegiadas e aqueles em desvantagem (Wylie, 1997). Na Austrália, sistemas amplos de apoio para escolas em condições desfavoráveis, incluindo assistência para que essas instituições trabalhem com famílias e com alunos que enfrentam diversos tipos de problemas, foram substituídos por medidas de reforma visando, especificamente, a melhorias nos programas de alfabetização – como se os padrões instrucionais não fossem afetados por esses fatores contextuais abrangentes (Thomson, 1999).

Enquanto isso, as alardeadas reformas baseadas na padronização realizadas no Estado do Kentucky (Estados Unidos) foram logo desmobilizadas, após um período inicial de sucesso, devido ao controle central excessivo, desviadas pelos imperativos dos testes padronizados e anuladas por mudanças no controle e na orientação política (Whitford, 2000).

Na Inglaterra, o *Times Educational Supplement* divulga, com regularidade, taxas crescentes de exclusão e suspensão da escola (crescimento este desproporcional de alunos de minorias culturais e da classe trabalhadora), enquanto as escolas lutam para aumentar seus níveis recordes de desempenho. Além disso, uma maior alienação por parte dos estudantes desde os primeiros anos de um sistema escolar baseado nos conteúdos, com seu currículo apressado, é amplamente relatada nos sistemas quase mercadológicos das nações anglófonas (Cumming, 1996). Em nossos projetos atuais, estamos começando a ver evidências disso no contexto das reformas sustentadas na padronização em Ontário, Canadá, juntamente a uma redução em recursos, a um menor apoio ao desenvolvimento profissional e a um tempo reduzido para que os professores trabalhem com os colegas ou para que se reúnam com os estudantes fora da sala de aula.

Resumo

As questões que devem ser levantadas a respeito da reforma estruturada na padronização não são aquelas que dizem respeito aos seus princípios básicos e, muitas vezes, admiráveis: concentrar-se em um aprendizado que beneficie todos os estudantes e conectá-lo a indicadores claros de progresso nos sistemas de avaliação e responsabilidade. Ao contrário disso, elas dizem respeito ao número e à variedade dos padrões; o quão tendenciosos ou não eles são para áreas utilitárias; se eles privilegiam, de forma arbitrária, alguns tipos de aprendizado sobre outros; e se, como resultado de todas essas influências, os padrões aumentam ou inibem as perspectivas de um aprendizado profundo e envolvente, particularmente entre estudantes de minorias pobres e estudantes em desvantagem. A reforma baseada na padronização também deve ser questionada quando está associada à redução em recursos e níveis de apoio para a educação pública, aos sistemas de políticas mercadológicas que não oferecem evidências de diminuírem as lacunas do aprendizado e aos processos desprofissionalizantes de implementação, os quais enfraquecem os recursos mais eficientes que temos nas escolas: os professores.

ALÉM DA PADRONIZAÇÃO

Como é possível responder às ambições da reforma baseada na padronização sem ficar preso a seus freqüentes problemas práticos de superpadronização, escassez de recursos, desprofissionalização e limitações curriculares? Como podemos ir além das dificuldades e dos retrocessos dos programas padronizados para aceitar e entender as virtudes dos melhores princípios da padronização?

Para explorar estas questões e ir além dos padrões, conforme são freqüentemente interpretados, podemos aprender muito examinando as tentativas de reforma que, em muitos lugares, precederam de imediato a "explosão da padronização" (Sergiovani, 2000), as quais ainda persistem como as principais iniciativas de mudança em muitos locais e para as quais inúmeras nações, como a Inglaterra e a Austrália, parecem estar retornando, após anos de fadiga da padronização. Essas investidas alternativas de reforma definem e interpretam os padrões de maneira mais ampla como resultados; elas incluem e valorizam uma variedade mais ampla no currículo; elas defendem a integração curricular, e não apenas a especialização de disciplinas; elas deixam um espaço maior para os professores exercitarem seu julgamento de escolhas profissionais. Retornar para este momento, antes de os padrões haverem sido limitados, transformados em algo mais específico e prolífico, impostos com mais força, significa recapturar os princípios dos padrões para um tempo e lugar onde os professores eram capazes de se comprometer, entender e realizar esses padrões. Ao examinar esse momento crucial, esperamos reacender os debates, não apenas a respeito daquilo pelo qual era válido lutar em educação, antes dos padrões específicos de conteúdos, mas também a respeito daquilo pelo qual continua sendo válido lutar, junto com os padrões e além deles.

O tempo e o lugar que utilizamos para nossa investigação é Ontário, no Canadá, em meados dos anos 90. Antes da eleição de um governo ultraconservador, as tentativas de uma ampla reforma educacional nas 7ª, 8ª e 9ª séries* enfatizavam a sustentação do currículo em torno de resultados de aprendizado comuns definidos de forma ampla, encorajando um movimento para uma maior integração curricular, implementando *detracking*** obrigatório e desenvolvendo um conjunto relacionado de avaliações baseadas no desempenho (Ontario Ministry of Education and Training, 1995). Todas essas medidas foram projetadas para criar um sistema inclusivo de alta qualidade que retenha e envolva adolescentes de diferentes procedências do processo educacional.

A política curricular de Ontário compreende três componentes intimamente inter-relacionados:

• *Resultados*. A política curricular especificou 10 "Resultados Essenciais" bastante amplos, organizados em quatro áreas também amplas: as artes; a linguagem; a matemática, a ciência, a tecnologia; o eu e a sociedade. Em cada uma dessas áreas, os resultados foram organizados como sendo o conhecimento, as habilidades e os valores que os estudantes deveriam desenvolver até o final das 3ª, 6ª e 9ª séries***. Não houve nenhuma diretriz prescritiva para o ensino e aprendizado ou para a maneira como o currículo era transmitido e nenhum recurso exigido. Esperava-se que os professores revisassem os resultados e planejassem atividades de aprendizado que possibilitassem aos estudantes atingir seus objetivos.

• *Currículo integrado*. A política curricular promovia o aprendizado integrado através do agrupamento de tópicos em quatro áreas programáticas amplas e encorajava explicitamente os professores a fazerem conexões utilizando quatro enfoques à integração curricular: conteúdo paralelo em diferentes tópicos, conexões de conteúdo em tópicos semelhantes, conexões de conceitos em tópicos diferentes e conexões intercurriculares completas. Foram mapeadas as possibilidades amplas de integração, mas isso proporcionou pouco direcionamento ou incentivo específico para que os professores superassem sua resistência à integração.

• *Avaliação*. A avaliação do papel dos professores foi reforçada no currículo. Esperava-se que eles avaliassem o progresso com relação aos resultados, desenvolvendo o currículo, planejando regras, identificando indicadores do

---

*N. de R.T. Séries correspondentes às 7ª e 8ª séries do ensino fundamental e 1ª série do ensino médio brasileiro (ver tabela de equivalência na página 12).

**N. de R.T. Denominação dada ao movimento que desfaz a divisão de uma classe de alunos baseada em critérios do tipo nível de inteligência e capacidade.

***N. de R.T. Séries correspondentes às 3ª e 6ª séries do ensino fundamental e 1ª série do ensino médio brasileiro (ver tabela de equivalência na página 12).

alcance de objetivos, desenvolvendo modificações adequadas para necessidades individuais dos alunos, avaliando o processo e o produto do aprendizado, encorajando a auto-avaliação e utilizando avaliações freqüentes e variadas. Além disso, os professores eram responsáveis pela comunicação das mudanças na avaliação aos pais de seus alunos.

Na época do estudo, as escolas em Ontário vinham historicamente experimentando um status elevado, já que havia um alto grau de comprometimento com a educação pública dos governos, dos contribuintes e dos pais. Durante anos, os professores haviam sido bem-educados e bem-pagos. O público parecia feliz com a educação que seus filhos recebiam (Livingstone, Hart e Davie, 1998). A política curricular foi concebida de forma centralizada pelo Ministério da Educação, com informações amplas de educadores de toda a província. Essas diretrizes gerais foram enviadas para as escolas e para as regiões visando à implementação. A partir delas, as regiões escolares superiores escreveram documentos que traduziam a política em diretrizes mais específicas projetadas para se adequarem à região local. Os professores receberam níveis variados de apoio e treinamento, dependendo dos recursos que estavam disponíveis em sua região para treinamento ou para consultoria no local de trabalho. A avaliação tornou-se competência exclusiva do professor. Não houve um programa de avaliação no âmbito da província, além de avaliações de amostras projetadas para revisão de currículo.

O ESTUDO

Nosso estudo concentra-se em 29 professores que lecionavam nas 7ª e 8ª séries no contexto dessa reforma curricular. Os professores foram escolhidos em quatro grandes regiões escolares (cada uma com mais de 50 mil estudantes), com assistência do Learning Consortium, uma parceria para o desenvolvimento de professores estabelecida entre o Ontario Institute for Studies in Education da University of Toronto e as quatro regiões escolares. Todas essas regiões eram urbanas, e duas delas apresentavam populações estudantis extremamente multiculturais. O propósito de nosso estudo foi examinar o entendimento que os professores haviam desenvolvido sobre as mudanças inseridas na nova política curricular; determinar como e até que ponto os professores eram capazes de integrar as mudanças em sua prática; identificar quais condições, apoios e processos eram necessários para que eles assim o fizessem; entender suas experiências acerca das mudanças envolvidas.

Os professores em nossa amostra tinham sido identificados por administradores em suas regiões como sendo ativamente envolvidos nas tentativas de incorporar as mudanças curriculares em suas práticas. Solicitou-se que dois professores em cada uma das escolas em cada região, permitissem que visitássemos suas aulas e os entrevistássemos sobre suas experiências de tentar responder aos ditames do currículo. À exceção de três, todos concordaram em participar do estudo.

Os professores foram entrevistados durante uma a duas horas sobre seu entendimento pessoal das políticas de integração curricular existentes, sobre os resultados comuns do aprendizado e sobre a reforma da avaliação; onde eles haviam adquirido tal entendimento; como integravam as mudanças em suas práticas; como eram essas práticas; que sucessos e dificuldades haviam encontrado no decorrer do processo de implementação; qual desenvolvimento profissional haviam recebido ou procurado para auxiliar na implementação; como eles sentiram que seus colegas e diretores apoiaram seus esforços na mudança. De maneira mais geral, questionamos os professores acerca da relação entre seus compromissos profissionais e seus compromissos e suas obrigações de vida mais amplos. Três dos professores nos permitiram observar suas classes e participaram de diversas entrevistas adicionais para nos dar uma visão mais profunda de seu trabalho e de suas experiências com a mudança educacional.

É claro que nossa amostra não é representativa de todos os professores das 7ª e 8ª séries. Os professores do estudo foram identificados precisamente porque pareciam ter um comprometimento sério e duradouro com a implementação de mudanças nos anos de transição. Dessa forma, o estudo oferece noções significativas das experiências de professores altamente comprometidos. Entretanto, se a mudança cria dificuldades para esses professores ou para as relações que são o centro de seu trabalho, é provável que essas dificuldades sejam ainda maiores para aqueles profissionais que estejam menos receptivos ou menos entusiasmados com as mudanças descritas aqui ou até mesmo com a mudança educacional em geral.

Nosso propósito, então, é tentar compreender como professores orientados para mudanças sentem as mudanças educacionais complexas e necessárias, como lhes dão vida, ou como as tornam reais em suas classes – o que os ajuda ou atrapalha – e o que o processo de mudança requer e exige deles.

Embora os reformadores, muitas vezes, ajam como se a mudança fosse simples para os professores – uma questão de ingerir e consentir com novas exigências –, as situações de mudança que os professores enfrentam são bastante complexas. Os professores que estudamos não estavam apenas tentando implementar inovações isoladas, uma de cada vez. Eles enfrentavam mudanças múltiplas e multifacetadas em sua prática de integração curricular, resultados comuns do aprendizado e sistemas alternativos de avaliação e de relatório. Somado a isso, esse conjunto de mudanças não poderia ser abordado em sepadado de todos os outros aspectos do trabalho que realizam em suas escolas. Algumas das escolas também se empenharam para desenvolver estratégias de aprendizagem cooperativas. A maioria delas estava começando a lidar com o uso de computadores e de outras tecnologias. A construção do relacionamento com os pais e do estabelecimento de conselhos de pais era uma prioridade paralela. Vários dos diretores das escolas haviam recém-assumido, ou estavam para fazê-lo, o que acarretou em transformações no estilo de liderança e no foco das tentativas de mudança nessas escolas. Em uma crescente crise de restrições econômicas, os recursos estavam diminuindo com rapidez (e continuam a fazê-lo no momento em que escrevemos). Haviam rumores, e muitas vezes mais do que rumores, de aumento no tamanho das turmas; de disciplinas que seriam cortadas; de professores que seriam transferidos ou que perderiam seus empregos. O apoio de consultores da região escolar para ajudar os professores com as mudanças estava desaparecendo, e os dias dedicados ao desenvolvimento profissional haviam sido reduzidos.

Através dos olhos e da experiência dos professores, criamos e recriamos uma imagem de como nossos melhores professores conceituam e lutam com o árduo trabalho intelectual e emocional de experimentar conjuntos complexos de reformas educacionais como as que descrevemos neste livro. Mostramos aquilo com que a emergente ortodoxia da mudança educacional – baseada no que é para ser aprendido, não no que é para ser ensinado – se parece, na textura fina de suas salas de aula. Partimos das experiências desses professores para alcançar, acompanhar e ultrapassar os padrões e examinar a nova ortodoxia da mudança educacional quando ela inclui e apóia os professores e não é simplesmente imposta a eles. Mostramos, ainda, como os professores lutam para conectar reformas de currículo e de avaliação aos estilos diversos de vida de seus estudantes; para desenvolver programas integrados de alta qualidade que estabeleçam relações com a vida e com o aprendizado de todos os seus alunos; para buscar maneiras de envolver os estudantes e os pais no processo de aprendizado e avaliação.

Mostramos de que maneira, com apoio adequado e suficiente arbítrio, os professores podem obter grandes progressos para fazer com que o currículo karaokê, ou a nova ortodoxia da mudança educacional, funcione para seus estudantes – tornando o aprendizado de sala de aula vivo para eles. Também mostramos onde definições mais claras de resultados, do tipo que é incorporado em esforços de padronização subseqüentes, são extremamente necessárias; onde o número de resultados (como o atual número de normas e padrões) pode tender ao excesso; onde o apoio pode ser inadequado; e onde o passo de mudança pode ser muito rápido, mesmo para os melhores professores.

Nosso livro, nesse sentido, penetra nas complexidades da mudança educacional de hoje, à medida que os professores a experimentam no contexto da nova ortodoxia educacional. Ele nos conduzirá para dentro, para antes e para além dos padrões. Reconhecer o que a reforma educacional complexa significa para os professores e realmente solicita deles não é uma busca cética nem celebrativa. Nossos achados estão longe de serem um catálogo de tragédias – de um entusiasmo em decadência, de esperanças perdidas ou de boas intenções que deram errado. Nem eles retratam nossos professores como sendo otimistas incuráveis, totalmente imperturbáveis pelos problemas e pelos retrocessos que possam surgir no caminho. Nossos achados abrem uma janela para as realidades e não apenas para a retórica da nova ortodoxia da mudança educacional do começo do século. Eles fazem o currículo karaokê cantar!

PARTE UM
A Substância da Mudança

Padrões e Resultados 2

A busca de uma definição de padrões, de resultados ou de objetivos do aprendizado tornou-se uma importante característica das iniciativas de políticas educacionais em muitos países, como uma forma de enfocar o que os estudantes devem aprender, e não o conteúdo que os professores devem ensinar (Spady, 1994; King e Evans, 1991; Grundy e Bonser, 1997). A agenda baseada em padrões e em resultados muda o foco do ensino, de objetivos do ensino para as mudanças desejadas no aprendizado dos estudantes (King e Evans, 1991). Essa orientação à educação tem crescido nos últimos 50 anos. Na década de 80 e no começo da de 90, a educação voltada para os resultados tornou-se um movimento popular em várias partes do mundo. Desde o final da década de 90, a reforma que partia da padronização suplantou sua antecessora, que era baseada nos resultados.

Em um currículo definido por padrões e por resultados, estabelecem-se expectativas (ou finalidades) altas para todos os estudantes, com tempo e métodos de ensino variáveis, a critério dos professores (Spady e Marshall, 1991). A abordagem de resultados ou padrões define o currículo em termos do que os estudantes conseguem demonstrar ao final de seus anos escolares, e não apenas ao final da semana ou do ano letivo (Spady, 1994). O currículo motivado pelos resultados, definido de maneira mais ampla, estabelece as finalidades da educação, mas deixa os métodos (e, muitas vezes, algumas escolhas consideráveis a respeito do conteúdo) nas mãos dos professores. Seu sucessor, sustentado na padronização, é tipicamente mais específico do que isso em suas prescrições de conteúdo e exigências de desempenho.

O currículo de resultados teve origem nos Estados Unidos no começo da década de 90 (Spady, 1994), mas também podia ser encontrado em países como a Austrália (Grundy e Bonser, 1997; Brady, 1996) e o Canadá (Hargreaves e Moore, 2000). Desde o começo, ele já estava repleto de controvérsias. Sua tendência de definir o aprendizado estudantil desejado em termos bastante amplos, por meios que freqüentemente desafiassem categorias de conteúdo curricular sustentadas em disciplinas tradicionais, levou à oposição de inúmeros grupos, inclusive a direita religiosa (Zlatos, 1993).

Resultados que desafiam categorias de disciplinas e de conteúdos tradicionais são chocantes para o público, um desafio para os pressupostos de muitos professores (Pliska e McQuaide, 1994) e politicamente controversos. Quando exigem um grande envolvimento dos professores, que devem trabalhar em conjunto para interpretá-los e implementá-los em suas escolas e em sala de aula, eles também custam caro em termos de investimento no desenvolvimento profissional e no tempo para que os professores façam planejamentos e reuniões.

Os resultados comuns do aprendizado, como são em geral definidos, desafiam as sólidas tradições de especialização das disciplinas da escola de ensino médio, as quais privilegiam formas limitadas de conhecimento e de inteligência e nas quais se espera que somente os estudantes socialmente privilegiados, aqueles que possuem o capital cultural necessário, alcancem, com maior probabilidade, o sucesso (D. Hargreaves, 1982; Hargreaves, Earl e Ryan, 1996). Eles têm um grande potencial para desestabilizar o currículo acadêmico baseado nas disciplinas da escola de ensino médio, o que permanece sendo uma das maiores fontes de desigualdade educacional e social. Portanto, não é de surpreender que a educação visando aos resultados seja, muitas vezes, atacada e desmobilizada por conservadores políticos e religiosos. Na nossa região do Estado de Ontário, no Canadá, por exemplo, o governo conservador aboliu os resultados do aprendizado comum orientados para a eqüidade (junto com o currículo integrado e *detracking*), o que descreveremos neste capítulo, e substituiu-os por um currículo restrito às disciplinas e baseado na padronização, o qual é prescrito de forma central, estando intimamente ligado a testes no âmbito da região e associado a medidas paralelas que reduzem o tempo e o apoio externo para que os professores melhorem seu trabalho na sala de aula (Hargreaves, 1998c). Nos Estados Unidos, o movimento pela educação de resultados foi minado pela direita religiosa fundamentalista, como se fosse a encarnação do demônio, por desafiar os valores criacionistas e patriarcais (Zlatos, 1993) – sendo sua substituição uma lista mais precisa de padrões em áreas de conteúdos tradicionais. Na Inglaterra e no País de Gales, onde houve um forte movimento de base, em meados dos anos 80, para definir o currículo através de áreas amplas de experiência, definido em termos intercurriculares, o governo conservador respondeu não com uma abordagem de resultados, mas com alvos e padrões detalhados, definidos exclusivamente com base nas disciplinas (Hargreaves, 1989).

Cada vez mais, existe uma tendência de substituir o discurso e a prática de resultados do aprendizado amplos por padrões ou alvos específicos como a força motriz da reforma educacional (Tucker e Codding, 1998; Hill e Crévola, 1999). Os resultados assemelham-se aos padrões na prioridade que lhe são atribuídas por transformar os aprendizados dos estudantes na base do planejamento curricular, por fazer com que mais e mais estudantes alcancem esses aprendizados desejados e por garantir que padrões de aprendizado, programas curriculares, formatos de avaliação e decisões de ensino tornem-se mais intimamente vinculados e consistentes com o passar do tempo.

Os resultados e os padrões tendem a diferir de três maneiras. Em primeiro lugar, questiona-se os *tipos de finalidades* que são desejadas em termos do aprendizado estudantil. Os padrões tendem a incorporar finalidades mais específicas, baseadas no conteúdo, em disciplinas acadêmicas tradicionais, em vez de partir de finalidades intercurriculares mais críticas do ponto de vista social e intelectual, as quais são definidas pelos programas de resultados. Nos Estados Unidos, por exemplo, as associações nacionais de disciplinas estão vigorosamente envolvidas e comprometidas com o desenvolvimento de padrões, exercendo grande influência sobre ele.

Eles também tendem a diferir no *nível de detalhe* segundo o qual são prescritos pelas políticas do setor. Os resultados tendem a ser mais amplos, deixando mais espaço para a interpretação no nível da escola. Os padrões tendem a ser mais específicos no conteúdo, mais detalhados e vinculados de forma mais próxima aos formatos de avaliação exigidos.

Por último, os padrões e os resultados diferem no grau de *arbítrio do professor*, no planejamento, na preparação e no julgamento do currículo. Os padrões normalmente definem o processo, assim como as finalidades do aprendizado, em diretrizes para os professores, e os resultados são colocados de maneira mais geral, o que proporciona aos professores mais liberdade de ação e de responsabilidade na especificação dos meios utilizados.

Os reformadores educacionais cada vez mais evitam o furor político associado com os resultados e adotam a abordagem baseada na padronização como uma forma de alinhar e transformar a educação. A reforma calcada na padronização incorpora a crença de que a educação tem sido medíocre e pouco exigente e de que se faz necessária uma instrução mais desafiadora do ponto de vista intelectual (Cohen, 1995). Utilizando uma linguagem belicosa, Hill e Crévola (1999) referem-se a um "ataque aos baixos padrões" de âmbito mundial (p. 119), envolvendo a "tolerância zero ao fracasso educacional" (p. 119) na busca da crença de que "a guerra contra os baixos padrões pode ser vencida" (p. 121).

Os defensores da reforma baseada na padronização afirmam que os padrões em educação são muito baixos e que não existe consistência entre uma região e outra, ou mesmo entre duas salas de aula, no que diz respeito a que, como e quanto os alunos devem aprender. Surgem debates acirrados mesmo no plenário do senado americano a respeito do conteúdo dos padrões. Entretanto, muitas jurisdições continuam a favor da padronização como um veículo para decidir quais os conteúdos e os conceitos importantes para os estudantes aprenderem. Afirma-se que os padrões definem expectativas claras (e elevadas) para todos os estudantes, e seus proponentes os consideram uma forma de abordar questões de igualdade e de excelência em educação.

Os críticos da reforma a partir da padronização afirmam que, embora ela possa ter aumentado os padrões de desempenho estudantil medidos em países como a Nova Zelândia e a Inglaterra, onde já existem por muitos anos, essa reforma em escala ampla produziu pouca ou nenhuma evidência (além de projetos-piloto) de uma diminuição na lacuna existente no aprendizado entre estudantes mais e menos privilegiados (Wylie, 1997). Somado a isso, esses padrões medidos de desempenho, afirmam eles, são sobretudo constituídos de formas cognitivas de aprendizado, limitadas e baseadas em disciplinas, em vez de tipos amplos de aprendizado necessários para uma participação cívica e um "conhecimento do trabalho" sofisticado (lidar com imagens, símbolos, idéias e comunicação) na sociedade da informação de hoje em dia.

Uma das críticas mais contundentes de reformas minuciosas orientadas por padrões (ou daquelas que têm características semelhantes e são rotuladas como sendo baseadas em resultados) é que elas reduzem o currículo e o planejamento curricular a processos técnicos e racionais, perdendo grande parte do que poderia ser eficaz e envolvente no ensino e no aprendizado. Hill e Crévola (1999, p. 131) talvez exemplifiquem esse problema quando afirmam que os padrões de alfabetização ajudam as escolas a reavaliarem suas prioridades (enquanto revêem os excessos de um currículo sobrecarregado), os quais, segundo os autores, incluem "áreas como as artes visuais e artes interpretativas; línguas além do inglês; informática e outras tecnologias; saúde e educação física".

Pelo menos dois tipos de padrões são comumente especificados como sendo componentes integrais do movimento de reforma baseada na padronização – aqueles preocupados com o conteúdo e com o desempenho:

> Os padrões de conteúdo definem "o que" e "o quando" do currículo: o que e em que ordem deve ser ensinado. Os padrões de conteúdo proporcionam um mapa do currículo, o qual pode ser utilizado para garantir que o importante do conteúdo está sendo trabalhado.
>
> Os padrões de desempenho tentam definir em que níveis e em que ritmo os estudantes irão progredir. Os padrões de desempenho formam as estruturas para objetivos a longo prazo em relação aos sistemas escolares e para alvos a curto prazo em relação às escolas e aos estudantes individuais. (Hill e Crévola, 1999, p. 125)

Em resposta a essa posição, Sergiovanni (2000) ressente-se com o que chama de "a explosão da padronização" (p. 76) e argumenta que a preocupação excessiva com o mundo técnico dos padrões está expulsando o *lifeworld* – e, pode-se acrescentar, a força vital – da educação. Ele se preocupa com o fato de que "se continuarmos com essa solução única, com padrões típicos e avaliações padronizadas, iremos comprometer os *lifeworlds* dos pais, dos professores, dos estudantes e das comunidades locais" (Sergiovanni, 2000, p. 75):

> Em vez de os padrões e da responsabilidade serem derivados das necessidades, dos propósitos e dos interesses dos pais, dos professores e dos estudantes de cada escola, os sistemas de padrões e responsabilidade determinam quais são as necessidades, os propósitos e os interesses, governando o comportamento de professores e estudantes. [Entretanto], quando o *lifeworld* [da cultura, do significado e da significância em educação] é dominante, os testes refletem pai-

xões, necessidade, valores e crenças. Os padrões permanecem rigorosos e verdadeiros, mas não são únicos. (p. 88).

Talvez uma das maiores dificuldades com os padrões e a sua avaliação é que, embora eles possam fazer sentido para cada disciplina, no que tange ao coletivo, eles podem se tornar confusos e opressores. Enquanto cada disciplina desenvolve seu próprio conjunto rigoroso de padrões, as pessoas raramente assumem a responsabilidade de examinar seu impacto cumulativo ou sua consistência. Esse trabalho é deixado para o professor. Em Ontário, por exemplo, a padronização baseada em resultados no *The Commom Curriculum: Policies, and Outcomes, Grades 1-9*[*] (Ontario Ministry of Education and Training, 1995) era um labirinto de objetivos curriculares e estágios de proficiência estudantil integrados, inter-referenciados como objetivos "essenciais" e "específicos" para as 3ª, 6ª e 9ª séries. Na Inglaterra, a profusão de padrões e objetivos que compreende seu Currículo Nacional tornou-se tão excessiva e impossível de ser implementada com fidelidade que um comitê governamental – o Dearing Committee – teve de ser estabelecido para encontrar formas de reordenar o supercrescimento dos alvos de currículo e avaliação. A educadora da Califórnia Cris Gutierrez (2000) desenvolve a crítica mais contundente dos excessos do movimento pelos padrões em uma revisão do livro de Michael Fullan chamado *Change forces: the sequel* (1999). Vale citar sua resposta salutar na íntegra:

> Atualmente, as condições exigem que o professor elabore cada vez mais atividades para fazer com que os jovens aprendam mais e mais "coisas" contidas em muitos "padrões elevados"... enquanto os "padrões elevados" são essenciais, nenhum currículo deveria ser determinado por padrões impostos externamente, representando mais do que 50% da responsabilidade do professor, para que os estudantes sejam apoiados e desafiados como aprendizes em um determinado contexto de comunidade, de lugar e de tempo. Ainda assim, as condições exigem que se faça demais, em um passo cada vez mais rápido, o que leva a se fazer pouco ou menos, de um modo geral, causando um estresse desnecessário. Por exemplo, estudar a Declaração dos Direitos... se torna uma busca banal, a qual tem pouco significado na vida dos estudantes, além de se tornar mais uma informação a saber para um exame, ou mais um projeto para ser entregue...
>
> Mover-se rápido demais, com mais e mais atividades a serem cumpridas, transforma o ensino e o aprendizado em uma acumulação. Os estudantes sentem que não há tempo para aproveitar o que estão fazendo e descobrir o que o conhecimento poderia significar para sua vida, exceto progredir para a faculdade. Juntar coisas para fazer e saber não é investigação: a verdadeira investigação significa mergulhar profundamente nos recursos para questionar, explorar e experimentar, de maneira a assimilar, a construir um significado e internalizá-lo.
>
> Cada vez que um professor elabora uma aula para engajar-se em uma investigação de qualidade, isso envolve uma considerável preparação para integrar re-

---

[*] N. de R.T. O Currículo Comum: Políticas e Resultados, da 1ª a 9ª séries.

> cursos e estratégias instrucionais adequados às diversas personalidades ou dimensões intelectuais da classe. O professor também gasta muitas horas revisando os trabalhos dos alunos. É necessário bastante tempo para as crianças lerem, escreverem, discutirem, coletarem dados, lembrarem informações, testarem idéias, fazerem observações, pesarem fatos, comunicarem, calcularem, colaborarem, se expressarem, dividirem conclusões, pensarem de maneira crítica, resolverem problemas, criarem significados, e assim por diante, bem como para construírem um entendimento profundo e uma vida em comunidade.
>
> Apesar da taxa de mudança poder ser imediata hoje em dia, a maior parte do aprendizado não pode ser. Professores talentosos sabem como enriquecer experiências e apoiar a juventude, variando e administrando o ritmo.
>
> O ato de aproveitar o tempo com cuidado, ou mesmo de diminuir a marcha adequadamente, mantém o ritmo do aprendizado razoável para cada grupo e para cada estudante (p. 219-224).

Frente a essas necessidades, diz Gutierrez, os padrões exagerados são inatingíveis, insustentáveis e nem são desejáveis: "Os padrões... que pretendem esclarecer objetivos acadêmicos e unificar nossos esforços para atingi-los... tornaram-se obstáculos que utilizam sistemas industriais de contabilidade, ou seja, testes padronizados como medidas únicas de sucesso" (p. 223). Ao tentar saltar sobre essa coleção de obstáculos cada vez mais altos, os professores e os estudantes "esgotam-se, desistem, retrocedem, quase nem tentam, ou fazem sacrifícios pessoais heróicos que podem muito bem ser recompensados ou comemorados, mas que não formam a base de um sistema sustentável de educação ou de modelos saudáveis para os jovens" (p. 223).

Eisner (1995) observa que outro problema comum relacionado com o estabelecimento de padrões para todos é seu fracasso em reconhecer as diferenças entre os estudantes. Escrevendo no contexto da Inglaterra, Goodson (1999) descreve como uma preocupação legítima com os padrões tornou-se uma obsessão com a padronização que "desfaz" o profissionalismo dos professores, em vez de aumentá-lo, transformando os professores em entregadores técnicos de diretrizes e esquemas que eles não inventaram".

Resumindo as críticas à reforma baseada na padronização, Smyth e Dow (1998) afirmam que os padrões de aprendizado (que eles chamam resultados) contém um tipo de racionalidade técnica que torna rotineiro, desabilita e desprofissionaliza os professores, cujo trabalho é cada vez mais controlado por estranhos que medem e examinam sua competência e seu desempenho em detalhes crescentes. Eles concluem que o currículo baseado na padronização

> é caracterizado pela *delimitação do conteúdo curricular* e pela *desabilitação dos professores*. Espera-se que as escolas adotem normas e objetivos claramente definidos e comumente identificados, formulados longe das escolas e das salas de aula, e projetados para produzir um conjunto de padrões e de competências de comum acordo. A distância da maioria dos professores e de todos os alunos do processo de determinação dessas normas e desses objetivos aumenta a probabilidade da separação entre os meios e os fins educacionais, entre a concep-

ção e a implementação, induzindo a uma abordagem desabilitada e instrumentalista de ensino segundo a qual o ato de ensinar é descrito e compreendido, de modo abrangente, em termos de fatos, seqüências, técnicas e habilidades. Valores, éticas e moral têm pouco valor nesse cenário (p. 297).

Em comparação a isso, os resultados do aprendizado tendem a ser mais amplos e menos exclusivamente baseados em disciplinas, deixando mais espaço e mais responsabilidade para o arbítrio e o envolvimento profissional dos professores. No estudo de Grundy e Bonser (1997) de como os professores interpretaram e implementaram a Student Outcome Statements[*] no oeste da Austrália, por exemplo, os educadores mencionaram a importância de "definir objetivos", "esclarecer incertezas", "mudar sua prática de ensino" e "falar com as crianças em uma linguagem de resultados". Trabalhando conjuntamente em função dos resultados, os professores desenvolveram um maior entendimento escolar e um entendimento colaborativo do significado e da aplicação de declarações que visem aos resultados.

Nosso próprio estudo proporciona uma oportunidade para sondar esses debates e essas diferenças, pois vai atrás, ao redor e além dos debates retóricos a respeito de resultados e padrões para examinar sua implementação prática com um grupo de professores. Ele explora o mundo interior da interpretação e implementação de resultados amplos e da sua tradução para a prática de sala de aula. O estudo oferece, ainda, uma contrapartida – uma voz crítica para refletir acerca do valor e dos perigos de padrões baseados em conteúdos mais específicos e detalhados.

Veremos que, enquanto grandes expectativas, propostas de forma clara, parecem obviamente desejáveis, existe um profundo desacordo a respeito de quais devem ser essas expectativas – se elas devem ser vistas como normas ou diretrizes; se elas devem ser definidas de maneira específica ou geral; como elas devem ser medidas e avaliadas; se elas devem servir igualmente para todos os estudantes ou excluir alguns; quais sanções devem ser aplicadas para os estudantes e para os professores que não as cumprirem (Zlatos, 1993). As experiências dos professores que estudamos ressoam esses pontos de tensão e controvérsia. Observamos dois aspectos da experiência dos professores com os resultados do aprendizado: como eles os entenderam e definiram e como e com quem eles os planejaram e desenvolveram.

ENTENDENDO RESULTADOS

Os próprios resultados podem ser uma "caixa vazia" para os professores. Eles poucas vezes são auto-evidentes em sua forma escrita e exigem uma grande interpretação por parte do professor. Os profissionais em educação de nosso

---

[*]N. de R.T. Declaração do resultado do aluno.

estudo, em certos casos, consideraram os resultados muito vagos; em outros casos, muito numerosos e enfadonhos.

Resultados vagos

Não é fácil para os professores traduzirem os resultados abstratos e compostos em unidades curriculares concretas e as atividades de aprendizado para os estudantes. Os participantes de nosso estudo estavam em diferentes estágios quanto à sua capacidade de enxergar como os resultados do aprendizado se enquadravam em seus programas. Solicitamos a todos os professores que descrevessem uma unidade de seus programas. Aqueles que estavam nos estágios mais iniciais de entendimento estavam cientes dos objetivos que suas unidades buscavam, mas isso ocorreu apenas de uma forma geral:

> Neste momento, estamos em uma unidade de multimídia. Assistimos a propagandas e observamos a maneira como as imagens são utilizadas para comunicar mensagens e convencer o público a comprar. Ainda não tive tempo para olhar os resultados da unidade e compará-los com os resultados obtidos.

> Eu acho que os resultados de música aqui não são muito concretos. Sinto que sempre poderia dizer que eles são quase intrínsecos. Na verdade, eles não são difíceis de serem julgados. As crianças gostam de música? Elas apenas dizem que sim, que gostam – mesmo que, de fato, não gostem. Nossas crianças não tiveram muitas informações sobre música até agora. Então, estou usando os resultados das 3ª e 4ª para as 7ª e 8ª séries.

> O que eu poderia ter feito melhor é projetar meus resultados. Eu sei quais são eles, mas, como professora nova, às vezes é difícil para mim colocá-los em palavras escritas. No ano que vem, se eu fizer essa unidade outra vez, farei um trabalho melhor, criando resultados específicos.

Os professores nesse estágio inicial do entendimento, muitas vezes, queriam detalhes mais específicos em termos do plano da unidade e de materiais de ensino para ver como os resultados se aplicariam. Como um professor falou:

> Os documentos que temos da secretaria são excelentes. Os catálogos e as informações que a secretaria forneceu são realmente completos. Mas eu sinto que faltam idéias mais concretas – por exemplo, se o departamento de geografia pudesse dizer "quando você estiver ensinando geografia humana e estiver em povos indígenas, esses são os melhores vídeos. Aqui estão alguns livros excelentes". Eu gostaria de algo específico. Eu posso não concordar com eles, mas, pelo menos, é um ponto de partida, em vez de eu ter de fazer tudo.

Esses professores queriam estruturas mais claras, queriam mais detalhes, algo em que pudessem se apoiar. Um explicou que

> como eu sou um professor novo, posso ser um pouco mais obcecado com os resultados e com o fato de querer conhecê-los do que meus colegas que lecionam há mais tempo. Talvez eles sintam mais confiança em relação ao que que-

rem que seus alunos aprendam. Acho que eu gostaria de ter os objetivos explícitos para que eu os dominasse. Quando eu desenvolvi planos mais específicos, em geral me senti mais confiante. Além disso, tenho que chegar a um pensamento superior com relação aos meus objetivos para os meus estudantes, mas eu ainda não cheguei a esse ponto em tudo o que faço.

O pensamento de outros professores acerca da estrutura curricular progrediu muito no âmago minucioso do planejamento de unidades curriculares e das atividades de sala de aula no que alude aos resultados do aprendizado. Em certos casos, as abordagens desses professores em relação ao planejamento curricular eram bastante sofisticadas, mesmo antes do advento dos resultados. A estrutura de resultados do aprendizado ajudou-os a esclarecer e a avançar nesse processo ainda mais:

> Nós revimos e olhamos nossas unidades dos últimos anos; sentamo-nos e determinamos o que as crianças precisam. Então, projetamos atividades para o que elas necessitam durante o ano. Ao final de cada unidade, temos uma grande atividade de aplicação, como uma convenção ou um debate. As crianças aprendiam uma aplicação de todas as habilidades. Na verdade, quando eu escrevia nossos boletins no sistema antigo, a primeira frase era "o que fizemos nesse período". Por exemplo, as crianças se envolveram em um projeto de inventar. Por isso, elas tinham que fazer uma apresentação de sua invenção. Tínhamos três áreas para avaliação – língua, escrita e trabalho em grupo independente – e comentávamos se o estudante era excepcional ou se necessitava de aperfeiçoamento. Atualmente, com os resultados, ficou, com mais certeza, mais simples para nós. É como fazíamos, e isso tem sido maravilhoso.

Certos professores descreveram as unidades curriculares que haviam ensinado e projetado com bastante detalhe. Eles especificaram os diversos aspectos do conhecimento que queriam que seus alunos adquirissem. Um professor descreveu uma unidade com a qual havia trabalhado a respeito de soluções para as crianças cujas habilidades de laboratório eram fracas, as quais tinham pouca experiência nesse contexto. A unidade visava ensiná-las

> tudo, desde atividades muito simples, como filtrar uma solução e julgar se é possível filtrar uma solução e remover partes. Se eles são espertos, eu faço uma pequena apresentação a respeito de ligações para que algumas das crianças entendam as moléculas e por qual motivo elas se unem; como formam essa ligação e o que isso significa. O processo de grupo é responsável por sensibilizá-las, e, ao final da unidade, elas estarão projetando os experimentos, conduzindo-os, avaliando o projeto do experimento e fazendo alterações nele, com o intuito de, se tiverem que o executar de novo, saberem o que fariam de maneira diferente. Elas estão aprendendo muitas habilidades, como operar uma balança, um microscópio, *slides*, e cada um é responsável por anotar as observações do grupo.

Ainda que ele não tenha descrito sua unidade na linguagem técnica dos resultados, esse professor, com certeza, identificou muitos tipos de conhecimento, habilidades e valores diferentes, os quais queria que seus estudantes aprendessem. Ele detalhou a maneira como esperava que seus estudantes se tornassem proficientes no método científico: projetar um experimento, conduzi-lo, avaliar o projeto do experimento e fazer as modificações apropriadas. Ao empregar uma abordagem de aprendizado colaborativa, essa unidade complexa também integrou habilidades sociais de trabalho em grupo à capacidade de raciocínio em procedimentos científicos e às habilidades lingüísticas no relato de resultados.

Para os professores que fossem experientes e estivessem interessados em investigar sua imaginação no planejamento curricular para suas próprias classes, os resultados amplos e mesmo definidos de maneira vaga não eram um obstáculo, mas uma oportunidade. Entretanto, considerando o número e a complexidade dos resultados do aprendizado em quatro áreas programáticas que abarcam dimensões do conhecimento, das habilidades e dos valores, não é de surpreender que muitos professores tenham considerado difícil projetar resultados para suas unidades curriculares integradas. Os professores iniciantes, em particular, sentiram-se menos confortáveis com os resultados e com a maneira como eles se aplicam a suas unidades. Ainda assim, mesmo os professores experientes tiveram problemas para entender os resultados devido à sua abstração ou ambigüidade. Até mesmo achar tempo para ler e entender a política e os resultados integrados de seus programas de ensino e aprendizado foi um desafio.

Resultados incômodos

Em sua melhor forma, os resultados proporcionam uma estrutura que auxilia os profissionais em educação a esclarecerem e a aprimorarem suas intenções de currículo – a pensarem sobre o que os estudantes irão aprender antes de considerarem o que eles, como professores, irão ensinar. Os resultados podem dar respaldo aos professores para eles avaliarem o desempenho dos estudantes e selecionarem conteúdos, métodos, recursos e procedimentos organizacionais adequados de maneira mais eficaz (Brady, 1996). Entretanto, na prática, alguns sentiram-se subjugados pela quantidade e pela complexidade de resultados quando eles também tinham outras prioridades. As escolas não esperam enquanto os professores aprendem as novas iniciativas curriculares. Se a inovação é complexa do ponto de vista conceitual, pode ser imensamente difícil conseguir dedicar o tempo necessário para entendê-la. Um professor declarou:

> Eu não quero realizar mais iniciativas. Existem muitas coisas acontecendo agora. Eu parei com algumas das iniciativas, pois estava tão sobrecarregado que decidi parar com algumas atividades.

Outra professora que estava veementemente comprometida com a idéia dos resultados do ensino disse que pensava que era um conceito excelente. Podemos fazer o mapeamento do pano de fundo e começar a dizer aos alunos das 5ª e 6ª séries para começarem a trabalhar rumo aos resultados das 7ª e 8ª séries, e é isso o que estamos fazendo. Assim, eles já estão prontos para a 10ª série e outras acima. Eles estão prontos para o mercado de trabalho ou para a universidade, ou para o que for. É uma excelente idéia.

No entanto, ela acrescentou: "Sentar e formular aqueles resultados e todos os indicadores – e haveria vários para um resultado em todas as diferentes áreas – é um trabalho imenso".

Parte do problema de dominar os resultados, de entendê-los e de ver como eles funcionaram nas próprias práticas dos professores foi que eles não foram expostos de maneira suficientemente clara nos documentos relevantes da política. Muitos professores consideraram a linguagem em que os resultados foram escritos obscura e enfadonha. Isso os deixou ansiosos a respeito do que a política dizia, do que se esperava deles e de seus estudantes e de como os resultados se aplicavam, de modo particular, para seu método de ensino:

> É inacreditável. É demais. Você olha esse fichário com a política da secretaria de educação e pensa: "Eu nunca serei capaz de entender isso, muito menos de implementá-lo".
>
> Apenas lendo os resultados, eu já tive dificuldade em entender como eles se processam. No estágio, eles explicam tudo. Levou vários anos para chegar ao ponto em que eu sei como eles se combinam. Em princípio, parecia que eles eram documentos diferentes. Foi um pouco complicado. Eu tenho a tendência de ficar frustrado com esse tipo de situação. Eu gosto de saber exatamente o que querem de mim. Eu faço, mas tem que ser específico. Foi muito frustrante. Eu ainda não considero que os resultados sejam tão proveitosos como está escrito. O "professorês", de fato, é muito pesado em alguns deles. Falem em linguagem comum para que todos possam entender: as crianças, os pais, os professores.

O efeito cumulativo de interpretar e implementar resultados ou padrões de aprendizado, assim como o de monitorar se eles foram cumpridos por todos os estudantes, pode ser o ponto em que os professores sentem-se sobrecarregados e obrigados a seguir certas direções, de maneira que eles perdem o foco em lugar de adquirirem-no, limitando-se às suas tentativas de lidar com isso. Esse é um perigo que está sempre presente, à espreita, em cada programa de padrões ou resultados; voltaremos a ele ao final deste capítulo.

Medindo resultados

Se não se pode especificar resultados de maneira clara, também não se pode medi-los adequadamente. Não é de surpreender que os professores em nosso estudo, com freqüência, tiveram grande dificuldade para saber como medir os resultados. Eles levantaram muitas questões acerca de como podem ser desenvolvidos indicadores da realização de resultados do aprendizado com instrumentos confiáveis para medi-los. "A parte mais difícil", disse um professor, "é como avaliar esses resultados. Eu acho que é onde eu vejo muitos professores lutando". Um professor exasperado reclamou:

> O que é um "resultado excelente" em leitura em uma classe da 7ª série? O que é isso? Ninguém realmente nos disse. Por exemplo, se nosso resultado fosse – e esses vêm da lista que nos deram – "lê de forma ampla e diversa", o que significa "excelente"? Isso significa que eles leram 20 livros no trimestre? Quarenta livros no trimestre? Ninguém fala com clareza. Quando você começa a olhar de forma crítica para os resultados, se você quer que eu avalie essa habilidade, o que isso significa? Eu não vejo o ministro nos dizendo isso! Eu não vejo a secretaria nos dizendo isso!

Modificando resultados

Em nenhum outro lugar, as questões de clareza, definição e medição são tão salientadas quanto para estabelecer de que maneira os resultados se aplicam a toda a variedade de alunos existentes. Todos devem atingir os objetivos, ou os objetivos devem ser modificados para os estudantes com dificuldades de aprendizagem? Nesse sentido, uma definição clara dos resultados não é apenas uma questão técnica; ela também é uma questão fundamental de igualdade e justiça social – em que a igualdade e a excelência, a padronização e a compaixão tropeçam umas nas outras. A maioria dos professores em nosso projeto leciona em diferentes turmas, caracterizadas por uma ampla variedade de históricos, capacidades e aptidões dos estudantes. Foi bastante difícil para eles saberem como planejar os objetivos e projetar unidades que atingiriam todos os estudantes.

Alguns professores relataram que programas modificados aumentavam o senso de realização, a auto-estima e a motivação dos envolvidos no processo de aprendizagem. O ato de adaptar os objetivos às diferentes habilidades dos estudantes enriqueceu o aprendizado nas salas de aula e os ajudou a ampliar suas expectativas para os alunos com dificuldades.

> Para mim, o conceito de resultados significa as metas determinadas que eu quero que certos alunos alcancem. Com crianças que apresentam necessidades especiais integradas em minha sala de aula, os resultados não serão adequados para toda a classe. É preciso que eles sejam específicos para estudantes específicos.
>
> Minha sala de aula está mais rica do que há alguns anos atrás. As crianças estão fazendo tantas atividades. O programa é muito mais aberto, de modo que as crianças que são superdotadas podem acompanhá-lo. Meu colega e eu trabalhamos juntos por causa de nossa formação em educação especial. Temos os alunos da educação especial em nossa sala de aula. Projetamos nosso programa de maneira que ele abranja tanto esses alunos como as crianças superdotadas.

Ainda assim, a modificação em um programa não é uma panacéia para estabelecer padrões em salas de aula diversas. À medida que resolve alguns problemas, ela introduz outros. Os professores fizeram alterações em seus programas para seus alunos em risco, tentando evitar que eles não ficassem academicamente atrasados. Entretanto, os esforços para fazer tantos ajustes específicos para as necessidades individuais dos alunos podem limitar a capacidade do professor de administrar todas essas variações e de cumprir às necessidades da classe como um todo, conforme indicam os seguintes comentários de professores:

> Outro obstáculo seria a variedade de habilidades. Eu tinha um estudante da 8ª série no ano passado que não sabia ler nem escrever. Ele estava em minha turma em horário integral. Isso é um obstáculo, pois eu fui obrigado a fazer um planejamento diferenciado para aquele aluno, e essa é mais uma demanda sobre o professor. Desse modo, da maneira que vai a educação especial, a realidade é que não vão haver muitas salas de aula fechadas. E isso é cansativo para os professores.
>
> Eu gostaria de me concentrar na criança média. Eu acho que ela está se perdendo em tudo isso. Eu acho que estamos nos concentrando naqueles que necessitam de apoio individual, e as crianças que devem ser desafiadas estão sendo desafiadas. Eu estou um pouco preocupado com as crianças "cinzas", como eu as chamo, porque quero ter certeza de que elas estão recebendo sua parte em tudo isso. Não tenho certeza de como enquadrá-las em tudo isso.

Além disso, a modificação do programa criou problemas sérios de comunicação para os professores de nosso estudo e levantou preocupações com o desempenho estudantil a longo prazo – por exemplo:

> No fundo, eu penso: "E se eles não cumprem os objetivos? O que acontece com eles?" Os resultados fazem sentido, e queremos ter pessoas que sejam bastante funcionais na sociedade atual – pessoas que saibam usar um computador, saibam escrever, e assim por diante. Mas, e se elas não conseguirem? Quem sabe o que irá acontecer? Eu posso dizer a você agora que sete ou oito das crianças em minha turma não irão cumprir com a totalidade dos resultados para a 7ª série e, provavelmente, eu esteja subestimando esses alunos. Eles são bons estudantes e esforçam-se muito, mas não vão atingir as metas. Devemos segurá-los até que atinjam os resultados?
>
> Minha mãe e eu conversamos muito a respeito disso. Ela tem alunos de educação especial, e alguns deles nunca irão alcançar os resultados. Ela não pode fracassar com eles, pois não é culpa deles o fato de terem uma deficiência de aprendizagem. Enquanto isso, todavia, o governo diz: "Que pena que você reprovou na 7ª série". Eu não sei se nós não os estamos preparando para um grande grupo de crianças que vão abandonar a escola.

Outra professora fez a seguinte observação em relação a alguns de seus estudantes com dificuldades de aprendizagem:

> Quando você propicia certas alterações de programa a essas crianças a fim de que elas obtenham sucesso, e quando você dilui o programa ao ponto de essas crianças serem um "sucesso no papel"*, e elas vão para a escola de ensino médio

---

*N. de R.T. Um sucesso no papel ocorre quando as crianças acertam todas as questões nas provas escritas que foram facilitadas.

e lá essas modificações não são alcançadas, você diluiu os objetivos ao ponto em que não atingiu um resultado verdadeiro.

Para os professores, a perspectiva de que alguns estudantes fracassem em alcançar os resultados foi instigadora e emocionalmente perturbadora. De fato, a maioria não apenas estava em dúvida quanto à maneira de medir a realização de resultados de forma precisa e confiável, como também ficou preocupada com a possibilidade de que alguns dos seus alunos menos capazes pudessem não conseguir atingir os resultados do aprendizado de forma alguma. Os programas modificados causaram um dilema perturbador. Por um lado, os resultados modificados resolveram o problema de os estudantes serem rotulados como fracassos – pelo menos a curto prazo. Porém, ele causou outros problemas, como uma interpretação errônea do que, de fato, significavam as séries modificadas e as expectativas falsas nas mentes dos estudantes, dos pais e dos futuros empregadores. A esperança de que todos os estudantes devessem alcançar certos níveis de conhecimento, habilidades e valores em séries específicas coloca uma grande pressão sob os professores que trabalham com uma ampla variedade de alunos com habilidades acadêmicas, com estilos de aprendizado e com níveis de desenvolvimento intelectual e emocional tão diferentes. Os legisladores e os administradores afirmam que todos deveriam alcançar os padrões, e os professores devem sentir que ninguém deve fracassar. No entanto, quando os resultados são modificados para evitar o fracasso, os padrões parecem perder seu significado. Esse dilema atormentador não foi criado pelos professores. Ele tem suas raízes nas próprias políticas, e é especialmente nelas que o problema deve ser enfrentado.

PLANEJANDO EM FUNÇÃO DOS RESULTADOS

Planejar um currículo em torno de padrões e resultados a serem alcançados, em vez de visar ao conteúdo a ser coberto é difícil na maior parte das vezes. Quando os documentos relevantes da política são vagos, excessivamente complexos ou irracionalmente ambiciosos, a tarefa de pensar resultados é ainda mais exigente.

Os professores neste projeto consideraram o planejamento de suas unidades em termos de resultados desafiadores ao extremo. Algumas das diretrizes da política para o planejamento e desenvolvimento do programa eram, de fato, formidáveis. Considere, por exemplo, a diretriz segundo a qual "todos os aspectos do planejamento e desenvolvimento de programas, incluindo decisões a respeito de estratégias de ensino e avaliação, devem se concentrar no auxílio aos estudantes visando a fazê-los alcançar os resultados... Como regra geral, as atividades de aprendizagem, os temas e as unidades de estudo deveriam contribuir para a realização de combinações apropriadas de resultados". Conforme a política escrita, espera-se que os professores sigam passos básicos ao elaborarem programas:

1. Revisar resultados e padrões esperados do programa.
2. Avaliar as necessidades, os interesses, as habilidades e os estilos de aprendizagem dos estudantes, utilizando registros de seu desempenho, seus portfólios, os comentários dos professores e as discussões com estudantes e pais.
3. Consultar outros membros da equipe (por exemplo, orientadores, professores de educação especial).
4. Selecionar conteúdos e recursos adequados, e desenvolver métodos de ensino e avaliação apropriados.
5. Discutir os resultados e os métodos de avaliação com os estudantes e seus pais.
6. Discutir formas de evitar dificuldades potenciais com cada estudante.
7. Orientar os pais a respeito de como ajudar seus filhos.
8. Planejar estratégias de avaliação, medição e relatório.

Como os professores lidam com essas demandas do planejamento? Como o planejamento para resultados funciona na prática? Quem se envolveu no processo de planejamento e qual foi seu envolvimento? O que o planejamento em função de resultados exige dos professores? Que tipos de apoio eles necessitam para fazer o planejamento de maneira eficaz? Que obstáculos surgem?

Racionalidades do planejamento

O ato de planejar é, muitas vezes, apresentado como sendo um processo fundamentalmente linear e racional, no qual o estabelecimento de objetivos claros e de julgamentos cuidadosos no que se refere à melhor maneira para atingir esses objetivos e para saber quando eles foram atingidos é de suprema importância. No papel, a educação baseada em resultados ou a reforma baseada na padronização se aplica perfeitamente a essa concepção de planejamento. Em princípio, os padrões ou os resultados do aprendizado são determinados; então, através de um processo de mapeamento invertido, são estabelecidos indicadores do que contaria como a realização desses resultados, seguido da identificação de materiais curriculares e estratégias de ensino que ajudarão os estudantes a alcançarem esses indicadores de sucesso no aprendizado. Porém, entre os professores em nossa amostra, apenas três afirmaram que pensam o planejamento dessa maneira formal, começando com os resultados e depois mapeando no sentido inverso a partir deles. Outros falaram de experimentar seu planejamento como um processo reverso – por exemplo:

> Eu luto com os resultados, no sentido de que eu sei que ainda devo passar por aquele processo. Eu tenho uma tendência a fazer as coisas em sentido reverso. Eu faço o plano global. Tenho certeza de que assim eu trabalho no sentido inverso.

Muitos professores sentiram os passos delineados no currículo como sendo mecanicistas e artificiais, como este:

> Como membro da equipe, tentei escrever um tema de conflito para uma unidade. Porém, como nós somos 23 profissionais, em grupos de três, escolhemos os resultados da ficha de relatório que havíamos selecionado para a escola. Então, tentamos desenvolver atividades para acompanhar cada um desses resultados a respeito do tema de conflito. O que ocorreu foi que tivemos uma unidade bastante desunida.

Os professores não retiram, sem critérios, os resultados do documento da política curricular sem uma reflexão crítica. Eles trabalham com atenção, individual ou coletivamente, para entender os resultados em relação às realidades que encontram na vida cotidiana de seus estudantes. Esse processo de reflexão crítica mobilizou uma grande quantidade de trabalho intelectual, à medida que eles lutavam para entender como os resultados se enquadravam, de forma conceitual, em seu programa:

> Fico um pouco preocupado com qual seria a base de conhecimento de minha unidade a respeito da família. A única ênfase é colocada nas habilidades. Se os estudantes sabem como encontrar as informações de que necessitam, eles conseguem. Mas e o conhecimento geral? Eles irão adquiri-lo? Os professores das 9ª e 10ª séries* supõem que as crianças tenham uma boa base de História e Geografia? É por isso que eu me sinto, em particular, obrigado a voltar àqueles guias para ter certeza de que tentei incorporá-los à unidade de Família, Conflito e Mudança. A próxima unidade que fazemos é Mistérios e Maravilhas do Mundo. Estou especificamente interessado nos estudos integrados – História e Geografia. Não estou preocupado com as habilidades, mas com o conteúdo.

Os profissionais em educação também precisam experimentar uma ressonância emocional com os resultados. Eles não os estão planejando de modo experimental, para estudantes hipotéticos, de forma puramente racional. O planejamento se baseou em entendimentos de seus próprios estudantes, os quais tinham uma natureza emocional, além da cognitiva. Por isso, muitos professores tendem a utilizar uma estratégia (de sala de aula) de dentro para fora para planejar resultados, porque a abordagem de mapeamento inverso, de fora para dentro, parece contra-intuitiva ou não-natural, como observaram os seguintes professores:

> Eu detesto aqueles kits prontos para usar que as pessoas compram –aqueles kits integrados – porque eles não levam em conta as crianças da sala de aula, e é isso que o professor deve fazer.

> Eu tento fazer pelo menos uma atividade de aquisição de conceitos por mês. Eu fiz uma há dois dias referente aos meios de comunicação de massa. Tiramos os

---

*N. de R.T. Níveis correspondentes às 1ª e 2ª séries do ensino médio brasileiro (ver tabela de equivalência na página 12).

resultados diretamente do documento. Para ser honesto, acho isso um pouco artificial. Eu, na verdade, estava tentando encaixar círculos em quadrados. Pelo menos, foi como eu me senti.

Para esses professores, havia uma discordância entre o planejamento de resultados com base na racionalidade linear (objetiva e calculista) e o planejamento de resultados com base na racionalidade experimental (subjetiva e intuitiva). Essa tensão entre diferentes racionalidades de planejamento foi muito grande. A maneira como a maioria dos professores planejaram e utilizaram os resultados estava intimamente relacionada a suas conexões emocionais com seus estudantes e a seus sentimentos como professor. A maior parte deles sentiu-se mais confortável partindo de seu conhecimento sobre a maneira como seus estudantes haviam aprendido, o que os motivou, e sobre as necessidades e os estilos de aprendizagem únicos de cada um dos alunos. Como disse um professor:

> A melhor lição que aprendi como professor foi ser eu mesmo, e, quanto mais eu me tornei eu mesmo, mais comunicação ocorreu entre eu e as crianças, e o aprendizado foi mais intenso. Quando eu impus superestruturas que não eram o meu reflexo, e as crianças sabiam que eu estava fazendo isso, as lições não funcionaram bem.

As abordagens dos professores em relação ao planejamento basearam-se em seus julgamentos intuitivos a respeito do que funcionava em suas salas de aula e em seus sentimentos e entendimentos sobre as necessidades de seus alunos. Alguns autores argumentam que abordagens baseadas em padrões e resultados tiram a ênfase dos aspectos emocionais da relação de ensino e aprendizado (Zlatos, 1993). Esse é um ponto crucial, pois nossos dados mostram que, em muitos casos, a linguagem de resultados deixa os professores sentindo-se alienados do processo de planejamento curricular. Eles têm a sensação de limitação quando tentam aplicar procedimentos de planejamento científico que partem de resultados distanciados de sua experiência real. Na prática, os resultados são moldados, em um grau significativo, pela capacidade dos professores em conectá-los com sua experiência no ensino. O planejamento funcionou melhor quando partiu da prática e da experiência dos professores, e de suas conexões com os estudantes, e não de afirmações abstratas.

Planejando com os colegas

Os professores fizeram planos de aula individualmente, mas também colaboraram com os colegas em resultados dentro e fora do dia escolar normal. Eles valorizaram oportunidades para compartilharem idéias e percepções com outros professores, o que ajudou a esclarecer a política. Isso propiciou um contexto para explorar idéias a respeito de como aplicar os resultados em suas unidades, para avaliar as realizações de seus estudantes e para estabelecer uma continuidade no planejamento. A colaboração profissional pode ser um recurso bastante importante no processo de planejamento curricular, proporcionando-lhe clareza, consistência e atualização, como muitos de nossos professores testemunharam.

O planejamento em conjunto ajudou os professores a adquirirem um entendimento intelectual do que significavam os resultados do aprendizado, já que discutiam a política juntamente com seus colegas e projetavam unidades voltadas para os resultados. O ato de trabalhar próximo aos colegas também aumentou a autoconfiança no uso e na avaliação dos resultados. Esse tipo de atividade foi um processo emocional e intelectual eficaz, o qual criou oportunidades de aprendizado para os professores e para os seus estudantes:

> Meu colega e eu estávamos trabalhando muito, projetando unidades de estudo integradas, as quais apresentavam conhecimentos, habilidades e atitudes muito específicas, mas que também tinham resultados de aprendizado bastante concretos, os quais poderiam ser avaliados. Debatemos o modo como avaliar os resultados e desenvolvê-los, o modo como articulá-los e como envolver as crianças nesse processo. Sendo assim, começamos a procurar em portfólios. Essa provavelmente foi a experiência mais enriquecedora que eu tive.

> O que importa para mim é trabalhar com outra pessoa. No começo, isso é demorado, mas, quando você persevera e faz, os benefícios são fabulosos. Eu tenho mais confiança em minha programação. Eu defenderia nossa programação. Meu trabalho como professor está melhor. As crianças aprendem mais e são mais criativas. Ainda temos um longo caminho a ser percorrido, mas trabalhar junto foi a parte dinâmica que uniu tudo para mim. Tem sido pessoal e profissionalmente transformador. Nenhuma outra atividade teve tanto impacto quanto trabalhar em conjunto. É interessante, pois, durante anos, esperei que as crianças trabalhassem juntas, e nós não o fazíamos como professores.

Às vezes, a colaboração profissional entre os professores foi estruturada em tarefas e formas específicas de trabalhar em grupo. O trabalho em equipe apresenta muitas das vantagens dos tipos informais de colaboração, como o apoio mútuo, mas os papéis e as responsabilidades são definidos de maneira mais formal. Os professores valorizam muito essa forma de atividade colaborativa. Eles preferem trabalhar em conjunto as incertezas do planejamento curricular do que ter de fazer apresentações e, por isso, sentirem-se expostos ou pouco motivados em reuniões.

> A atividade de desenvolvimento de pessoal mais valiosa que eu já tive foi quando fomos divididos em grupos, mesmo que por um único turno, para planejar e tentar examinar essa informação em uma atmosfera mais relaxada, na qual não iríamos levantar na frente de toda a equipe de 38 pessoas e dizer: "O que é uma categoria?" Não me sinto incomodado com meu grupo dizendo "não temos idéia".

> Alguns queriam mais trabalho em grupos. Não temos tempo para treinar técnicas de desenvolvimento de equipes, nas quais você constrói a confiança e sabe que realmente pode trabalhar junto. É isso que eu quero: tempo para realizar

atividades em grupo e tempo para estreitar mais os vínculos com as crianças da 9ª série. Esse seria meu pedido.

Apesar dos benefícios amplamente reconhecidos da colaboração e do trabalho em equipe dos professores (Fullan e Hargreaves, 1996; Little, 1993; Nias, Southworth e Yeomans, 1989), não é suficiente apenas declarar sua importância para os professores e depois esperar que eles os adotem. Eles sabem e reconhecem muito bem os benefícios da colaboração e do trabalho em equipe e, além disso, sabem que uma colaboração significativa é mais fácil de ser falada do que feita e que uma colaboração meramente imposta pode ser contraproducente (Hargreaves, 1994). Nossos dados afirmam que o planejamento em conjunto (formal e informal) traz benefícios intelectuais e emocionais para os professores que estão implementando resultados. Frente a resultados complexos, a oportunidade de entender, ao mesmo tempo, o que essas novas estruturas e esses novos padrões significam foi uma parte bastante valorizada do processo de planejamento (Grundy e Bonser, 1997). Porém, a colaboração exige tempo, energia, comprometimento, recursos, sensibilidade e habilidade. Ela não ocorre por injunção moral. Como um professor observou:

> Trabalhamos bastante em conjunto fora do tempo normal da escola e nos feriados. Isso nos dá tempo na aula, e garantimos que renovamos nossa comunicação conosco e com as crianças, o que nos ajuda a acompanhar as crianças e o programa. Obviamente, as crianças são nossa maior preocupação. Se um aluno está ficando atrasado em relação aos colegas, tendo dificuldades ou agindo de forma estranha, podemos falar a respeito disso. E, em toda a escola, desde a educação infantil até a 8ª série, cada professor se encontra com seu parceiro de desenvolvimento mútuo duas vezes por semana. De outra parte, a maior mudança para mim foi realmente trabalhar com minha colega, colaborar com ela.

Como discutimos de forma mais detalhada no Capítulo 7, um desafio contínuo para as escolas e para os legisladores é criar estruturas de tempo e espaço em que a colaboração seja uma parte integral de programas voltados aos resultados e padrões, e não apenas uma característica periférica ou eventual do cotidiano do professor. O planejamento de resultados eficaz e colaborativo não pode ser deixado ao acaso, e a iniciativa do professor não pode ser vista como um ornamento dispensável por reformadores preocupados com o orçamento. Eles devem ser sustentados por novas formas de organização escolar e pelo desenvolvimento profissional, situações em que os professores possam aprender novas habilidades que os ajudem a planejar e trabalhar com eficácia.

Envolvendo os estudantes

O planejamento curricular deveria abranger tanto os alunos e os pais como os professores. Afinal, eles são os consumidores daquilo que é planejado. Ainda assim, os alunos, com freqüência, são os últimos a serem informados (Rudduck, Day e Wallace, 1997) e menos prováveis ainda de serem envolvidos no processo de desenvolvimento e implementação das inovações educacionais. Nesse sentido, um aspecto especialmente importante do planejamento para muitos professores em nosso projeto foi o envolvimento do aluno. Como um professor disse, o planejamento para resultados "deve estar associado às crianças. Não acho que você possa estar totalmente distante delas".

A maioria dos professores pensou com cuidado no impacto da reforma curricular sobre seus estudantes e sobre sua prática de ensino. Eles estavam determinados a tornar os resultados significativos e o aprendizado relevante para a vida de seus estudantes. Para muitos profissionais, uma maneira essencial de fazer isso foi compartilhar os resultados do aprendizado aberta e explicitamente com eles:

> Falei para os alunos o que os resultados eram, para que eles ficassem cientes disso. Os estudantes sabiam como seriam avaliados. Eu sabia o que iria avaliar, e isso propiciaria uma aula mais eficaz.

Alguns professores foram além, envolvendo seus estudantes no processo de planejamento. Isso transformou o relacionamento cotidiano do ensino e aprendizado em um ponto de partida para o trabalho com os resultados. Eles puderam testar o que os resultados significavam e como eles funcionavam na prática em suas aulas ao envolverem os estudantes em seu planejamento. Um professor descreveu como isso ocorreu:

> As crianças e eu vamos ao quadro onde os resultados estão escritos de vez em quando durante a aula e dizemos "isso é o que estamos fazendo agora. Se encaixa aqui". Eles conseguem ver rapidamente a conexão entre os resultados, e isso é bom. As crianças gostam disso.

A razão pela qual os professores ensinaram certos conteúdos e aquilo que os estudantes deveriam aprender foi descrito com clareza e reconhecido abertamente por eles. Os educadores envolveram-se em um diálogo com seus estudantes para ajudá-los a entender os resultados do aprendizado e a desenvolver planos para avaliar os resultados de seu aprendizado em conjunto – por exemplo:

> Gosto dos resultados, pois preciso disso para me concentrar de forma mais específica naquilo que eu quero realizar. Falo para as crianças com mais freqüência e com mais clareza. Antes eu não fazia isso. Agora, eu digo para eles o que devem realizar em aula. Eu escrevo nossos resultados ou nossos objetivos no início. Então, em minha própria aula, eles processam ao final: "Nós realizamos isso?" "Onde eu me confundi?" " Onde você se confundiu?"

Os professores relataram, ainda, que, ao compartilhar os resultados do aprendizado com seus estudantes, estes começaram a assumir mais responsabilidade por seu próprio aprendizado, e isso, na verdade, foi um resultado essencial do próprio currículo, o qual implica a utilização da capacidade de aprender a aprender de maneira mais eficaz, fazendo com que os estudantes estabelecessem objetivos para seu aprendizado, fizessem planos realistas e acompanhassem e avaliassem seu progresso. Isso também exigiu que os alunos esclarecessem suas idéias, refletindo sobre seu próprio pensamento e sobre a resposta dos outros. Foi necessário que os professores organizassem suas áreas programáticas de maneira que os estudantes aprendessem a se tornar aprendizes independentes. De uma forma intrigantemente cíclica, esse resultado também foi um pré-requisito para a maneira como os estudantes deveriam se envolver em seu planejamento.

Esse processo de planejar os resultados com os estudantes foi vigoroso, dinâmico e emocionalmente envolvente, já que aconteceu de dentro para fora, já que partiu do relacionamento dos professores com seus estudantes e das idéias práticas que eles puderam gerar em conjunto. As reflexões do professor revelam como e por que esse processo de planejamento funcionou em sentido inverso à tradicional lógica, de fora para dentro:

> Dos debates e discussões com meus estudantes e dos interesses que expressamos, partimos para os resultados do aprendizado – o grande e impressionante fichário – e descobrimos que tipo de habilidades poderia se enquadrar neles. É possível que tenhamos trabalhado no sentido inverso porque sabemos que devemos começar pelos resultados. Trabalhamos com seus interesses e, em seguida, com os resultados. Então, desenvolvemos um roteiro de atividades que sentimos que seriam valiosas.

A consulta com os estudantes foi uma parte integral do processo de implementação inversa de resultados do aprendizado para muitos professores, os quais partiram dos entendimentos e interesses de seus estudantes e consideraram materiais, atividades, métodos e abordagens de sala de aula que manteriam seus alunos envolvidos e motivados. Conversar com os estudantes a respeito dos resultados foi uma forma bem-sucedida através da qual os professores ajudaram a manter o aprendizado significativo para eles. Planejar em torno dos resultados com os estudantes tirou o segredo do aprendizado, e alterou a dinâmica de poder na sala de aula. A questão fundamental não é o que os professores planejam, mas como eles o planejam e com quem eles o planejam.

Envolvendo os pais

Além de defender o envolvimento dos estudantes no planejamento que visa alcançar resultados de aprendizado comuns, o currículo solicitava que os professores discutissem as diretrizes com os pais e os orientassem acerca de como poderiam ajudar seus filhos a alcançarem os resultados. Essa diretriz vai ao encontro dos estudos realizados em diversos países, com o intuito de afirmar a importância do envolvimento dos pais no sentido de proporcionar sucesso e aperfeiçoamento na vida escolar do aluno (McGilp e Michael, 1994; Muller e Kerbow, 1993; Dauber e Epstein, 1993; Epstein, 1988).

Alguns dos professores de nosso estudo, de forma evidente, consideravam a comunicação com os pais como uma parte importante de sua abordagem ao planejamento e ao desenvolvimento de resultados do aprendizado em seus programas – por exemplo:

> Na verdade, nós queríamos passar os resultados para as crianças ontem e enviá-los aos pais em um informativo amanhã. Assim, eles poderiam ser afixados na parede, ou os pais poderiam colocá-los na porta da geladeira, ou as crianças os teriam em seu caderno.

> Acho que os pais devem ser preparados para a educação voltada aos resultados. Ela deve ser explicada a fim de que eles saibam o que buscamos e esperamos. Quando fazemos isso com os pais, tentamos utilizar parte da terminologia e algumas das palavras com eles. Quando eu enviei cartas explicando o que estava fazendo nas entrevistas com os alunos, expliquei os resultados aos pais. Ainda assim, eles ficaram meio confusos. Mas, quando eles vieram à escola e viram as crianças falando a respeito do assunto, conversando comigo depois e olhando as fichas, tudo ficou muito mais claro.

Os professores falam da necessidade de se comunicarem com os pais a fim de que eles saibam mais sobre os resultados do aprendizado e de suas implicações para o ensino e para o aprendizado nas escolas de seus filhos. Em certos casos, isso significou usar materiais escritos preparados pela secretaria de educação para ajudar os pais a entenderem os novos resultados. Outros educadores relataram que o ato de desenvolver materiais específicos para essa situação de comunicação não foi apenas bom para os pais, mas ajudou-os como professores a entender os resultados do aprendizado:

> A outra coisa que eu penso que realmente nos ajudou como equipe, que fizemos no começo, foi preparar um pacote da 8ª série para os pais. Ao fazer isso, tínhamos que sentar e pensar em conjunto, como um grupo, e escolher os resultados do aprendizado. Usamos o formato sugerido visando informar os pais e articular para nós mesmos no papel aquilo que esperávamos realizar. Ficamos orgulhosos com isso. Foi bem-recebido pelos pais.

Os professores também verificaram que envolver os pais de forma mais direta em atividades de sala de aula propiciou as oportunidades ideais para aprofundar o diálogo sobre o aprendizado e os resultados alcançados pelos alunos:

> Vamos trazer os pais e ver como eles podem contribuir para nossa unidade. Temos um especialista em computadores. Ele virá à escola e falará sobre computadores para as crianças, e esperamos visitar seu local de trabalho. Um segundo pai fará apresentações sobre a história do Canadá. O terceiro, que é a mãe de um dos garotos de minha sala, fala chinês e trabalha com as crianças estrangeiras na aula de inglês. O seu marido também trabalha com computado-

res. Essa é uma experiência valiosa; comentei com diversos pais nas entrevistas. Tenho cinco ou seis outros parceiros esperando para vir à escola e falar sobre suas atividades profissionais. Um pai opera uma firma de máquinas pesadas. Isso se encaixa bem naquilo que fizemos a respeito de pontes e do projeto de construção em matemática. Em relação ao futuro, posso ver isso acontecendo cada vez mais.

Ainda assim, as parcerias com os pais apresentam ameaças, além de promessas para os professores. À medida que seu entendimento das práticas de resultados aumenta, eles ficam em melhor posição para criticarem a qualidade do ensino e do aprendizado. Uma comunicação eficaz com os pais no que tange às políticas e aos programas de resultados também implica uma maior responsabilidade para os professores:

> Os pais, especialmente em nossa comunidade, estão se tornando conscientes e muito bem-educados sobre questões de educação. Eles querem saber e fazer parte disso. Eu acho que é bom, mas, se você tem uma lista de resultados, eles querem saber, ao final da 3ª série, por que não há um visto ao lado de um certo resultado designado para a criança. Eles perguntam: "O que você fez, como professor, para auxiliar meu filho a chegar lá?" Eu gostaria de ver estratégias práticas para apresentar as avaliações aos pais.

Esses professores, como muitos de seus colegas, muitas vezes, eram seletivos demais em relação ao tipo de envolvimento familiar que estavam sendo motivados a aceitar e a cultivar. Alguns deles estavam preocupados por que mudanças reais no poder, da escola para os pais, poderiam enfraquecer sua autonomia como profissionais (ver Hargreaves, 2000):

> Eu detesto saber que os pais vão tomar mais iniciativa, e haverá grupos que vão me dizer como ensinar, baseado em suas horas de trabalho. Não acho que eles façam parte do sistema. Não acho que eles entendem o sistema e como ele mudou.

Vincent (1996) verificou que os professores que visam ao envolvimento familiar querem sobretudo que os pais dêem apoio (por exemplo, levantando fundos ou estabelecendo hábitos de trabalho de casa), ou que tenham mais informações sobre seu trabalho (conhecendo programas novos ou até mesmo ajudando na aula; informando-se sobre como o trabalho do professor realmente é difícil). Eles estão menos preparados para ver os pais como parceiros iguais em um diálogo bidirecional no que se refere ao aprendizado. Diferentemente do que, em geral, ocorre, envolver os responsáveis – e não apenas informá-los sobre os acontecimentos – no processo possibilita que oportunidades de desenvolver diálogos mais profundos entre escola e família sejam criadas.

Frases referindo-se ao envolvimento parental ou que tratam os pais como parceiros têm-se tornado clichês da reforma educacional. O fato de o envolvimento parental realmente significar dar aos pais mais poder real é outra questão. Para que essas parcerias sejam significativas, elas devem ir além de levantar fundos, cumprir com políticas de disciplina e trabalhos de casa, visando a um apoio geral aos fundamentos do ensino e do aprendizado, pois isso afeta os próprios filhos desses pais (Hargreaves e Fullan, 1998). Essas parcerias implicam em dar mais poder aos pais para influenciarem áreas como o currículo escolar e as realizações de seus próprios filhos. A comunicação a respeito dos padrões e resultados do aprendizado oferece excelentes oportunidades para aprofundar a parceria entre o lar e a escola. Parcerias fortes, todavia, não se baseiam apenas em comunicar informações em uma direção. Os professores devem aprender com os pais, assim como os pais aprendem com eles. No Capítulo 3, examinamos sistemas bidirecionais de comunicação, como as entrevistas com os pais dirigidas pelos estudantes, que têm surgido em algumas de nossas escolas. Porém, muito mais dessas parcerias genuinamente recíprocas ainda devem ser desenvolvidas. Nesse sentido, o diálogo a respeito dos resultados do aprendizado apenas começou.

IMPLICAÇÕES

Padrões ou resultados do aprendizado claramente definidos podem transformar a maneira como os professores pensam o currículo, o ensino e o aprendizado, levando-os a considerar não apenas o que irão ensinar, mas, de forma objetiva, aquilo que os seus alunos irão aprender e o que eles, como profissionais, deverão fazer para garantir que tal aprendizado seja alcançado. Nossas evidências são de que essa estrutura de ensino e aprendizado fez com que os professores que estavam preparados para refletir com seriedade sobre os resultados enxergassem seu trabalho de forma diferente e de forma mais crítica do que antes.

Nossos achados confirmam a promessa de que os padrões e os resultados comuns do aprendizado podem direcionar a atenção dos professores mais objetivamente ao que os seus alunos podem e irão aprender. Enquanto os padrões e os resultados estiverem em sintonia com princípios construtivistas, assim como com princípios contextualizados de ensinar e aprender, e enquanto eles buscarem definir padrões de aprendizado e pensamento sofisticados como objetivos educacionais válidos (em vez de adotarem práticas de ensino que sejam claras e específicas, mas inferiores), sua promessa para elevar os padrões educacionais será ainda maior.

O desafio que os resultados do aprendizado, definidos de forma ampla (em lugar de padrões específicos das disciplinas), impõem para as formas já existentes de conhecimento escolar, hierarquias especializadas, e os estudantes mais privilegiados que prosperam a partir delas, equipa-os com um potencial considerável para a transformação educacional e social. Vimos que existem riscos de excessiva incerteza, por um lado, e de uma prescrição técnico-racional, por outro, mas eles contribuem com o potencial do movimento em vez de enfraquecê-lo. Entretanto, mesmo os professores como os que estudamos, que estavam genuinamente motivados com os conceitos de resultados ou de padrões e que gostaram de utilizá-los com os estudantes e com os colegas para refazerem sua prática de ensino, verificaram que implementá-los e torná-los reais e significativos na sala de aula foi bastante difícil.

Alguns professores acreditavam que os resultados tornavam-se vagos demais, pois eram difíceis de definir e mais difíceis ainda de medir. Muita energia e muito espírito inventivo, além de uma grande quantidade de tentativa e erro, foram necessários para converter esses resultados em verdadeiras unidades de trabalho que fizessem sentido no mundo prático da sala de aula. Talvez essa luta seja inevitável. Talvez o extenuante trabalho intelectual que ela exige seja uma parte necessária do aprendizado. Ainda assim, uma linguagem mais comum (em vez do "educacionês"), unidades de trabalho-piloto e estratégias de ensino que auxiliem os estudantes na concretização dos resultados ou padrões podem ajudar os professores a refletir a respeito de como conectar resultados amplos com os momentos específicos do ensino e do aprendizado. Buscando responder ao problema da incerteza, a tentação que os legisladores e administradores freqüentemente consideram difícil de resistir (por exemplo, no atual movimento de padronização) é a de limitar e simplificar aquilo que os estudantes irão aprender em formas que sejam medidas e declaradas com mais facilidade, em vez de simplificar a maneira como descrevemos o que os estudantes devem aprender.

Outra solução para o problema do significado ou da incerteza é especificar ou programar os resultados e os padrões com crescente precisão no modo de escrever as políticas buscando torná-las à prova de professor. Isso reduz a ambigüidade, mas à custa de restringir a propriedade e a identificação dos professores com o processo de padrões e resultados, levando a reações emocionais negativas entre os educadores. Como já afirmamos, esse problema ficou bem mais evidente nas reações dos professores ao Currículo Nacional na Inglaterra e no País de Gales (Helsby, 1999). A produção de especificações escritas mais rígidas e detalhadas para os padrões e resultados também pode distribuir os professores em uma variedade desconcertante de resultados e padrões, expondo-os a propósitos múltiplos e contraditórios. Essa é a lógica destrutiva e usurpadora do sistema curricular técnico-racional e administrativamente obsessivo que muitos criticam (Smyth e Dow, 1998; Helsby e Saunders, 1993). Não estamos sugerindo que os padrões e resultados não devam ser claros, mas que devem representar os propósitos dos professores, deixando espaço para a responsabilidade e, de fato, exigindo-a no exercício de seu arbítrio profissional ao julgarem os padrões e resultados.

Em nosso estudo, não foram apenas os próprios resultados, mas sobretudo os processos que os professores sentiram necessários planejar que pareceram uma camisa-de-força. O tipo de planejamento curricular esperado que com freqüência acompanha a educação motivada por padrões, baseada em resultados e orientada para os objetivos, envolve o mapeamento inverso, de fora para dentro, de padrões a indicadores, materiais e métodos, de maneira linear e racional. Ainda assim, as formas de racionalidade inseridas na política, nos processos de planejamento administrativo e nos procedimentos de implementação aprovados estão nitidamente em desacordo com as formas de racionalidade de dentro para fora, por meio das quais muitos professores parecem dar forma ao seu planejamento na prática. Nessa abordagem de dentro para fora, os professores são influenciados por seu considerável conhecimento prático; pela troca de seus relacionamentos com estudantes, colegas e pais; pelas incertezas que permeiam o contexto do ensino em um mundo atormentado pelas tempestades da mudança.

Embora o planejamento racional, o planejamento estratégico, o planejamento evolutivo, e assim por diante, continuem a ser amplamente praticados, sua utilidade em contextos de complexidade, incerteza e emoção tem sido questionada de maneira contundente e cada vez mais desacreditada (Mintzberg, 1994; Wallace, 1991; Fullan, 1999). Conforme afirma Giles (1997), "as características inerentemente burocráticas e hierárquicas do paradigma do planejamento formal restringem a espontaneidade e a criatividade" (p. 36).

Quando os professores tentaram construir o planejamento de seus resultados tendo por base meios clínicos e exclusivamente racionais, eles logo ficaram confusos e frustrados. O processo não conectou com o que lhes era real e motivador em suas salas de aula. O processo de ensino em nosso estudo não abandonou o planejamento, nem é ele algo ruim, mas os professores foram, muitas vezes, capazes de subverter o processo de planejamento aprovado conforme lhes era mais profissionalmente estimulante. Os professores organizaram seu planejamento não apenas de forma abstrata e intelectual, mas também prática e emocional, em relação às suas imagens e aos seus entusiasmos, com mudanças e melhorias reais, as quais pudessem estar acontecendo em suas classes. Os resultados não foram omitidos pelos professores participantes do projeto, mas foram introduzidos como um conjunto de testes e balanços, uma vez que a criatividade e a emoção da fase inicial de planejamento havia produzido seu primeiro conjunto de idéias. Talvez um objetivo possa ser atingido quando os padrões e resultados surjam com naturalidade, em primeiro lugar, nas mentes dos professores quando planejam, mas a maneira mais eficaz de se chegar a esse ponto pode ser utilizar a abordagem de *checklists*, em vez de forçar os professores a fazerem seu planejamento de uma maneira diferente, e, em princípio, mais técnica e linear, que anule seu envolvimento profissional e emocional.

O planejamento intelectual e emocionalmente engajado foi intensificado quando os professores fizeram-no junto com seus colegas. O envolvimento dos estudantes nesse processo também ficou evidente pela maneira como certos professores abordaram os resultados comuns do aprendizado. Onde isso ocorreu, foi enriquecido o processo de planejamento para os professores e, de outra parte, os estudantes foram motivados a ter mais responsabilidade por seu aprendizado. Elaborar um currículo em torno de resultados comuns do aprendizado com os estudantes, e não apenas para eles, é uma parte bastante valiosa da abordagem de resultados.

Alguns professores, ainda, levaram os pais a entenderem e se envolverem com os resultados comuns do aprendizado, desenvolvendo meios claros e práticos de fazê-lo sem utilizar jargões. Entretanto, também verificamos que grande parte da comunicação e do aprendizado parecia correr em uma só direção, ou seja, os pais sendo informados sobre os resultados e sobre sua significância mais do que se envolvendo em um diálogo recíproco a seu respeito com os professores. Progressos consideráveis devem ser feitos no desenvolvimento de parcerias com os pais, os quais visem a relações de colaboração recíproca no lugar de formas unilaterais de apoio e comunicação.

Nesse sentido, quando uma abordagem de padrões ou resultados obriga os professores a discutirem e a desenvolverem seus planos de ensino e aprendizado com os estudantes e com os pais, ela oferece possibilidades reais para redistribuir as relações de poder da educação na sala de aula e na comunidade. Em sua melhor forma, esse processo intelectualmente criativo e educacionalmente inclusivo é a antítese da desespecialização. Nossas evidências apontam que, quando os professores trabalharam dessa maneira, isto é, em comunidades de prática compartilhadas, eles foram motivados a se expandir profissionalmente e a capacitar seus estudantes em relação aos resultados do aprendizado (Grundy e Bonser, 1997; Lieberman e McLaughlin, 2000).

As necessidades dos professores, em termos de planejamento curricular, são, na maior parte das vezes, mal-entendidas e subestimadas pelo público em geral. O que todos lembram são os tipos de ensino que testemunharam quando eram estudantes – o professor ensinando uma lição única para a classe como um todo (Hargreaves, 2000). O tempo necessário para planejar uma aula dessas, pode-se imaginar com facilidade, não seria grande. Entretanto, mostramos que o ato de planejar em relação a resultados ou padrões do aprendizado nas salas de aula caracterizadas pela diversidade cultural e lingüística, com uma ampla variedade de aptidões – incluindo diversos estudantes portadores de necessidades especiais, significa que os padrões e a maneira de atingi-los deve ser desenhada para cada estudante. Essas preocupações com a continuidade e com a igualdade opõem-se às prescrições externas excessivamente padronizadas, e apontam para a importância de o professor envolver-se de forma ativa na interpretação e no desenvolvimento de padrões mais minuciosos.

As exigências do planejamento que os professores enfrentam são substanciais. O tempo necessário para realizar essa tarefa é longo e delicado, e, onde os padrões e resultados são complexos e sofisticados, esse tempo de planejamento, em geral, necessita ser gasto com os colegas, com o intuito de que os desafios intelectuais possam ser resolvidos de modo coletivo. Em resumo, nosso estudo mostra que, em um mundo de padrões de aprendizado sofisticados, a preparação programada ou o tempo de planejamento não são um luxo dispensável que os professores podem produzir em seu próprio tempo, mas um pré-requisito vital para poder trabalhar em grupo de maneira eficaz, resultanto em ensino e programas de alta qualidade.

A abordagem de padrões e resultados comuns do aprendizado ainda não parece ter encontrado uma maneira verossímil de abordar o que será feito com os estudantes que não alcançarem os padrões e resultados. Fazer discursos políticos e administrativos de que todas as crianças podem e vão aprendê-los pode dar ao público ilusões de confiança e certeza, mas os professores cujas salas de aula têm a presença de crianças com síndrome alcoólica fetal, ou filhos de mães viciadas em crack e cocaína, ou aqueles que nasceram muito prematuramente (e cada vez mais existem crianças assim, hoje em dia, nas salas de aula), sabem o quanto essas ilusões são insípidas.

O ditado de Ron Edmonds (1979) sobre a admirável eficácia escolar – "todas as crianças podem aprender" –, que serviu como um *slogan* para levantar as expectativas e influenciar a vida de crianças portadoras de necessidades especiais, foi traduzido, de maneira simplista, nas mentes de alguns legisladores e administradores como a crença ilusória, ou a exigência, de que "qualquer criança pode e vai aprender qualquer coisa", ou de que "todas as crianças podem e irão aprender tanto quanto as outras". Elas assombram os professores que tentam em vão elevar todos os seus estudantes ao nível dos padrões exigidos – e que sentem culpa e vergonha quando não conseguem cumprir as expectativas irreais de outras pessoas.

Uma rota alternativa é modificar os padrões e resultados, de modo que todas as crianças os atinjam. Mas isso não tiraria o significado dos resultados e mascararia os padrões que eles deveriam alcançar? Isso não reduz os professores a simples jogadores de charadas com os padrões? Os professores conhecem muito bem a situação em que os legisladores os colocaram. Antes que a estrutura de padrões, com sua belicosa linguagem de "tolerância zero", coloque os professores sob o intolerável peso da culpa, é uma questão urgente que os legisladores estabeleçam padrões altos, mas alcançáveis. Eles devem reconhecer que nem todas as crianças podem aprender qualquer coisa e que, embora cada vez mais crianças devam ser estimuladas a alcançar padrões gradualmente mais elevados, é irreal insistir ou esperar que todas as crianças os alcancem.

Avaliação de Sala de Aula

3

A reforma, a partir da avaliação, tornou-se uma das estratégias mais favorecidas para promover padrões de ensino e aprendizado elevados, um aprendizado mais eficaz e formas mais confiáveis de responsabilidade na relação com o público (Murphy e Broadfoot, 1995; Gipps, 1994; Black, 1998). Embora avaliações legisladas, em grande escala, recebam a maior parte da atenção, as avaliações de sala de aula são as que mais importam nesse caso, já que conduzem a pedagogia de sala de aula e o aprendizado estudantil (Stiggins, 1991). Muitas reformas educacionais anunciaram novas abordagens de sala de aula, além das tradicionais técnicas de lápis e papel, incluindo estratégias como a avaliação baseada em portfólios e no desempenho (Marzano, Pickering, e McTighe, 1993; Stiggins, 1995). Esses meios alternativos são, muitas vezes, planejados com a finalidade de motivar os estudantes a assumirem maior responsabilidade por seu próprio aprendizado, de tornar a avaliação uma parte integral da experiência do aprendizado e de embuti-la em atividades autênticas, as quais reconheçam e estimulem as habilidades dos estudantes para criarem e aplicarem uma ampla variedade de conhecimentos, ao contrário de apenas envolverem-se em atos de memorização e de desenvolvimento de habilidades básicas (Earl e Cousins, 1995; Stiggins, 1996).

As mudanças na avaliação de sala de aula representam importantes mudanças de paradigma no pensamento a respeito do aprendizado, das escolas e do ensino. Ela exige que os professores julguem a respeito do conhecimento das crianças, entendam como incluir o *feedback* no processo de ensino, decidam como preencher as diversas necessidades de aprendizado dos estudantes (Tunstall e Gipps, 1996) e aprendam como compartilhar a tomada de decisões que diz respeito ao aprendizado e ao ensino com colegas, pais e estudantes (Stiggins, 1996; Gipps, 1994). Essa alternativa significa, ainda, repensar para que servem a avaliação e o ensino; de que maneira ambos podem melhor apoiar a aprendizagem e que tipos de objetivos, conteúdos e padrões curriculares a avaliação e o ensino podem ajudar a cumprir (Wiggins e McTighe, 1998).

Essas mudanças na avaliação de sala de aula representam grandes desafios para os professores. Eles são os únicos a terem o contato longo e o conhecimento íntimo com seus alunos e com o currículo, necessários para construir imagens vívidas do aprendizado de cada aluno a cada momento (Earl e Cousins, 1995). Ao mesmo tempo, os educadores estão se tornando menos confortáveis com sua habilidade de fazer julgamentos bem-feitos por meio de métodos de testagem tradicionais. É difícil criar e manipular testes neutros e universais quando as classes são diversificadas. Aquilo que se avalia está em constante mudança. Os estudantes, hoje em dia, devem analisar e aplicar informações, e não apenas lembrá-las. As aparentes incertezas acerca daquilo que deve ser avaliado e como deve ser avaliado são desagregadoras, e muitos professores não têm certeza do que devem fazer enquanto lutam para servir bem a todos os seus estudantes.

As mudanças nesse tipo de avaliação apresentam oportunidades intrigantes para os professores, confrontando-os com grandes dificuldades técnicas e canalizando sua energia intelectual e emocional. Este capítulo destina-se à observação de como os professores, em nosso estudo, lidaram com a reforma na avaliação, iniciando-a, eles mesmos, em suas turmas e examinando as condições que facilitaram ou impediram seus esforços.

PERSPECTIVAS EM INOVAÇÃO EDUCACIONAL

A avaliação de sala de aula é um fenômeno multifacetado, e sua reforma envolve muitas questões. Isso pode ser visto examinando-se a reforma dessa avaliação à luz de diferentes óticas. Com base no tratamento clássico da inovação educacional de House (1981) e na discussão a respeito das diferentes dimensões da ação humana de Habermas, chamamos atenção para três perspectivas em inovação educacional – técnica, cultural e política – e acrescentamos uma quarta: a perspectiva pós-moderna.

A perspectiva técnica

De acordo com House (1981), a perspectiva técnica (ou tecnológica) pressupõe que o ensino e a inovação sejam tecnologias com soluções previsíveis, as quais possam ser transferidas de uma situação para outra. O foco dessa perspectiva está na própria inovação – em suas características e partes componentes e em sua produção e introdução como tecnologia. O pressuposto subjacente na perspectiva técnica é que todos compartilham de um interesse comum no progresso da inovação, que os objetivos da inovação estão decididos além de qualquer dúvida. Tudo o que resta é como melhor implementá-la.

No campo da reforma da avaliação, a perspectiva técnica concentra-se em questões de organização, estrutura, estratégia e habilidade de desenvolver novas técnicas de avaliação. Aqui, a avaliação alternativa é uma tecnologia complexa, a qual exige uma habilidade sofisticada, por exemplo, para planejar medidas válidas e confiáveis de avaliação, baseadas no desempenho nas salas de aula, as quais irão resgatar a complexidade do desempenho do estudante (Torrance, 1995). O desafio é criar tecnologias que sejam significativas e justas, e que também ajudem os professores a desenvolverem o entendimento e as habilidades necessárias para integrar novas técnicas de avaliação, como a avaliação baseada na performance, nos portfólios, na auto-avaliação, nos jornais em vídeo e nas exibições, à sua prática. Stiggins (1995) escreve a respeito do analfabetismo da avaliação que permeia as escolas e sugere que

> sem uma visão clara do significado do sucesso acadêmico e sem a capacidade de traduzir essa visão para avaliações de alta qualidade, continuaremos incapazes de auxiliar os estudantes a atingirem níveis elevados de desempenho acadêmico e a serem capazes de integrá-los em sua prática (p. 238).

As avaliações alternativas apresentam uma confusão de questões técnicas:

- Elas demandam muito tempo (Stiggins, 1996).
- Elas levantam questões de confiabilidade e validade (Linn, Baker e Dunbar, 1991).
- É difícil separá-las, às vezes, do ensino e do aprendizado (Khattri, 1995).
- Elas, na maior parte das vezes, não são adequadamente descritas (Stiggins e Bridgeford, 1985).
- Elas, em geral, pressupõem que os professores já possuam as habilidades necessárias para implementá-las (Earl e Cousins, 1995).

A avaliação alternativa de sala de aula representa um mundo novo para os professores, pois a maioria deles possui pouco (se algum) treinamento em avaliação, freqüentemente lhes falta o conhecimento básico do processo de medição e, em geral, sentem-se desconfortáveis com a qualidade de suas avaliações (Stiggins, 1991). Os professores estão tendo que se tornar mais sofisticados em sua implementação de novas estratégias de avaliação (Cunningham, 1998). Além da luta dos professores para aprender as habilidades necessárias para se tornarem avaliadores proficientes, muitas limitações institucionais criam problemas técnicos que dificultam a implementação dessas avaliações. Entre os problemas estão a falta de tempo, de recursos, de desenvolvimento profissional e de orientação para os professores apresentarem um desempenho virtuoso com as novas estratégias (Stiggins, 1996).

Em resumo, a perspectiva técnica chama atenção para as dificuldades em criar e aprimorar formas válidas de medição, para os desafios que os professores enfrentam quando entram em contato com uma variedade maior de habilidades e estratégias de avaliação. Além disso, ela nos faz refletir sobre a necessidade de harmonizar as expectativas da avaliação entre família e escola, e entre os níveis escolares, e sobre a questão do tempo e dos recursos que ajudam ou impedem a implementação de novas práticas de avaliação nas rotinas da escola.

A perspectiva cultural

A perspectiva cultural direciona nosso olhar para a maneira como as inovações são interpretadas e integradas no contexto social e cultural das escolas. Essa perspectiva, em síntese, refere-se a questões de significado, entendimento e relações humanas. House (1981) sugere que o processo de inovação é, na verdade, uma interação de culturas, na qual a mudança mistura novas idéias na história cultural da escola. Sob a perspectiva cultural, o desafio representado pela reforma da avaliação é o de reculturar (Fullan, 1993; Hargreaves, 1994) as relações humanas envolvidas nos processos de avaliação – entre alunos, professores e pais.

A avaliação alternativa de sala de aula não acontece ao final do aprendizado em termos de uma classe, de uma unidade, de um semestre ou de um ano escolar. Ela é uma parte integral, ou uma janela para o próprio aprendizado durante todo o processo (Earl e LeMahieu, 1997; Wiggins e McTighe, 1998; Broadfoot, 1996). Ela está menos direcionada a categorizar estudantes ou produtos do conhecimento do que a desenvolver entendimentos comuns entre as pessoas, sobre quando e como o aprendizado ocorre. Essas avaliações devem ser suficientemente sensíveis para detectarem as representações mentais que os estudantes formam de idéias importantes. Elas devem ser capazes de diferenciar a maneira como os estudantes aplicam seu entendimento para resolver problemas (Sheppard, 1991). Esse tipo de avaliação foi considerado autêntico. Wiggins define a avaliação autêntica como

> o trabalho dos estudantes que replica/estimula tarefas/critérios/contextos fundamentais, realizados pelos executores naquele campo. Assim, encontrar um problema de pesquisa, projetar o experimento, eliminar os erros do projeto, publicar os resultados, defendê-los contra evidências e argumentos contrários é "fazer" ciência de maneira autêntica (em lugar de laboratórios que fazem ciência com livros de receitas, que realmente são apenas aulas práticas). De maneira semelhante, os matemáticos não ganham a vida preenchendo planilhas – eles aplicam modelos matemáticos a problemas teóricos e práticos, etc. A avaliação autêntica não deveria, em minha opinião, ser definida como relevante ou significativa para as crianças, como certos autores a definem. Esse é um erro revelador para mim, indicando que o definidor não está pensando como um avaliador, preocupando-se com a validade e a predicabilidade (em vez de pensar como um professor, tornando o verdadeiro trabalho acessível e interessante na aula). [Wiggins, 1999, comunicação pessoal]

A avaliação "autêntica", nesse sentido, é multidirecional, direta e profunda, contando amplamente com o julgamento dos professores. Os estudantes se envolvem em tarefas reais sob o olhar cuidadoso do professor (ou de professores) que controla a agenda e faz um uso positivo das oportunidades de *feedback* (Torrance e Pryor, 1998). Os critérios de avaliação não são secretos ou misteriosos. Os professores são encorajados a ensinar para o teste, porque a tarefa dos alunos compreende situações reais que eles devem dominar para obterem sucesso (Cunningham, 1998). Essa abordagem envolve o diálogo com e entre os estudantes, incluindo uma reavaliação constante, uma auto-avaliação contínua e uma avaliação mútua entre os colegas. Os estudantes contribuem de maneira ativa, engajada e desafiadora para o seu próprio aprendizado.

Em resumo, a perspectiva cultural de avaliação de sala de aula enfatiza a interação entre pontos de vista, valores e crenças. A tarefa de desenvolver avaliações alternativas vai muito além de questões técnicas de medição, habilidade, coordenação e das relações existentes na área do estabelecimento de comunicação e na construção de um entendimento entre todos aqueles envolvidos no exercício da avaliação.

A perspectiva política

Toda avaliação implica atos de julgamento, o que envolve o exercício e a negociação de poder, autoridade e interesses competitivos entre diferentes grupos. Isso nos leva ao centro da perspectiva política da avaliação alternativa, a qual vai além de questões de coordenação técnica e comunicação humana para abranger as lutas de poder entre grupos de ideologias e interesses nas escolas e na sociedade. Ela também trata a avaliação alternativa de sala de aula como uma estratégia potencialmente problemática que, em vez de dar poderes às pessoas, pode se transformar em uma nova forma sofisticada de seleção e vigilância. Três aspectos da perspectiva política são importantes para o debate em torno da avaliação.

Em primeiro lugar, a avaliação de sala de aula alternativa ou divergente (Torrance e Pryor, 1988) enfatiza o entendimento do aprendiz em lugar de ter por base a agenda do avaliador. Ela está concentrada em descobrir aquilo que a criança sabe, entende e pode fazer. Os estudantes têm de assumir uma certa responsabilidade pelo aprendizado, e os professores são encarregados de criar as condições para que isso ocorra. A avaliação é parte do processo; ela é uma parte essencial do aprendizado, a qual permite que os professores, os estudantes e os pais identifiquem o nível em que o aprendizado ocorreu e estabeleçam os rumos para o próximo estágio (Earl e LeMahieu, 1997; Gipps, 1994; Stiggins, 1995). Nesse tipo de abordagem, é importante que os critérios de avaliação sejam transparentes, igualmente disponíveis para todos e publicamente contestáveis em sua aplicação; que os critérios de avaliação sejam conhecidos pelos estudantes e, em geral, desenvolvidos com eles de maneira colaborativa, para que um melhor entendimento possa ser desenvolvido e o poder na sala de aula possa ser redistribuído; que os julgamentos de avaliação sejam atos de negociação explícita entre todos os envolvidos; que os processos de avaliação movam-se em muitas direções, de estudante para estudante e de estudante para professor, e entre pais e professores, por exemplo, assim como de professor para o aluno. Essa é uma mudança fundamental na política de avaliação a que se recorria em décadas de prática em que os professores utilizavam-se de seu poder para julgar e classificar estudantes de acordo com critérios e processos que eram misteriosos, secretos e, muitas vezes, arbitrários.

Em segundo lugar, enquanto a avaliação alternativa promete estabelecer relações micropolíticas mais positivas entre professores, estudantes e pais, a política também pode interferir na implementação dessas novas estratégias. Por exemplo, as escolas de ensino médio, via de regra, pressionam suas colegas de ensino fundamental para usarem formas mais convencionais de medidas e relatórios. Da mesma forma fazem os pais. Coordenar as expectativas da avaliação entre comunidades e sistemas é um considerável desafio político para os reformadores, assim como um desafio técnico.

Muitas dessas contradições que surgem em nossos dados estão inseridas na própria política de avaliação. Por um lado, elas representam os diferentes pontos de vista a respeito da avaliação mantidos pelos professores; por outro, os pontos de vista dos legisladores e do público real e imaginado, cujas necessidades elas provêm. Essas forças contraditórias tornaram a reforma da avaliação uma atividade esquizofrênica (Earl e LeMahieu, 1997; Firestone, Mayrowetz e Fairman, 1998). É difícil esperar que os professores tenham harmonia em suas práticas de avaliação quando os legisladores e o público mais amplo não o conseguem.

Essas inconsistências estão profundamente introjetadas na política (Nuttall, 1994; Darling-Hammond, 1992). Um grupo de reformadores sustenta que a mudança educacional e o aprendizado estudantil aperfeiçoado são de responsabilidade de algum indivíduo ou de grupo externo com autoridade que tem o poder de julgar a qualidade, de exercer controle e de ordenar o seu cumprimento. A avaliação é utilizada como um mecanismo para proporcionar evidências para essas decisões. O que esses grupos de reformadores desejam são dados de avaliações sólidos, numéricos, padronizados e comparáveis, selecionados de testes ou exames objetivos e aplicados de maneira constante para grandes populações. Essa visão, com freqüência, baseia-se no pressuposto de que os professores têm a capacidade e a habilidade de agir de maneiras diferentes e mais produtivas, mas que são desconcentrados, recalcitrantes, preguiçosos ou desmotivados. A solução óbvia para aumentar o aprendizado dos estudantes é pressionar e emitir diretrizes para a reforma educacional.

Outros reformadores acreditam que a mudança educacional e o aprendizado estudantil aperfeiçoado sejam processos amplamente internos, os quais as pessoas que vivem e trabalham em uma sala de aula devem experimentar. O principal propósito da avaliação, nesse caso, é ajudar os professores e estudantes a melhorar o aprendizado de sala de aula. A avaliação é uma oportunidade para que eles reflitam, questionem, planejem, ensinem, estudem e aprendam. A reforma da avaliação não está conectada ao cumprimento de ordens, mas está enraizada na visão construtivista de que a aprendizagem depende do auto-monitoramento e da reflexão. Os reformadores comprometidos com essa postura pressupõem que muitos professores não possuem o conhecimento ou as habilidades atuais no que se refere às mudanças nas teorias de aprendizagem ou avaliação (a perspectiva técnica) e, sendo assim, necessitam de apoio para adquirir conhecimento e treinamento antes que possam mudar suas práticas. A reforma da avaliação, segundo essa noção, proporciona uma oportunidade para que os professores compartilhem suas idéias e discutam seus padrões de forma coletiva, cheguem a um acordo sobre expectativas consistentes e imparciais de qualidade, e criem um tipo de *feedback* para alterar a maneira como ensinam (a perspectiva cultural).

O enigma prático e político para os professores é que os legisladores, freqüentemente, evitam escolher entre essas diferentes posições de valor acerca da mudança educacional e dos grupos de reformadores que as apóiam. Para manter o apoio e evitar as críticas, eles confundem as questões e tentam agradar a ambos os lados (Hargreaves, Earl e Ryan, 1996; Firestone, Mayrowetz, e Fairman, 1998), adotando padrões e variações individuais, comparabilidades numéricas e sensibilidades descritivas comuns; melhorando o aprendizado individual dos estudantes; conciliando as exigências de responsabilidade no âmbito do sistema. Aos professores, resta lidar com as conseqüências – as quais, como veremos, mesmo nossos professores orientados para a mudança consideraram exasperadores. A resolução dessas contradições, portanto, deveria ser um problema político para os legisladores resolverem, e não um simples problema prático que é transferido para os educadores.

A perspectiva política também ressalta os riscos e os excessos das próprias práticas alternativas de avaliação. Isso ocorre, em especial, com a avaliação do afeto, no geral alguns professores parecem exercer uma vigilância comportamental sobre tudo o que os seus estudantes fazem como uma forma de julgamento interminável, da qual não parece haver saída (Foucault, 1977; Hargreaves, 1989). A avaliação contínua dos estudantes, a auto-avaliação, a avaliação dos colegas e a avaliação por portfólio podem transformar cada estudante em caso documentado ou em dossiê que pode ser consultado e citado no futuro para classificá-lo, normalizá-lo ou excluí-lo de alguma forma (Foucault, 1977). Esse processo permite que a seleção educacional seja autoconduzida e que o fracasso seja revelado aos poucos, em estágios, como em revelações terapêuticas, em vez de revelações repentinas e chocantes a respeito de doenças terminais, da mesma forma como os funcionários de hospitais fazem com seus pacientes (Hopfl e Linstead, 1993). As avaliações alternativas podem apresentar a revelação gradual de um fracasso, da mesma forma como a medicina moderna revela a morte.

Por fim, a perspectiva política chama atenção para os atos e para as relações de poder inseridas nos processos de avaliação – se eles tomam a forma de práticas capacitadoras de avaliação compartilhada, aberta e negociada, e de comunicação de resultados; dos jogos de poder entre grupos de interesses rivais e suas expectativas no campo da avaliação; ou de formas mais ameaçadoras e sutis de poder que possam inspirar e infectar as próprias práticas alternativas de avaliação com processos de vigilância comportamental e com práticas de seleção "terapêutica" oculta, as quais se tornam a antítese daquilo que a avaliação alternativa alega ser.

A perspectiva pós-moderna

A perspectiva pós-moderna da avaliação alternativa baseia-se na visão de que, no mundo complexo, diverso e incerto de hoje em dia, os seres humanos não são completamente conhecíveis. Em salas de aula culturalmente diversas, a maneira como as crianças aprendem, pensam, sentem e acreditam é reconhecida como sendo complexa (Ryan, 1995). O que é importante ou real para as crianças de hoje em seu mundo da "virtualidade real" – CDs, MTV, *walkmans*, *discmans*, computadores, *video games* e televisão com tantos canais – também é complexo e está em constante mudança (Castells, 1997). Os estudantes, segundo os professores, mudaram. Eles não parecem mais conhecíveis ou previsíveis. Muitos professores atualmente sentem que têm estranhos em suas turmas (Green e Bigum, 1993).

Nesse cenário complexo e mutável, nenhum processo ou sistema de avaliação pode abranger e revelar completa, incontestavel ou inabalavelmente a verdade ou a essência do aprendizado ou da realização das crianças. De fato, os significados e as experiências de avaliação que alguns descrevem como autênticos são problemáticos em vários sentidos. Por exemplo, muito pouco é inquestionável ou indisputavelmente verdadeiro em um mundo pós-moderno. Existem poucas respostas corretas, ou mesmo processos de avaliação que possam ser considerados melhores que os outros. A avaliação alternativa pode ser diversa, ampla, negociada, inclusiva e multifacetada, mas é exatamente por isso que ela não pode ser autêntica no sentido de revelar alguma verdade dominante.

Na era da educação eletrônica, quando os estudantes têm o poder de selecionar informações instantâneas de diversas fontes ao clicar o *mouse*, ou de fazer um *download* de imagens e gráficos, em vez de compilar e representar os dados, é mais difícil decidir o que é real e o que é falso, diferenciar quando o trabalho dos estudantes é, de fato, deles, determinar se as fontes das quais tiraram seu trabalho são bem conceituadas e decidir se isso importa. De acordo com o paradigma pós-moderno, as avaliações também não podem ser autênticas quanto à sua origem indisputável.

Nesse sentido, enquanto um significado da palavra *autêntico*, segundo o dicionário Webster's é "íntima semelhança com o original: reproduz de forma precisa e satisfatória as características essenciais", como em um retrato, as avaliações alternativas são, na verdade, menos semelhantes a fotografias realistas ou retratos fiéis, e são comparadas mais com pinturas cubistas – representando e interpretando, em vez de reproduzindo a realidade a partir de vários ângulos e de várias perspectivas.

Por último, segundo o Webster's, *autêntico* também pode significar possuir "sinceridade completa, sem simulação ou hipocrisia". Ainda assim, no mundo pós-moderno da simulação, a ilusão é disseminada e aceitável: calças jeans novas são desbotadas para parecerem velhas, prédios modernos recebem fachadas tradicionais, a música digital soa melhor do que um concerto ao vivo, rochas falsas adornam saguões espetaculares de hotéis em Las Vegas porque parecem mais reais do que as reais conseguem parecer (Ritzer, 1999). Avaliações "autênticas" simulam a realidade, tanto quanto a criam, por exemplo, produzindo lindas falsificações de publicações de livros, representações teatrais ou portfólios artísticos de adultos. Em todos esses meios, é importante tratar a avaliação "autêntica" não como um clichê, mas como uma questão de investigação crítica (Meier, 1988).

A perspectiva pós-moderna aponta para os riscos e para as oportunidades da reforma da avaliação. Em termos de riscos, as avaliações alternativas, em especial aquelas com portfólios, podem simular em vez de estimular um resultado. Os estudantes e os professores podem ser seduzidos a valorizar a forma mais do que a essência, a imagem sobre a realidade – com capas lustrosas, fontes elegantes e uma variedade de gráficos e tabelas multicoloridas que mascaram conteúdos e análises medíocres. Os portfólios podem se tornar dispositivos para conduzir e definir as realizações dos estudantes, de maneira que eles prestem serviços à comunidade, ou realizem atividades extracurriculares, não por causa de seu valor moral, mas porque querem ter o currículo ou o portfólio certo. Dessa forma, as avaliações de desempenho e os portfólios podem banalizar e diminuir a essência do aprendizado, reduzindo-o a aparências superficiais e a uma "autenticidade artificialmente elaborada" (Mestrovic, 1997), em um mundo liberado de melhorias que apenas envolvam "sentir-se bem" e aquilo que Ritzer (1999) chama a "cultura disneiesca das delicadezas".

Em termos mais positivos, as práticas de avaliação pós-modernas podem oferecer representações múltiplas do aprendizado dos estudantes, de modo que resultem em mais voz e visibilidade para suas atividades e realizações diversas, através dos meios de comunicação escritos, numéricos, orais, visuais, tecnológicos ou dramáticos, os quais incorporam uma mistura de estilos em um portfólio diverso de atividades e realizações. As distinções hierárquicas de valor entre essas formas diferentes de representação são reduzidas ou eliminadas, fazendo com que as realizações de estudantes vindos de culturas de orientação visual, por exemplo, não sejam desvalorizados em comparação com as realizações de estudantes cujo ponto forte está localizado nas áreas da escrita e da aritmética. Essa abordagem permite que o trabalho e as realizações dos estudantes sejam vistos através de diversas perspectivas e que a complexidade de suas habilidades e identidades seja reconhecida com mais facilidade.

Essa abordagem pós-moderna envolve, ainda, a opinião dos estudantes no processo de avaliação e da determinação de como os produtos da avaliação podem ser compilados e utilizados. Esse envolvimento estudantil não é apenas um ato de capacitação; ele também é uma maneira de o professor admitir que não pode conhecer seus alunos sem ter acesso ao auto-entendimento deles mesmos.

Resumo

Em vista das contradições e das complexidades evidenciadas por essas diferentes perspectivas, não é de surpreender que os professores em nosso estudo tenham nos dito que a avaliação foi a parte mais difícil de seu trabalho. A maioria das conversas que tivemos concentraram-se na tentativa de conectar suas práticas de avaliação e transmissão de informações com os resultados, tentar resolver expectativas contraditórias, buscar a comunicação com os pais, envolver os estudantes, usar uma variedade de procedimentos alternativos de avaliação e questionar tanto suas próprias práticas de avaliação como as de outras pessoas. Além disso, os professores falaram a respeito de seus sentimentos de desconforto e incerteza com relação à avaliação e confessaram que essa ansiedade existia muito antes dos episódios recentes de mudança curricular. Vamos olhar de perto a maneira como todas essas complexidades e contradições se fizeram sentir no trabalho desses professores.

AVALIANDO E RELATANDO RESULTADOS

Uma prioridade educacional na época de nosso estudo era que os resultados ou padrões deveriam motivar o currículo e que os professores deveriam relatar o progresso dos estudantes em relação a esses resultados. Esse requisito implicava que os professores deveriam avaliar o desempenho dos estudantes em todos os resultados e que os relatórios dirigidos aos pais deveriam refletir esse tipo de avaliação. Os professores foram objetivos em relação a suas preocupações. "Como os medimos?", perguntaram. Eles não tinham certeza de como deveriam basear suas avaliações sobre os resultados e questionaram sua capacidade de falar de maneira confiante para os pais acerca do progresso das crianças no que se refere a esses resultados.

Vários professores identificaram a avaliação como sua principal prioridade em termos de desenvolvimento profissional. Eles queriam aprender como avaliar esses resultados. Para esses professores, a complexidade técnica do sistema de avaliação baseado em resultados era formidável. Um deles colocou-a da seguinte forma:

> Como medimos os indicadores de resultados? Dizemos que esse é o começo e o meio para este resultado; sabe-se que, na 9ª série, estamos falando de matrizes

de três, quatro e cinco dimensões para realmente serem capazes de entender. Há muitas voltas. Se já se começa com excesso, como se avalia "excesso"?

A intimidante profusão de indicadores de avaliação foi equiparada pelo problema igualmente desafiador de como comunicar-se com os pais:

> Existem resultados específicos para o final das 3ª, 6ª e 9ª séries. Porém, eles ainda devem ser gerais, e o educador terá crianças no final da 3ª série que ainda não os atingiram. Como vamos explicar essa avaliação para os pais?

A transmissão dessas informações para os pais foi especialmente difícil, pois o formato do relatório, muitas vezes, era discrepante em relação às novas abordagens de avaliação que os professores estavam utilizando:

> Tivemos muitos problemas neste ano porque as notas não se enquadravam no novo boletim baseado nos resultados. Eu consigo ver se uma criança está ultrapassando ou cumprindo com os resultados, mas, quando temos que combinar isso com uma certa nota, surgem os problemas.

Conectar as práticas de avaliação e de relatório com os resultados e indicadores foi um trabalho difícil; contudo, os professores não estavam tão perdidos. Com tentativas e com experimentações, eles, em geral, se tornaram mais conscientes daquilo que estavam tentando avaliar e criaram inúmeras maneiras de abordar essa nova tarefa:

> Eu tenho todos os resultados que estamos abordando afixados e, à medida que completamos o trabalho, escrevemos os resultados que aquele trabalho abordaria. Semanalmente, temos uma reflexão sobre o aprendizado daquele período, e as crianças identificam que tipo de aprendizado realizaram, assim como quais resultados haviam abordado especificamente, estabelecendo um objetivo acadêmico e um objetivo social.

> Nós sentamos e falamos do resultado esperado para o trabalho de escrita – como apresentar o material de diferentes maneiras para diferentes públicos. Olhamos, ainda, outras possibilidades pelas quais ele pode ser avaliado, fazendo a avaliação juntos. Então, as crianças julgam qual seria sua nota, em um total de cinco ou seis, para cada critério por nós determinado.

> As crianças da 8ª série produziram um contínuo com as habilidades necessárias para o sucesso, no qual enfocamos 14 áreas, muitas das quais as crianças já haviam desenvolvido em um contínuo de 0 a 3. Elas decidiram onde sentiam que estavam, e seu professor principal e um outro professor especializado marcavam onde a criança se encontrava. Por isso, elas, sentadas, faziam uma análise da diferença e tinham que estabelecer objetivos a partir daí.

Essas citações indicam quanta importância os professores atribuíam aos processos culturais, políticos e até mesmo pós-modernos do ato dos estudantes envolverem-se em planejar e aplicar critérios de avaliação. Os seguintes comentários de professores demonstram esses aspectos:

> De maneira ideal, os estudantes geram os critérios para a avaliação. Eles a discutem e, em seguida, fazem ponderações sobre ela. No bimestre passado, eles escreveram seu principal texto sobre mitos da criação. Comentamos o texto em aula. O que você veria em um mito sobre a criação? Essas são as características. E, em um bom texto, as características seriam essas. Depois, temos as avaliações. Assim, eles essencialmente produzem critérios de avaliação, e é isso que eu considero para avaliar o seu trabalho.

Os estudantes também foram encorajados a valer-se de critérios específicos quando realizaram avaliações dos colegas e auto-avaliação:

> Conduzi a unidade de maneira que os alunos fizessem sua auto-avaliação e a avaliação de seus colegas e tivessem critérios bastante específicos para conduzir tal tarefa. E eles são mesmo muito bons. São muito exatos. Eu achava que os estudantes se dariam notas altas, mas elas são muito próximas das minhas.

> Eles tinham a planilha quando recebiam um trabalho para fazer. Eles conheciam os critérios, sabiam o que eu queria, acho que essa é a maior mudança que já vi.

O ato de utilizar critérios e parecer descritivo em vez de letras e números na avaliação do trabalho dos estudantes não significa que o trabalho escolar não possa mais ser diferenciado ou que não se possa discriminar uma qualidade mais baixa ou mais alta. O importante é que os critérios sejam completos e claros:

> Algo que aprendi rapidamente foi a me afastar dos números. Nunca escreva os números 1,2,3. Use os pareceres; existe, sim, uma classificação entre eles, mas são muito melhores. É preferível estarmos desenvolvendo as crianças para dizerem "temos as classificações necessárias, mas vamos trabalhar a partir delas". Os autores sabem quando fazemos isso, que é muito mais fácil de explicar em palavras, se eles tiverem uma palavra com a qual trabalhar em vez de um número.

Os professores genuinamente tentaram ser claros sobre seus resultados e sobre a ligação entre a avaliação e os resultados. Porém, fizeram comentários repetidas vezes sobre as dificuldades que isso criou para eles, em especial quando tinham que explicar aos pais o que estavam fazendo. Nesse estágio da implementação de mudanças na avaliação, os professores não se sentiram à vontade e tiveram dificuldades em reconciliar as contradições que estavam experimentando.

CONFRONTANDO CONTRADIÇÕES

Algumas das contradições podem estar na própria política curricular. Os professores consideravam difícil enquadrar os requisitos de relatórios baseados em resultados com as pressões por responsabilidade e por padrões comuns, as quais pareciam invocar maneiras mais tradicionais de registrar e relatar os progressos e as realizações de seus estudantes. Essa inconsistência aparente não foi apenas uma fonte de irritação e transtorno para os professores de nosso estudo: trata-se de uma grande e mal-resolvida questão política referente ao movimento pela reforma na avaliação como um todo (Earl e LeMahieu, 1997; Firestone, Mayrowetz e Fairman, 1998). Seria possível valer-se das mesmas avaliações para escolher e selecionar os estudantes que serão usados como *feedback* para as melhorias no aprendizado? Até onde os professores orientados para a mudança em nosso estudo eram capazes de reconciliar a ênfase na avaliação como forma de qualificar o aprendizado na sala de aula com a pressão crescente em favor dos testes e da padronização? Eles, com certeza, consideraram essa contradição algo enfurecedor:

> Isso inclui integrar todos os sujeitos e procurar pelos resultados esperados das habilidades – não necessariamente motivados pelo conteúdo – mas eles querem que as crianças façam testes comuns. Devemos estar ensinando em função dos resultados de habilidades de aprendizado, e de como aprender. O que isso tem a ver com os testes comuns?

> Eu me pergunto se, quando as crianças forem para a escola de ensino médio, será que elas vão conseguir fazer um teste em tempo hábil, para produzir tudo o que sabem? Afinal, não estamos testando conhecimento. Dizer: "Ok, você tem 30 segundos para responder isso" não é testar conhecimentos.

Como vimos no capítulo anterior, essas contradições e confusões foram consideradas particularmente problemáticas quando o programa teve de ser modificado visando cumprir com as necessidades de estudantes portadores de necessidades especiais. Como poderiam os professores, ao mesmo tempo, abordar e acomodar diferenças individuais e ter padrões consistentes? Nossa discussão anterior a respeito dos aspectos políticos da reforma da avaliação de sala de aula deixa claro que não existe uma forma simples de encontrar um equilíbrio nas orientações de reforma conflitantes no que tange à avaliação e à responsabilidade até que repensemos a responsabilidade, de maneira que ela apóie, em vez de interferir, no processo de aprendizado de sala de aula (Earl e LeMahieu, 1997).

Existe outra tensão que afeta os profissionais: usar a avaliação para a seleção educacional ou usá-la para sustentar o aprendizado individual dos estudantes e para promover a sua motivação, a fim de que se envolvam nessa forma de aprendizado (Hargreaves, 1989; Earl e Cousins, 1995). Por exemplo, se a avaliação deve ser diagnóstica, o processo deveria expor as fraquezas e os fracassos dos estudantes. Entretanto, seria tolice esperar que os estudantes (ou os seus professores) corressem o risco de expor fraquezas e fracassos em um exame de seleção, ou que o teste fosse usado para responsabilizar a escola pelo desempenho de seus estudantes.

Essas diferentes visões acerca dos propósitos da avaliação educacional – classificação e seleção simples e padronizada; diagnóstico complexo e individualizado; motivação – ainda estão presentes no debate político e público que envolve a avaliação. Ainda assim, são os professores quem devem lidar com essas contradições e com sua própria ambivalência sobre os propósitos da avaliação.

A COMUNICAÇÃO COM OS PAIS

Uma outra fonte de orientações contraditórias à avaliação que os professores encontram é o seu relacionamento com os pais. Uma das maiores áreas de ansiedade no trabalho dos professores é a interação que eles devem ter com os responsáveis pelos alunos. Somado à disciplina, a avaliação e o processo de relatório formam um enfoque fundamental dessa ansiedade (Vincent, 1996). Como um professor disse: "Você está falando com um pai, cuja mais preciosa obsessão é o seu filho. Você deve ser responsável. E isso, às vezes, é assustador". Wilson (1990) verificou que os professores, muitas vezes, realizam práticas de avaliação que visem, em princípio, produzir sinais defensivos para efeito de relatório. Muitos professores necessitam sentir que são capazes de explicar o progresso de seus estudantes de maneira plausível e persuasiva.

Historicamente, os professores têm traduzido todas as suas avaliações minuciosas em resumos numéricos ou alfabéticos, por meio dos quais os estudantes são, de forma implícita, comparados a seus colegas ou medidos conforme um padrão. Os pais entendem esse tipo de julgamento, porque eles próprios os haviam experimentado. Sua representação de forma simbólica ou numérica também lhes confere uma aparência de certeza (que é difícil de desafiar se os critérios e as evidências para chegar a determinadas notas ou a determinados números não são explicitados). Contra essas expectativas históricas, baseadas na comunidade e, até certo ponto, em políticas de avaliação e relatório, outras ênfases de políticas encorajam os professores a diferenciar e a preparar seus programas de acordo com as necessidades individuais dos estudantes e a utilizar estratégias avaliativas de diagnóstico sofisticadas e de automonitoramento, as quais irão aperfeiçoar o processo.

Em nosso estudo, todas as regiões escolares haviam começado a experimentar novos procedimentos para tornar os relatórios dos estudantes mais consistentes com os resultados, mas ainda havia muitos desencontros entre os objetivos da integração curricular na política oficial e as categorias de especialização por disciplina, através das quais o trabalho dos estudantes deveria ser avaliado em fichas de relatório, conforme atestam os seguintes comentários:

> Você tem um boletim novo, mas, quando entra na sala de aula, ainda tem uma contradição pelo fato de ainda existirem as disciplinas.
>
> Nosso boletim tem tudo especificado, dividido em detalhes. Se a professora fizer uma unidade integrada, como ela separa a geografia da ciência e da saúde?

Muitos professores confrontaram-se com o problema de traduzir suas mudanças em ensino e em avaliação para os símbolos e para as notas do boletim. Devido às contradições internas, eles ficaram preocupados com a possibilidade de os pais compreenderem ou não as mudanças e interpretarem ou não as fichas corretamente. A área de maior desentendimento foi entre o relatório auto-referenciado, o qual enfocava o crescimento do estudante em relação ao seu próprio desempenho passado, e o relatório referenciado pelas normas, o qual avaliava o desempenho em relação aos outros estudantes. Parecia impossível aplicar ambos a uma única série:

> O problema está nas modificações para os estudantes com dificuldades de aprendizado. Você tenta fazer com que a média fique nos estudantes suscetíveis de modificar (ou seja, com dificuldades de aprendizado); então, não é verdadeiro se seu filho está na classe. Embora você escreva no boletim "programa modificado", os pais não enxergam; eles enxergam as notas. Os pais adoram ver seus filhos muito à frente da posição das outras crianças na turma.

Apesar da imensa dificuldade em resolver imperativos contraditórios da avaliação, uma área em que os professores, no nosso estudo, apresentaram imaginação, criatividade e comprometimento excepcionais, e em que experimentaram um sucesso considerável foi a de encontrar melhores meios de apresentar seus relatórios aos pais. Os professores abordaram os ganhos em comunicação não como uma tarefa técnica – conforme as políticas claras de ajuste de padrões de aprendizado tendem a fazer. Eles trataram esse problema como uma forma de criar um maior entendimento cultural e de mudar as políticas do relacionamento entre pais e professores. Seus esforços apaziguaram os pais, podando críticas potenciais pela raiz. Na maioria dos casos, esses educadores não abordaram os pais com uma atitude de superioridade profissional ou de complacência sem critérios. Ao contrário disso, eles abordaram o processo de relatório como um processo de comunicação aberta, no qual pais, professores e estudantes compreenderiam o processo de aprender como uma busca por um entendimento mais íntimo. Esse processo de relatório foi visto como sendo não apenas um canal para comunicar o aprendizado, mas como uma forma de aprendizado em si. Os professores demonstraram isso de diversas maneiras:

- Fazendo com que os estudantes preenchessem uma ficha apontando os momentos altos, as necessidades e os momentos de crise, o que seria compartilhado com seus pais:

  > Eu sinto que, quando estamos fazendo entrevistas e os estudantes falam aos seus pais onde estão e aonde deveriam estar indo, os pais ficam mais confortáveis.

- Enviando resultados e critérios de avaliação para casa com os estudantes e incluindo-os em um informativo para que possam ser afixados na parede, na porta da geladeira ou em um caderno, se os pais quiserem. O importante foi criar uma atmosfera em que os estudantes descobrissem o segredo e a avaliação não fosse mais um mistério.

- Usando portfólios para que os estudantes e seus pais conversassem antes da entrevista:

    Eu gostei mesmo da maneira como a entrevista se desenvolveu dessa vez. Acho que a comunicação aumentou não apenas entre as crianças e os pais, mas entre as crianças, os pais, os professores e a escola. Parecia haver um clima mais confortável na entrevista. Não era como se as pessoas estivessem pensando em: "O que eu vou ouvir a respeito do meu filho?" Elas, basicamente, já sabiam isso de antemão, o que lhes deu tempo para organizar seus pensamentos com o intuito de que viessem à escola e realmente discutissem, e não apenas conversassem.

- Fazendo entrevistas tridirecionais, nas quais pais, estudantes e professores estavam juntos:

    Eu gosto da idéia de falar aos estudantes e aos pais ao mesmo tempo. O poder do encontro para conferir os portfólios é que os estudantes têm a oportunidade de falar a respeito daquilo que fizeram, aonde irão e quais são seus objetivos. Isso é muito eficaz, e você pode vê-lo no rosto dos pais; eles, de fato, escutaram o que seu filho ou sua filha estava fazendo. Eles, com certeza, entenderam o processo e sentiram-se conectados com o boletim.

    Desta vez, quando fizemos os boletins, tivemos três entrevistas após eles terem sido enviados. Os pais e as crianças compareceram. Antes das crianças iniciarem a entrevista, tiveram a chance de repassar as áreas por elas consideradas seus pontos fortes e as suas fraquezas, nas quais poderiam melhorar. Assim, quando elas se apresentaram para a entrevista, tínhamos o relatório para começar. Tínhamos em mãos o que a criança sentiu como seus pontos fortes e suas fraquezas, e o que a professora pensava, para comparar se fosse diferente dos apontamentos da criança. Os pais também tinham tempo para escrever o que quisessem falar; então, quando a entrevista começou, todos – professores, crianças e pais – estavam organizados e sabiam o tipo de questões que seriam discutidas. Eu acredito que isso realmente aumentou a comunicação não apenas entre as crianças e os pais, mas também entre as crianças, os pais, os professores e a escola. Nenhum pai procurou o diretor com dúvidas a respeito da entrevista.

- Desagregando as notas com cuidado, a fim de que os critérios e as evidências através dos quais eles foram criados fossem abertos, acessíveis e claros:

    Eu tenho todas as notas separadas com o objetivo de que os alunos vejam com exatidão em que ponto se encontram. Eles gostam do fato de saber exatamente como sua nota foi calculada. Eles podem não gostar das notas, mas consideram-nas muito mais objetivas, e, quando os pais se apresentam para a entrevista, eu tenho elas prontas. Nas entrevistas, eu tenho comigo uma lista com todas as notas de seus filhos e deixo-a à disposição deles.

- Utilizando uma agenda diária para manter contato contínuo com os pais:

    As crianças conferem em sua agenda o trabalho que estão fazendo, e, todas as noites, os pais devem assiná-la. Os pais ou os alunos podem escrever um comentário se eles tiverem algum problema, e eu lhes respondo. Eu posso escrever aos alunos; eu posso escrever aos pais. Essa é uma área de contato contínuo e diário com os pais.

- Mantendo contatos informais com os pais, além de relatórios escritos e agendas ou reuniões formais:

    No ano passado, às vezes, eu tinha tempo de chamar os pais quando uma criança havia escrito um relatório de laboratório particularmente bom, dizendo: "Gostaria que você soubesse que seu filho não estava atingindo bons resultados, e, agora, ele me entregou esse relatório maravilhoso, com o qual fiquei impressionada". Isso me garante alguns pontos, e o resultado é fenomenal. Os pais ficam muito felizes.

Enquanto muitos dos imperativos contraditórios da avaliação que descrevemos não estão abertos a uma resolução fácil pelos professores em sala de aula, os pais são potencialmente muito acessíveis aos professores, e suas suposições tradicionais sobre a avaliação e sobre seus propósitos não serão imutáveis se eles tiverem um espírito de abertura e uma visão voltada para o aprendizado.

Considerar a posição da criança em relação à média existente na classe é uma maneira fácil e popular de responder às exigências de informações dos pais – as quais são baseadas em suas próprias memórias nostálgicas de seu tempo de escola há quase três décadas (Hargreaves, 2000). Como esses professores mostraram, a tarefa mais difícil, ainda que válida e alcançável do ponto de vista educacional, é enfrentar o desafio de informar completa e abertamente aos pais e ajudá-los a entender os objetivos que seus filhos estão atingindo. A tarefa da política educacional não deveria ser a de satisfazer o preconceito popular, mas aprofundar o entendimento de todos sobre questões que aludem ao aprendizado e à avaliação no mundo de hoje (e não o mundo da infância de que os pais lembram), com a finalidade de que o aprendizado de todas as crianças seja elevado a um padrão mais alto.

Em outros momentos, descrevemos a sensação dos professores como impostores da avaliação – levando-os, secretamente, a acreditarem que, por trás da certeza categórica dos números e das letras, a maioria dos julgamentos de avaliação seja suspeita. Uma forma de dissipar o sentimento de ser um impostor da avaliação é abandonar qualquer pretensão de que o seu julgamento ou as suas medições do trabalho dos estudantes sejam ou possam ser cientificamente certos e infalíveis. Ao contrário disso, os professores podem concordar com seus colegas em relação a critérios razoavelmente claros e consistentes, compartilhando, sem barreiras, com os estudantes e pais a incerteza e a sensibilidade prática da forma como esses critérios podem ser aplicados àqueles trabalhos únicos, com os quais os pais e os estudantes se preocupam de modo mais imediato. Essa é uma mudança política e cultural, e não apenas um ajuste técnico.

A abertura tira o mistério das notas e a mágica do julgamento. A abertura em relação às questões de avaliação conecta os professores a alunos e pais na tentativa compartilhada de revisar o progresso coletivamente, em lugar de colocar os professores em pedestais do poder avaliativo e da certeza de julgamento acima deles. Os educadores em nosso estudo estavam muito à frente no caminho para alcançar esse estado mais aberto.

ENVOLVENDO OS ESTUDANTES

A reforma da avaliação de sala de aula envolve um tipo de política cultural que altera as relações de poder e comunicação, e não apenas os procedimentos técnicos entre todos aqueles envolvidos no processo de avaliação. Em nenhum lugar isso fica tão evidente quanto nos relacionamentos dos professores com os estudantes. Muitos profissionais em nosso estudo desejavam que a avaliação "fosse uma interação confortável entre o estudante e o professor". Com isso, eles queriam dizer:

- Enfatizar mais a auto-avaliação do estudante.
- Priorizar revisões conjuntas do progresso entre os estudantes e seus professores.
- Compartilhar mais os alvos da avaliação com os estudantes.
- Buscar parcerias mais ativas entre professores, estudantes e seus pais nas discussões a respeito do progresso.
- Dar mais atenção à avaliação e reconhecer as realizações dos estudantes no campo afetivo.

Na área da auto-avaliação, os professores valorizavam a maneira como os estudantes conseguiam medir seu progresso individual ou o progresso de seu grupo. Eles gostaram dos portfólios porque podiam ajudar os estudantes a desenvolver mais independência, encorajando-os a estabelecer seu plano de aprendizado. A auto-avaliação também poderia ajudar os estudantes a identificar o que ainda precisavam aprender, capacitando-os a monitorar seu aprendizado de maneira mais eficaz com o passar do tempo. Os educadores promoveram a auto-avaliação estudantil de diversas maneiras:

> Quando eu crio uma categoria, temos "professor", "colega" e "eu" no topo, e todos nós usamos os mesmos critérios. Os alunos as utilizam e seus colegas também; em seguida, fazemos uma comparação. Se alguém vai exigir excelência, pode-se colocá-la no topo, para que ninguém a alcance, ou pode-se cons-

truí-la. Nós a estamos construindo – realmente pensando sobre o que estamos avaliando e como vamos fazê-lo.*

À medida que completamos o trabalho, seguidamente o interrompemos e refletimos sobre ele: "Certo, a que resultados isso corresponde?" Começamos a fazer conexões. "O que foi bom... "; "Se eu tivesse... teria sido muito melhor".

Eles têm uma tabela em que escrevem o resultado e as atividades relacionadas com o resultado que tiverem concluído. Então, os alunos se auto-avaliam sob a orientação de como teriam alcançado aquele resultado específico.

As histórias de alguns professores sobre os benefícios da auto-avaliação eram tocantes, especialmente em suas interpretações da forma como os estudantes atingiram e romperam limites em autoconsciência – por exemplo:

> Hoje eu disse aos estudantes algo um pouco diferente: "Em vez de arquivar o portfólio de vocês, quero que fiquem com ele. Gostaria que vocês o olhassem, descrevendo para a turma como se sentem em relação a ele nesse estágio e, ainda, o porquê de tal sentimento, se souberem explicá-lo". Eles disseram: "Ah, não! Por favor, não faça a gente falar!" Ainda assim, cada um deu seu depoimento e, na verdade, foi bastante emotivo em um momento. Um garoto da 8ª série disse para toda a classe: "Sabe, em toda minha vida, eu me considerei não muito esperto. Não sou muito acadêmico e, portanto, eu pensava que não era bom em muitas coisas". Entretanto, agora ele olha o seu portfólio e, embora ainda não seja muito acadêmico, há muitas coisas que ele faz bem.

> Algo muito bom aconteceu comigo no ano passado a respeito da avaliação. Uma garota veio falar comigo: ela estava totalmente perdida no começo do ano. Em maio, ela me disse a coisa mais bonita que eu jamais ouvira: "Um dia, após a avaliação de algo, podemos comemorar o nosso resultado?". Eu perguntei: "Como assim?". E ela disse, "Bem, eu melhorei muito e me sinto muito bem, mas não quero ficar convencida". Respondi-lhe: "Mas não é convencimento: estamos falando sobre confiança, o que faz você se sentir bem". Essa aluna pode nunca vir a ser a mais brilhante na classe, mas se sente bem em relação a si mesma e está aprendendo mais do que pensava que poderia aprender.

Além de promover a auto-avaliação, muitos professores gostaram de dividir metas e critérios de avaliação com suas turmas. Um deles considerou muito importante que "as crianças entendam que sempre que eu avalio algum aspecto, elas geralmente sabem como serão avaliadas". Outro se orgulhou de "tudo que eu faço, as crianças ficam sabendo de antemão. Tudo que eu quero que elas aprendam, elas ficam sabendo de antemão. Não há mistério". Compartilhar os resultados com os estudantes foi importante: "Mostrar a eles, em princípio, aquilo que você está anotando permite que eles saibam, de fato,

---

*N. de R.T. Nesta fala, o professor ilustra como o processo de avaliação deve ser construído juntamente com os alunos. Fica explícito que há o envolvimento do professor, dos colegas e dos próprio aluno neste processo.

quais são as suas expectativas". Um professor relatou que deixava os estudantes verem no computador como suas notas haviam sido calculadas, o que "eles realmente gostam de ver".

Especificar critérios e compartilhá-los com os alunos poderia ajudar a aumentar o próprio entendimento dos estudantes:

> Os estudantes têm um grande problema com a avaliação, pois eles estão acostumados com o "preto-no-branco": ou a questão está certa, ou está errada – nunca é cinza ou sombreada. Eles dizem: "Bem, eu fiz o melhor que pude". E eu digo: "Tentar é uma parte importante da avaliação; contudo, a esperteza também é importante". Quando eu falo "esperteza", estou me referindo às habilidades de pensamento, tentando mostrar a eles exemplos para ajudá-los a chegar a esse entendimento.
>
> As crianças fizeram o papel de secretários na noite de entrevista com os pais. Em vez de dizer a elas: "Obrigado por fazer isso; nós gostamos muito da ajuda de vocês", eu enviei uma carta a todos falando de habilidades organizacionais e de pontualidade; das coisas que fizeram com que elas fizessem um bom trabalho. Para nós, está se tornando bastante importante fazê-las ver não apenas que é um bom trabalho, mas o porquê de ser um bom trabalho; ver que ganharam determinada nota porque cumpriram tal critério ou não cumpriram aquele outro critério.

Os professores esperavam que os estudantes não apenas entendessem seu aprendizado, mas também que assumissem a responsabilidade por ele como um processo pessoal rigoroso, com recompensas e conseqüências:

> É interessante essa interação, pois as crianças devem ser responsáveis pelo que estão fazendo. Elas estão começando a ver que isso é importante, e nós temos uma lista de critérios a ser cumprida.
>
> Realmente coloca o ônus nas crianças – faz com que elas sejam mais responsáveis por seu próprio aprendizado.

A avaliação não é apenas um veículo para o aprendizado dos estudantes; também é uma forma de aprendizado para os professores, ajudando-os a qualificar suas estratégias de ensino. Os educadores acharam importante que sua própria prática pudesse ser aberta ao questionamento e valeram-se da avaliação para auxiliá-los a refletir sobre a maneira como ensinavam e, desse modo, mudá-lo. Os professores viram a avaliação como uma atividade recíproca, a qual permitia que todos os participantes refletissem sobre ela e aprendessem com os resultados da avaliação em um ciclo contínuo. Às vezes, os professores receberam um retorno, pedindo a opinião dos estudantes – por exemplo:

> " O que eu poderia ter feito diferente? Qual foi a tarefa mais difícil nesta unidade? Se você fosse professor, como mudaria?" Fiz essas perguntas às crianças, ao final, buscando a ajuda delas, para que, no próximo ano, quando eu ensinar, veja onde posso mudar no intuito de ajudar as crianças. Eu recebo um *feedback*, tentando aprender com ele, a fim de poder melhorar a aula.

Em outras vezes, os professores resumiram os resultados de aula e utilizaram os padrões encontrados para identificar como eles deveriam mudar sua forma de ensinar e de planejar o programa:

> Eu coloco todas as habilidades no topo e, quando fazemos o teste da unidade, verifico-as e vejo que reflexão há a respeito daquilo que eles fizeram diariamente. Vemos onde estamos e sabemos quem precisa de mais ajuda – onde e quando.

> Eu uso a avaliação para verificar o desenvolvimento das crianças – o desempenho delas no caminho para dominar as situações –, na medida do possível, quando começamos.

Envolver os estudantes em sua própria avaliação foi uma atividade nova e inovadora para a maioria dos professores em nosso projeto, mas também foi produtiva e criteriosa, colaborando com o entendimento dos estudantes, aumentando sua responsabilidade por seu próprio aprendizado e possibilitando que os professores utilizassem *feedback* em seu próprio aprendizado. Em outras palavras, a política cultural da avaliação de sala de aula muda, uma vez que os professores decidem envolver os estudantes ativamente no processo de avaliação.

DESENVOLVENDO UM REPERTÓRIO DE AVALIAÇÃO

Os professores participantes do projeto partiram de um grande número de abordagens para avaliar o aprendizado estudantil. A política de currículo oficial enfatizava o valor de usar uma variedade de técnicas de avaliação, e os professores de nosso estudo responderam, de modo positivo, a esse direcionamento. Em suas próprias palavras:

> Sem exigir demais nos testes, nossas diretrizes enfatizam reuniões, ensaios, estudos independentes, entrevistas, invenções, jornais, observações, avaliações de colegas, portfólios, apresentações, projetos, relatórios, auto-avaliações, simulações, testes e vídeos. Os testes representam um ponto muito pequeno para mim como professor no que diz respeito à avaliação do conhecimento dos alunos.

> A cada unidade do livro, os alunos têm um teste, mas eu também uso as avaliações dos colegas, as avaliações de grupo e as auto-avaliações para definir as notas.

Limitar a quantidade de estratégias de avaliação tende a restringir a maneira e o conteúdo que os professores ensinam. Um currículo mais amplo, com objetivos de aprendizado mais ambiciosos, também exige uma variedade mais ambiciosa de estratégias de avaliação. Nesse sentido, quando os professores (e os legisladores) ampliam seu repertório de estratégias de avaliação, eles são mais capazes de cumprir as necessidades de aprendizado de seus estudantes e elevar os padrões de aprendizado de maneira mais eficaz.

AVALIANDO O AFETO

Uma tendência cada vez mais comum na ampliação do campo da avaliação é adotar qualidades e atitudes relacionadas ao afeto de maneira mais plena. A avaliação do domínio afetivo é notoriamente difícil e parece estar mais propensa à subjetividade e ao julgamento prejudicial do que qualquer outra área da avaliação. Ela, ainda, corre o sério risco de invadir a privacidade das pessoas e de avaliar suas emoções e seus comportamentos como uma forma de forçar a submissão e o controle (Hargreaves, 1989). Ainda assim, as áreas mais difíceis e controversas da educação – aquelas que tocam tanto o coração das pessoas como suas mentes – muitas vezes, são as mais importantes. Desenvolver e reconhecer a inteligência emocional das pessoas são realizações significativas por si só, as quais acrescentam valor às realizações intelectuais (Goleman, 1995).

Ao entrar no domínio afetivo da avaliação estudantil, além da costumeira preocupação com o "esforço", os professores em nosso estudo estavam sendo confrontados com desafios sérios e significativos. De um modo geral, a maioria dos participantes tentou avaliar mais do que as realizações acadêmicas dos estudantes. Para eles, esse processo deveria considerar a criança como um todo. Porém, com freqüência, a descrição de como os professores avaliavam o afeto era equivalente a exercer um controle avaliativo: exercer uma vigilância comportamental sobre tudo que os estudantes fizessem, como um conjunto interminável de julgamentos para os quais parecia haver pouca saída (Foucault, 1977; Hargreaves, 1989).

Nesse ponto, a política da avaliação alternativa tinha o potencial de funcionar contra os estudantes, em vez de operar em favor deles. Medir o domínio afetivo, para muitos professores, significava usar *checklists* com o objetivo de avaliar itens como linguagem corporal, quantidade de trabalho produzido, comentários positivos feitos aos membros do grupo, atenção dispensada à aula, atitudes positivas demonstradas em relação à disciplina, tema de casa completo, disposição demonstrada para buscar ajuda extra do professor, "atitude de fazer um comentário sensível" ou identificação de "um estudante excepcional, o qual realmente entende bem os conceitos, mas que pode ter poucas habilidades cooperativas", o que, portanto, o afastaria da média A. Alguns professores mantiveram critérios desse tipo em mente, ou colocaram vistos em seu livro de notas para registrá-las.

Em um exemplo, a avaliação dos colegas, a qual pode ser bastante útil como uma forma honesta e valorizada de *feedback* entre os estudantes, degenerou-se, tornando-se mais uma forma de delação e espionagem. Essa professora relatou o que a avaliação entre os colegas pode envolver

> fazer com que outra pessoa olhe a nota e diga: "Por que você está escrevendo 8 sobre 10? Eu lembro as vezes em que você foi rude com o fulano. Sabe, você não ouviu aquilo; então, talvez você pudesse pensar em baixar aquela nota um pouco".

Em grande parte, muitos dos atributos afetivos que os professores avaliavam pareciam ser sinônimos da submissão dos estudantes a normas comportamentais, e não do questionamento, do ato de correr riscos, da assertividade, da iniciativa ou da criatividade, que poderiam servir melhor aos estudantes no mundo além da escola (mesmo que eles causassem problemas administrativos para os professores que os ensinaram).

Os perigos que os professores enfrentam em relação à avaliação no domínio afetivo estão em toda parte. Os educadores podem inadvertidamente valer-se da avaliação como punição ou vigilância, ou como uma forma de controlar o comportamento. Os estudantes, com freqüência, recebem notas por comportamento submisso na sala de aula. Além disso, preocupações com a auto-estima e com a manutenção do sentimento de sucesso entre os estudantes podem ser uma tentação aos professores no sentido de controlarem o verdadeiro sucesso de outros evitando comparações invejosas e sentimentos de inferioridade. Encontramos apenas um exemplo desse tipo, mas ele é comovente e preventivo:

> Uma mãe veio à escola. Ela e sua filha são do Leste Europeu. Sua filha é muito forte, e ela está atingindo um bom desempenho. A mãe disse: "Você não a está desafiando o suficiente". Eu disse: "Eu concordo". Não vou pedir desculpas por isso. Se eu colocar minhas expectativas aqui, sabe quantas crianças eu vou perder em minha sala? Sabe quantas irão ficar para trás, fracassar, perder a autoestima e a confiança, e basicamente lutar o ano inteiro e nada aproveitar? Mais da metade delas. Muito mais da metade. O que eu faço? Eu reduzo. Devo me sentir mal por isso? Não sei. É isso o que eu faço e o que eu tenho de fazer – para manter a minha sanidade e para fazê-los sentir que estão alcançando algum objetivo, que estão concretizando metas e que são bem-sucedidos.

No Capítulo 6, defendemos mais reconhecimento para os aspectos emocionais da reforma do ensino, do aprendizado e da educação. De um modo geral, as salas de aula das 7ª e 8ª séries provavelmente necessitam de mais, e não de menos emoção. Contudo, mais emoção nem sempre é o melhor. O afeto também pode ser utilizado para controlar e manipular, assim como para inspirar. Ele pode suavizar os padrões de aprendizado em vez de envolver os estudantes na busca pelos padrões mais difíceis e mais elevados. O ministro da educação de Mussolini, um grande defensor da educação "progressiva", certa vez afirmou que das escolas progressivas da Itália sairiam os cidadãos fascistas do futuro (Entwistle, 1979). Deve-se lidar com o afeto e avaliá-lo criteriosa e refletidamente nas escolas caso este venha a contribuir para o aprendizado das crianças, e não apenas para deixá-las mais à vontade ou torná-las mais fáceis de controlar.

Nesse sentido, é interessante que certos professores em nosso estudo tenham indicado que era importante avaliar todo o portfólio da criança. Uma professora contou uma história que ilustra o senso de equilíbrio e a perspectiva que ela sentia ser importante manter:

> Há uma garotinha em minha sala que tem um problema físico e, por isso, tem que lidar com muitas barreiras em sua vida. Se você questioná-la na frente da turma, ela fica muito constrangida, o que me faz pensar: "Como posso dar uma nota em habilidades comunicativas para uma criança dessas?". Eu me nego a fazer isso. É uma questão de personalidade, e eu não estou aqui para mudar a personalidade de ninguém. Vou ajudá-la um pouco ou tentar desenvolvê-la de alguma forma – mas isso é tudo.

A avaliação é uma trabalho inerentemente difícil para os professores. Se eles mascararem a confiança e a certeza com as quais seus julgamentos parecem ser feitos, eles estão condenados a sentirem-se como impostores e tornarem-se defensivos quando os outros examinam seus julgamentos. Preocupar-se de verdade com o desenvolvimento emocional e intelectual dos estudantes, e estabelecer relacionamentos de cuidado com eles e com seus pais para revisar esse desenvolvimento, levou muitos professores a elaborarem novas práticas de avaliação e sistemas de comunicação mais abertos, a fim de desmistificar a avaliação e colaborar, em vez de impedir, com os julgamentos profissionais dos professores, esclarecendo para estudantes e pais o segredo de como esses julgamentos são feitos.

Uma parte dessa nova tecnologia de avaliação é a do próprio domínio afetivo. Porém, enquanto ela oferecer o potencial de reconhecer o desenvolvimento da competência emocional dos estudantes como uma realização em si, as qualidades afetivas que os professores enfatizam e avaliam parecem ser sinônimos de submissão em sala de aula. Essas avaliações normalmente não vão muito além da antiga idéia do "esforço". A ênfase emocional que permeia o trabalho de muitos professores normalmente é boa, mas não de forma unilateral – e a confusão entre cuidado e controle nas práticas de avaliação é uma área à qual devemos permanecer atentos.

QUESTIONANDO A AVALIAÇÃO

A avaliação foi claramente uma área de grande interesse e preocupação para os professores que entrevistamos. Eles expressaram ansiedade a respeito de uma possível noção mais ampla da avaliação e de seus diversos propósitos, e empenharam-se para enquadrar tudo isso em suas próprias concepções de ensino e aprendizado. Essa ansiedade estava longe de ser resolvida. Os professores sentiram-se como impostores da avaliação – pessoas de quem se esperavam julgamentos a respeito dos quais eles permaneceram inseguros:

> Eu acho que já fazemos avaliações de maneira mais subjetiva por um bom tempo. Eu posso pensar o seguinte quando leio o trabalho de um aluno: "Acho que vou considerar como um A, mas quais são os critérios?". Não concordo que sejamos muito científicos a esse respeito.

> Talvez a avaliação subjetiva seja muito difícil, pois é muito difícil para mim, especialmente agora, ensinando línguas pela primeira vez, saber se uma composição é A ou B. Eu preciso entender isso, e meus colegas também.

Para alguns professores, essas questões e essas incertezas têm origem em seus próprios pressupostos e em suas próprias crenças antigas sobre a maneira como as avaliações eram usadas no passado – por exemplo:

> Eu luto com a avaliação, contra a minha formação. Sua função, para mim, era a de manter as pessoas subservientes na era do apartheid [na África do Sul, onde ela havia lecionado], fazendo-as acreditar que não eram suficientemente boas.

Em outros casos, os professores questionaram práticas antigas que precisavam ser reconsideradas. Uma professora expressou a preocupação e a frustração de que ricos dados de avaliação, por ela documentados durante a 8ª série, fossem virtualmente ignorados na escola de ensino médio em favor de testes padronizados:

> O departamento de matemática da escola de ensino médio gostaria de enviar a todas as escolas que lhes mandam alunos um teste padronizado para que elas pudessem ter uma noção das crianças que estarão chegando. Faz-me pensar a respeito de todas as avaliações que eu fiz com essas crianças durante o ano. Estou enviando crianças com três boletins que falam de decimais, de geometria, de integrais ou do que trabalhamos. O que eles vão fazer com esses resultados?

Em outros casos, a reforma da avaliação levou os professores a questionarem sua própria prática, e não apenas a de outras pessoas:

> Eu realmente questionei o porquê de eu estar avaliando tudo e comecei a pensar em meus alunos – que rumo estamos tomando, o que eu estava fazendo em termos de avaliação e se eu os estava realmente avaliando.

> Minha abordagem para a avaliação definitivamente mudou de algo rígido e rápido para algo muito mais aberto. Eu crio categorias auxiliando os alunos a observarem o que o processo de "dar-se conta" e conhecer-se envolve, ou ainda como um nível mais elevado se parece, em uma dada avaliação. Estou pensando mais na avaliação como um *continuum*.

Todas essas incertezas relativas à avaliação poderiam expor os professores e deixá-los vulneráveis quando fossem questionados pelos pais. Isso fez com que alguns educadores preferissem avaliações anedóticas devido à sua grande precisão e integralidade, juntamente com os portfólios, os quais poderiam proporcionar aos pais maiores informações sobre como a avaliação fora feita. Em poucos casos, os pais pareceram responder bem a esses processos de avaliação mais abertos e mais extensivos. Porém, escrever comentários anedóticos, realizar reuniões individuais e, com freqüência, administrar o crescente arsenal tecnológico causou problemas adicionais, colocando os professores sob grandes pressões de tempo. Como um professor colocou: "Eu realmente adoraria realizar relatórios anedóticos, mas não gosto da quantidade de tempo que é necessária para fazê-los. Eu prefiro que os pais venham à escola e participem de uma entrevista". Outros professores sentiram-se culpados por sempre estarem atrasados com suas notas ou pelo fato de, enquanto eles passavam um tempo considerável em reuniões individuais, outros estudantes na sala de aula poderiam não estar trabalhando.

De modo paradoxal, essas limitações nas práticas de avaliação em aula dos professores poderiam ser aumentadas pelas exigências de tempo da imposição de testes externos. Os professores em uma região escolar, por exemplo, tiveram que lidar com um novo perfil de alfabetização complexo e exigente, o qual deveria ser administrado para todos os seus estudantes, conforme explicou uma professora:

> Agora existe esse relatório de alfabetização que todos os estudantes devem fazer, desde a educação infantil até a 12ª série*. É impressionante a quantidade de trabalho que o professor dedica a cada aluno. Os educadores devem ter três amostras de escrita, com cinco páginas de itens correlacionados para serem preenchidos, durante cada ano letivo, referente a cada aluno que ensinarem. E isso tudo envolve uma avaliação baseada no aspecto individual do aluno. Eu não sei como eles vão fazer isso. Recentemente terminamos de falar sobre todas as outras coisas. Ganhamos muito dinheiro, mas nos desgastamos muito, e isso não transparece sempre.
>
> O perfil de avaliação de alfabetização é muito trabalhoso e tem muitos testes. Há muito o que ser feito, mas tudo que se faz é testar, tudo que se faz é avaliar. Ocorre tão pouco do chamado ensino-aprendizado, pois se gasta tanto tempo fazendo testes.

Assim como formas mais detalhadas e abrangentes de avaliação ocupavam muito do tempo do professor, outros tipos de avaliação que exigiam menos esforço dos professores não eram, em geral, apreciados, já que pareciam superficiais e inexatos. Um professor não gostava dos boletins baseados em comentários computadorizados:

> Você escreve o comentário 234, e nenhum dos comentários se aplica a mim. Eu quero alterá-los o tempo todo. Quando eu estava lecionando línguas, artes e estudos sociais, eles me deixaram perplexo. Além disso, muitos professores têm dois comentários para um A e dois comentários para um B, e todos levam a mesma nota. De fato, isso me deixava louco.

Outra professora não gostava dos boletins de computador porque ela não sentia que os relatórios tendessem a uma boa percepção dos estudantes. Os comentários eram condensados e limitados; em geral, não combinavam com os objetivos do programa, os quais eram baseados na integração ou em resultados comuns do aprendizado.

---

*N. de R.T. A 12ª série corresponderia ao 4º ano do ensino médio brasileiro, o que de fato, para nossa realidade, refere-se mais aos cursos técnicos de nível médio (ver tabela de equivalência na página 12).

Os professores em nosso estudo questionaram muito as práticas de avaliação. Eles duvidavam ou não tinham certeza da validade dos padrões tradicionais de notas e criticavam os testes externos, os quais perpetuavam essas tradições e intrometiam-se em seus esforços para desenvolver formas alternativas de avaliação, o que refletiu em suas próprias técnicas de avaliação, por eles reconstruídas. Às vezes, esse questionamento não foi longe o suficiente – por exemplo, para diferenciar propósitos ou para abordar os problemas relacionados com a avaliação do domínio afetivo. Porém, de um modo geral, os professores eram altamente críticos a respeito de suas próprias práticas de avaliação e das de outras pessoas.

IMPLICAÇÕES

A avaliação e o relatório para os pais continuarão sendo questões centrais à reforma educacional por algum tempo. Embora os professores em nosso projeto estivessem cientes e, às vezes, criticassem as iniciativas de avaliação no âmbito do sistema como um todo, eles estavam interessados ao extremo nas avaliações que realizavam em suas próprias turmas e na maneira como os pais entenderam e utilizaram as informações resultantes. Os educadores, com certeza, fizeram muitas mudanças em suas práticas de avaliação na tentativa de conectar avaliações e resultados, de proporcionar diferentes oportunidades a seus estudantes, para que mostrassem seu aprendizado, e de valer-se das avaliações como um veículo para aumentar o aprendizado dos estudantes em seu programa. Apesar de os professores terem trabalhado diligentemente e, às vezes, expressassem orgulho em seu novo entendimento da avaliação, eles ainda transmitiram um forte senso de que a avaliação era o "calcanhar de Aquiles" da reforma educacional.

Em oposição a isso, a avaliação foi, ao mesmo tempo, o aspecto mais vulnerável do trabalho dos professores, o qual teve de ser mantido protegido, e a parte mais pública e visível do processo escolar. Os professores, em geral, eram confusos em suas visões da avaliação. Eles descreveram os processos complexos e elaborados que utilizavam para ajudar os estudantes a tornarem-se auto-avaliadores precisos e conhecedores, e, assim, mais responsáveis por seu próprio aprendizado em íntima conjunção com a necessidade dos professores de preparar os estudantes para as exigências dos exames de escolas de ensino médio, considerados por eles, impessoais e superficiais. Houve luta e agonia em relação aos boletins de computador, os quais os professores consideravam incompatíveis com seus programas, enquanto preocupavam-se com o fato de os pais descobrirem as inconsistências e não conseguirem interpretar e entender os relatórios. Eles oscilaram entre seus papéis como juízes da realização dos estudantes e guardiões de seu futuro e seus papéis como relatores do desempenho estudantil, assim como treinadores e guias para o processo de tomada de decisão dos estudantes. Além disso, oscilavam entre utilizar a avaliação como um tipo de vigilância secreta com o fim de regular o comportamento dos estudantes e ter diálogos abertos com eles e envolvê-los na definição das tarefas de avaliação e de critérios avaliativos.

Os professores estavam fazendo grandes progressos em relação à expansão de suas práticas de avaliação, mas consideraram difícil articular ou adotar uma posição sobre a política e sobre as práticas de avaliação como um todo. A avaliação foi claramente uma área de trabalho em que eles se sentiram mais desconfortáveis, deixando à mostra sinais de suspeita de que estavam operando como impostores da avaliação, sem o tipo de confiança e de certeza que, segundo eles, deveria acompanhar decisões avaliativas.

Ainda não está claro como os professores poderiam resolver tais incertezas e dilemas. Um deles revelou sua preocupação e sua frustração desejando, em voz alta, que os professores pudessem ser honestos com os pais e ter conversas claras a respeito dos estudantes. Um número muito pequeno de professores estava tentando abandonar a pretensão de que sua avaliação dos estudantes era certa ou infalível; eles buscavam discutir abertamente todas as informações e possibilidades disponíveis com os estudantes e com os pais. Isso foi, ao mesmo tempo, gratificante e perturbador para eles.

Não existiam e não existem respostas fáceis na política cultural da reforma da avaliação. De maneira encorajadora, esses professores desenvolveram e expandiram, de forma considerável, suas capacidades de avaliação em comparação aos professores que havíamos entrevistado em relação ao projeto cinco anos antes. Esse é um progresso técnico excepcional. Ainda assim, a avaliação e a responsabilidade continuam definindo um terreno complexo e confuso para os professores, e muito ainda pode ser feito para aumentar o conhecimento e as habilidades dos professores nessa área. Stiggins (1991), por exemplo, clama por mais educação de professores sobre "os fundamentos da avaliação para saber se seus dados de realizações são sólidos ou não... [e] para serem consumidores críticos dos dados de avaliações". Ao mesmo tempo, muitas das confusões na prática da avaliação não podem ser atribuídas a limitações na competência ou nos fracassos dos professores no que tange ao domínio das técnicas da avaliação. A política de avaliação e responsabilidade é lançada com contradições políticas não-resolvidas, e, até esses problemas serem abordados, é provável que as dificuldades dos professores com a avaliação persistam.

Integração Curricular 4

O currículo integrado ou interdisciplinar é um dos aspectos mais ambiciosos e controversos da reforma educacional, já que pretende ligar o aprendizado de sala de aula às vidas e às percepções de todos os estudantes. A integração é uma proposta atraente para aqueles que desejam que o currículo, e a maneira como os estudantes o experimentam, seja menos fragmentado. Ainda assim, há mais de um quarto de século, Basil Bernstein (1971) afirmou profeticamente que, reconceitualizando o conhecimento estruturado e segregado em disciplinas, o qual tem sustentado o sucesso e a mobilidade social das pessoas, a integração curricular ameaça as estruturas fundamentais de poder e de controle que operam na sociedade – as quais foram chamadas por ele como classificações e estruturas básicas. Desde então, as previsões de Bernstein têm, com freqüência, sido cumpridas, em uma série de ataques contra a integração e seus excessos e em reafirmações do currículo convencional, baseado nas disciplinas.

Por exemplo, o Currículo Nacional da Inglaterra e do País de Gales – prescritivo, baseado nas disciplinas e carregado de conteúdos – foi formulado em 1988 após críticas amplamente divulgadas de grupos de pesquisa conservadores de que iniciativas cada vez mais populares de educação pessoal, social e política não eram disciplinas apropriadas, tiravam o espaço de disciplinas mais importantes do currículo, expunham os estudantes a idéias que eram muito difíceis para eles e, por fim, continham tendências ideológicas (Cox e Scruton, 1984; Scruton, Ellis-Jones e O'Keefe, 1985; ver Hargreaves, Lieberman, Fullan e Hopkins, 1998, para uma crítica). Enquanto isso, nos Estados Unidos, a batalha em torno dos padrões de aprendizado está sendo adotada pelas associações de disciplinas escolares. Seus esforços para controlar o nível de detalhamento dos padrões de aprendizado em cada área perpetuam o papel histórico e político de definir e defender o currículo por meio de categorias de disciplinas convencionais, de modo que sirva aos interesses e às carreiras dos membros que pertencem a essas associações de ensino de disciplinas (Goodson e Ball, 1985).

As iniciativas de integração curricular vivem em uma inquietante tensão e, às vezes, em contradição direta com essas reformas curriculares mais orientadas e centradas no currículo. Algumas políticas curriculares nacionais – por exemplo, em países predominantemente católicos, como a Irlanda e a Espanha – reconhecem que o conhecimento integrado e a idéia do cuidado, em geral, propiciam bases sólidas para o aprendizado na escola de ensino médio. Em outros contextos, a integração curricular surgiu em resposta à alienação e à falta de realizações dos adolescentes, sobretudo nos primeiros anos da escola de ensino médio – em alguns locais da Austrália, por exemplo (Eyers, 1992).

Nos Estados Unidos, a integração curricular que ocorre de modo mais localizado e voluntário coexiste incomodamente com prescrições federais e estaduais de padrões baseados nas disciplinas (Beane, 1991), com áreas do currículo como línguas, literatura, etc. (Norton, 1988; Stanl e Miller, 1989) e com muitos movimentos de reforma sustentados por corporações e fundações, os quais determinam como prioridade que os professores conheçam bem os seus estudantes, como a Coalition for Essential Schools* (Wang, Haertel e Walberg, 1998), o Annenberg Institute for Educational Reform** (McAdoo, 1998) e a Comer Schools*** (Haynes, 1998).

Os defensores da integração curricular alegam que ela permite aos professores abordarem questões importantes que nem sempre podem ser agrupadas de modo claro em disciplinas, desenvolverem visões mais amplas das disciplinas entre os estudantes, refletirem a teia uniforme do conhecimento e reduzirem a redundância do conteúdo (Case, 1991). Eles também afirmam que ela encoraja os professores ao trabalho coletivo, compartilhando o conteúdo e os alunos em comum (Kain, 1996; Spies, 1996) e unindo os professores por intermédio do conteúdo. A integração, dizem seus defensores, proporciona oportunidades para a troca tanto de informações entre os professores sobre interesses e talentos comuns como de objetivos, temas e conceitos organizacionais do ensino em suas áreas (Gehrke, 1991). Talvez o mais importante seja que a integração curricular beneficia todos os estudantes, tornando o aprendizado mais relevante para os seus diferentes estilos de vida.

O currículo interdisciplinar tem uma longa história, estendendo-se desde a primeira metade do século XX (Wraga, 1997). Por exemplo, John Dewey (1938) enfatizou a importância de criar um vínculo entre o aprendizado dos estudantes e suas experiências cotidianas. Em *Experience and education*, ele afirmou:

> Uma das principais responsabilidades dos educadores é que eles não apenas estejam cientes do princípio geral de moldar a experiência real em função das condições ambientais, mas que também reconheçam, de forma concreta, quais

---

*N. de R.T. União para Escolas Essenciais.
**N. de R.T. Instituto Annenberg para a Reforma Educacional.
***N. de R.T. Escolas Comer.

ambientes conduzem a experiências que levem ao crescimento. Acima de tudo, eles deveriam saber como utilizar o ambiente físico e social existente com o intuito de extrair tudo aquilo que ele tem para contribuir com a construção de experiências que sejam valiosas. (p. 40)

Em tempos mais recentes, psicólogos do aprendizado enfatizaram a necessidade de conectar o currículo e a maneira como os professores o ensinam com o conhecimento prévio que os estudantes possuem, através do qual eles entendem o que devem aprender (Leinhardt, 1992). A crescente realidade da diversidade etnocultural também tem forçado os educadores a reconhecerem a necessidade de tornar o currículo mais responsivo ao conhecimento e aos estilos de aprendizado existentes nos diversos grupos que formam uma escola (Cummins, 1998). Os educadores lutam para definir e dar vida aos princípios de contextualização (Tharp, Dalton e Yamauchi, 1994) ou de relevância (Hargreaves, Earl e Ryan, 1996), os quais podem unir o aprendizado às experiências daqueles que o realizam e aumentar tanto o envolvimento de todos os estudantes como o sucesso em seu aprendizado (Smith, Donahue e Vibert, 1998). A primeira parte de nossa análise examina esses princípios de contextualização ou relevância na prática dos professores por nós estudada.

A integração curricular é contestada intelectual e ideologicamente. Em tese, isso, na maior parte das vezes, confina a integração e a especialização em disciplinas a dois isolamentos políticos e ideológicos, cada um retratado como sendo uma panacéia por seus proponentes e um mal por seus críticos. Tanto os defensores como os adversários da integração adotam, com freqüência, justificativas exageradas para sua causa, presos a uma batalha entre o essencialismo das disciplinas e o relativismo de todo o conhecimento.

No entanto, como já vimos, onde a integração já existe na prática, isso quase sempre ocorre em conjunção com sistemas paralelos de padrões baseados nas disciplinas, no conteúdo curricular e nas formas de avaliação – em contextos onde os educadores e legisladores querem os benefícios da especialização e da integração, mas não querem alienar seus opositores (Sabar e Silberstein, 1998). Essa difícil coexistência e as divisões que espreitam sob sua superfície impõem muitas tensões para os educadores que trabalham no campo da integração curricular e são veementes em seu compromisso com ela. A segunda parte da análise mostra como essas tensões se desdobram no processo de implementar a integração curricular e de torná-la viva na sala de aula.

A ESSÊNCIA DA INTEGRAÇÃO

Os professores que entrevistamos estavam ávidos para mostrar as unidades de trabalho integradas que haviam preparado com seus colegas e que estavam utilizando com seus estudantes. Eles mostraram-se orgulhosos de seus esforços para escrever o currículo e folhavam, por vontade própria, fichários recém-produzidos e pacotes de novos recursos, cheios de idéias e materiais inovadores. Os temas e os tópicos que formavam o foco das diferentes unidades integradas eram variados e incluíam o seguinte:

- As comunidades indígenas
- O anti-racismo
- O ano internacional da família
- Os conflitos e mudanças
- As escolhas e definição de objetivos
- A coordenação de uma campanha política
- Os ciclos de vida e relacionamentos
- A construção de laços
- As imagens
- As perspectivas globais
- O impacto da propaganda

Examinamos os ascpetos que alguns desses temas, tópicos e algumas dessas abordagens tinham em comum – a maneira como os professores faziam suas escolhas e suas justificativas tendo por base as questões que não as de coerência temática.

O mais efcaz e consistente princípio organizacional subjacente às unidades integradas que os educadores haviam projetado era a relevância. Eles enfatizavam atividades de aprendizado conectadas com algo ou alguém na comunidade, ou além dela, e apresentavam questões que tinham relevância concreta, pessoal e emocional para os estudantes. A integração curricular ofereceu um veículo para que eles fizessem o elo entre a escola e o eu (Case, 1991), a vida familiar (Gedge, 1991), o trabalho futuro (Schlechty, 1990) e a cidadania social e política. Beane (1995) afirma que a única integração curricular "autêntica" é aquela que parte dos interesses e das preocupações dos estudantes (ver Hargreaves, Earl e Ryan, 1996). Nossa análise de dados deixou claro que a relevância assumiu três formas diferentes: a relevância para o trabalho, a relevância para o desenvolvimento pessoal e para os relacionamentos e a relevância para contextos sociais e políticos.

Os professores organizaram unidades de estudo vinculadas a questões reais da vida dos estudantes e a pessoas, idéias e eventos que extrapolam os limites da sala de aula. Eles levaram os alunos a passeios pela comunidade, ou, usando a imaginação, através de drama e simulações. Eles trouxeram o mundo até a sala de aula e levaram a sala de aula até o mundo.

Relevância para o trabalho

Os professores são bombardeados por legisladores e por organizações a respeito das mudanças radicais que ocorrem na economia nacional e global; a respeito da necessidade de alterar e fortalecer a maneira como as escolas preparam os jovens para essas mudanças. O governo e outros segmentos sociais já enfatizaram que o currículo deve proporcionar aos estudantes habilidades genéricas amplas para a economia de alta tecnologia, orientada para a prestação de serviços. Essas habilidades genéricas, argumentam eles, incluem habilidades acadêmicas (comunicar, pensar e aprender), habilidades na aplicação do conhecimento a problemas reais, habilidades de administração de pessoal (responsabilidade, adaptabilidade e disposição para tomar iniciativa) e habilidades de trabalho em equipe (aptidão para trabalhar com outras pessoas). Pressões e declarações desse tipo desafiam os professores a desenvolverem currículos que promovam e integrem habilidades genéricas de pensamento criativo e comunicação, em conjunto com competências vocacionais mais específicas.

Porém, nem todos aceitam esse roteiro empresarial de transformação da economia e do mercado de trabalho. Os críticos argumentam que empregos muito especializados na economia reestruturada estão disponíveis apenas a uma elite relativamente pequena (Hargreaves, 1994); que não haverá um número significativo de novas vagas para empregar os "trabalhadores do conhecimento" que deixam nossas escolas (Barlow e Robertson, 1994); que a mudança educacional para adolescentes é motivada por preocupações exageradas com agendas empresariais (Wyn, 1994). Entretanto, a velocidade da mudança econômica e as incertezas a seu respeito são realidades indisputáveis, das quais os adolescentes estão conscientes e as quais os educadores seriam insensatos se ignorassem (Hargreaves e Fullan, 1998).

Os professores que pesquisamos levaram em consideração esses fatores e preocuparam-se com eles. Será que os seus estudantes estarão prontos para o mercado de trabalho? De quais habilidades eles necessitariam para sobreviver e prosperar no futuro mundo do trabalho? As críticas que os empregadores dirigem às escolas e aos professores devido ao fracasso em preparar os estudantes para a prática de trabalho afetaram muitos educadores, e eles começaram a responder:

> Algo que sempre disse para os garotos é que, quando você é adulto e está fazendo seu trabalho, você não faz "quarenta minutos disso e quarenta minutos daquilo". Se você tem que usar suas habilidades lingüísticas ou suas habilidades matemáticas, ou as científicas – ou o que for – para resolver um problema você tem a habilidade e a utiliza. É nisso que tentamos colaborar com a integração. Temos um problema e podemos precisar da matemática; podemos precisar da ciência; podemos ter de usar computadores para ajudar a resolvê-lo – tudo ao mesmo tempo.

Muitos dos professores estavam particularmente preocupados com que suas unidades integradas incorporassem a relevância do conhecimento, das habilidades, dos valores ao ambiente de trabalho. Uma conversa com seu marido, o qual trabalhava no comércio, sobre o mundo "real", fez com que uma professora refletisse a respeito das implicações das mudanças no ambiente de trabalho para sua sala de aula, para seu modo de lecionar e para seus estudantes:

> Meu marido me desafiou: "O que você sabe sobre o mundo real, o mundo dos negócios?" Então, um dia, ao ver no jornal que a Conference Board of Canada* estava preparando o primeiro material referente às habilidades necessárias para se conseguir um emprego, pensei: "Eu posso fazer isso". Desde então, construímos todo um programa em torno de habilidades de empregabilidade, chamado "Habilidades para o Sucesso". Eu entrego o material informativo na aula de orientação. Eu faço muitas atividades de autoconsciência alusivos aos estilos individuais de aprendizado e de inteligências múltiplas. Além disso, um dos professores da 8ª série está conduzindo um grande projeto chamado Envirohouse, o qual agrega informações referentes a carreiras, à avaliação, a ciências e à matemática.

As mudanças no ambiente profissional indicam empregos mais baseados em contratos por períodos curtos de tempo e mais mudanças nas carreiras do que havia em tempos passados (Castells, 1996). Poucos professores mencionaram que seria inadequado, a longo prazo, ensinar um conjunto específico de habilidades e conhecimentos práticos visando a preparar os estudantes para uma escolha de carreira. Ao contrário disso, eles enfatizaram atitudes, valores e habilidades de aprendizado gerais, o que equiparia os estudantes para lidar com mudanças em suas rotinas de trabalho e em seus papéis de maneira mais eficaz, como observou esse professor:

> Na 8ª série, utilizamos um enfoque pelo ângulo da carreira: como você vai lidar com as mudanças? Que mudanças estão por vir? As crianças têm um portfólio intercurricular e extracurricular que é igual em termos de habilidades acadêmicas, habilidades de administração pessoal e habilidades de trabalho em equipe. Uma vez por semana, elas administram seus portfólios, seja acrescentando algo novo, seja escrevendo a respeito de um evento ou de uma atividade. Elas refletem a respeito das habilidades. Em cada sala de aula, afixamos as habilidades de empregabilidade. Os professores orientam as crianças a fazerem escolhas sobre seus grupos e sobre quem serão os seus parceiros com base nos estilos de aprendizado e de relacionamento com outras pessoas.

Alguns professores projetaram unidades que enfocavam especificamente as estratégias de pesquisa em relação a oportunidades de carreira, ao planejamento de carreira e à aquisição de habilidades visando preparar seu curriculum vitae e procurar emprego:

> Meus estudantes estão analisando o jornal e categorizando todos os empregos de acordo com sete tópicos diferentes; desse modo, eles irão fazer diversos tipos de gráficos com eles. Esses alunos necessitam desenvolver habilidades para redigir seu *curriculum vitae* e para procurar emprego. Logo estarão no mercado de trabalho procurando emprego por si próprios. Eles irão pesquisar sete carreiras diferentes tendo em mente a seguinte idéia: qual a relação entre a escola e a carreira?

---

*N. de R.T. Comitê de Conferência do Canadá.

Certos autores alegam que o ambiente profissional do futuro exigirá habilidades mais interpessoais e sociais para o trabalho em equipes de maneira eficaz (Shmerling, 1996; Woloszyk, 1996; Donofrio e Davis, 1997). Muitos professores organizaram suas unidades integradas utilizando abordagens de aprendizado cooperativo que enfatizavam e promoviam esse tipo de habilidades de equipe:

> Também tento incorporar o aprendizado cooperativo; tento incorporar matemática e línguas ao processo de escrever, o que é novo para eles. A unidade a respeito das fábricas japonesas foi uma grande oportunidade de transformá-la no "quebra-cabeça" [um método de aprendizado cooperativo] para grupos especialistas e grupos básicos.

Um professor trabalhou com seus alunos uma unidade de estudo chamada "O Jogo Real" por várias semanas. Ela foi estruturada de acordo com diferentes orientações de trabalho que haviam sido designados aos estudantes, cada um com suas características, como renda e quantidade de tempo livre. Os alunos fizeram planos de finanças, de lazer e de carreira; novas contingências foram somadas às suas vidas, em vários momentos, através de um processo de simulação. Os estudantes que entrevistamos comentaram o quão envolvente, do ponto de vista intelectual e emocional, foi esse processo. Isso fez com que eles levassem mais a sério as suas decisões de carreira e até mesmo as abordagens ao seu atual trabalho escolar, estimulando um considerável diálogo com suas famílias sobre a vida fora da escola.

Os professores, além disso, tornaram o currículo integrado relevante para o mundo do trabalho, envolvendo parcerias empresariais na vida da escola e estimulando os processos que ocorrem no local de trabalho. Uma professora ministrou uma unidade sobre imagens referentes ao *self* e à sociedade, sobre o impacto da publicidade e sobre como os publicitários fazem os consumidores comprarem certos produtos. Ela trouxe "um palestrante encarregado da publicidade da GM e da Ford para falar com as crianças".

Alguns professores trouxeram o mundo até a escola utilizando o conhecimento local para ajudar na formulação e no planejamento de unidades e materiais integrados. Eles combinaram o talento de suas equipes com o de outros profissionais fora da escola para tornarem os programas mais relevantes para os estudantes. Um projeto prático de um professor exemplifica essa abordagem:

> Eu tinha utilizado uma unidade sobre anúncios a respeito da construção de pontes com meus alunos e, então, apresentei a idéia para o pessoal. Uma professora reuniu-se com um membro da comunidade, que se reuniu com engenheiros e com uma fábrica de massas, e mudamos de unidade, passamos de um projeto que utilizava palitos de pirulitos e palitos de dentes para um que utilizaria massas, a fim de que a empresa concordasse em nos patrocinar. Apresentamos o projeto para a equipe, o reescrevemos e o preparamos como uma unidade longa.

> Dividimos as crianças em grupos de quatro, com diferentes papéis. Elas tinham que comprar massa e terra e construir uma ponte com o objetivo de que a ponte que agüentasse o maior peso venceria. Incorporamos muita integração nisso em todo o currículo: artes visuais, alfabetização, geografia, história, ciências. Por seis dias, basicamente fechamos a escola e reorganizamos o horário. As crianças trabalharam todos os dias, das 9 horas da manhã até as 11h 15min, e, em um dia, elas realizaram atividades durante a hora do almoço e durante a tarde. Elas exerciam atividades nas companhias contruindo as pontes. Então, fizemos um jantar com massas patrocinadas pela companhia e realizamos uma cerimônia de premiação para elas. Funcionou realmente muito bem.

Esse projeto envolveu diversas disciplinas, envolveu o uso de habilidades conceituais superiores (como teorização, modelagem, investigação, teste e raciocínio) e, além disso, incluiu habilidades sociais de grupo. De certa forma, as conexões empresariais foram superficiais (utilizar massa como material de construção) e eticamente problemáticas (utilizar o processo de aprendizado de educação pública para desenvolver relações de consumo com determinados produtos comerciais). Porém, também houve oportunidades para informar e educar o mundo empresarial a respeito da qualidade do ensino e do aprendizado que ocorreu em nome da integração curricular.

Outro exemplo do envolvimento e da educação de parceiros empresariais no processo de aprendizado e no valor da integração curricular foi a feira de inventores da escola:

> Nós temos um Festival de Criatividade em que os estudantes tornam-se empreendedores. Eles desenvolvem suas próprias invenções, e uma equipe externa participa e trabalha com eles. Essa equipe é formada principalmente por pessoas de empresas bancárias e empresas de segurança. Eles são os especialistas do mundo real.

A relevância para o mundo do trabalho é, e deveria ser, um importante componente do ensino, do aprendizado e da integração curricular para os jovens que estão começando a pensar seriamente sobre sua futura vida profissional pela primeira vez. Porém, excursões em parcerias e agendas empresariais podem gerar um problema ético, no qual a independência e a integridade educacionais podem se perder. Os professores vendem suas almas educacionais por um punhado de massa ou produtos comerciais semelhantes? Como podem os professores obterem sucesso na construção de parcerias construtivas, mantendo também a sua integridade educacional (Hargreaves e Fullan, 1998)?

Ocasionalmente, os professores se aprofundaram em alguns aspectos do contexto empresarial e os criticaram. Ao abordarem escolhas e estratégias de carreira, alguns deles trouxeram à tona discussões sobre questões a respeito das desigualdades sexuais e questões etnoculturais. Os estudantes que simularam o "O Jogo Real" tornaram-se altamente críticos de muitos aspectos do mundo do trabalho em que deveriam ingressar. A relevância para o mundo do trabalho não significa uma aceitação e um endosso não-críticos a ele. De um modo geral, contudo, as abordagens críticas ao mundo empresarial foram minimizadas ou silenciadas nas salas de aulas dos professores que entrevistamos, e elas mereciam uma ênfase consideravelmente maior.

Relevância para o desenvolvimento pessoal e para os relacionamentos

Os jovens não estão apenas preocupados com suas perspectivas futuras de trabalho e de escolhas de carreira. À medida que eles crescem e amadurecem, os adolescentes também estão intensamente interessados em encontrar amor, em desenvolver sua independência e em ter relacionamentos bem-sucedidos (Wyn, 1994).

O princípio da adolescência é uma época excitante, mas também emocionalmente perturbada para os estudantes, pois eles lutam para encontrar um senso pessoal de identidade e direção e crescem rumo a mais independência e confiança a fim de tomar decisões cruciais de vida (Hargreaves, Earl e Ryan, 1996). Os professores podem proporcionar apoio moral, emocional e intelectual, assim como modelos positivos para seus estudantes nesse momento. Como mostraremos posteriormente, os educadores em nosso estudo escolheram como prioridades zelar por seus estudantes, estabelecer conexões emocionais com eles e ajudá-los a desenvolver e a trabalhar seus relacionamentos com outras pessoas. Esse reconhecimento e o envolvimento com as dimensões emocionais da vivência dos jovens justificou muitas das decisões que os professores tomaram a respeito do ensino e do aprendizado, incluindo o comprometimento e a maneira como planejaram a integração curricular.

Os professores foram sensíveis ao extremo no que tange aos dilemas de vida que seus estudantes enfrentavam, buscando projetar currículos que fizessem uso das experiências pessoais e dos relacionamentos interpessoais dos alunos. Em certos casos, os programas de estudo ajudaram os jovens a desenvolver habilidades de vida em que pudessem identificar e esclarecer seus objetivos e seus valores orientadores como um contexto para fazer opções. Dois professores, trabalhando em equipe, utilizaram as idéias de escolha e de sobrevivência como base para projetar seu programa integrado:

> Trabalhamos muito em escolhas e em definição de objetivos, desde o começo, em nossas classes de orientação. Iniciei um estudo novo a esse respeito em alfabetização. Ele conta a história de um garoto que vai para o norte do Canadá. O avião cai, e o piloto morre; o garoto, então, precisa sobreviver sozinho. Trouxemos muitas idéias acerca das habilidades que seriam necessárias para a vida. Logo, relacionamos essas habilidades de vida com a vivência cotidiana da sala de aula. Relacionamos as escolhas com nossa unidade de história sobre conflitos. Falamos das escolhas nas escolas, das mudanças nas escolas, das mudanças na comunidade. Foi assim que trabalhamos com geografia e história. Utilizei matemática para fazer previsões e tomar decisões.

Alguns professores utilizaram-se do conceito de família para abordar não apenas as escolhas que os estudantes enfrentam, mas também os processos bastante amplos do crescimento e da passagem por diversos estágios da vida, os quais compõem a experiência adolescente. As questões emocionais e as distrações que são um obstáculo ao ensino de adolescentes, e que muitos professores da escola de ensino médio consideram como intrusos na sala de aula (Hargreaves, 1999), agora são transformadas no ponto focal do próprio aprendizado:

> Começamos olhando a criação de mitos – os modos como culturas diferentes e religiões diferentes vêem a criação do mundo. A partir daí, passamos para a auto-exploração de diferentes culturas. Observamos a música, a religião, a culinária. Denominei minha unidade de "Ritos de Passagem". Observamos como as famílias em diferentes culturas celebravam o nascimento, o envelhecimento, a chegada da adolescência, o casamento e a morte; como as pessoas abordam essas questões. Os estudantes tinham que entrevistar alguém de sua família. Produzimos perguntas a respeito de diferentes épocas da vida em que eles estariam mais interessados, ou que fossem mais relevantes. Eles escreveram um ensaio baseado nas entrevistas com um idoso ou com um familiar, explicando um dos ritos de passagem.

Essa unidade integrou música, estudos sociais e história, promovendo, ainda, habilidades lingüísticas, sobretudo em conversação, relatórios e escrita, assim como as habilidades de pesquisa e investigação. Ela ligou esses resultados à experiência familiar pessoal dos estudantes e ao interesse deles na passagem da adolescência à vida adulta. Uma grande variedade de material disciplinar foi intimamente integrada às experiências carregadas e envolventes em relação à emoção de crescer em nosso mundo complexo e em constante mudança. A unidade estimulou uma discussão refletida sobre as passagens presentes e futuras da vida dos jovens, observando suas próprias experiências pessoais e familiares, ligando-as aos valores culturais e religiosos e aos padrões de vida mais amplos.

Outra maneira através da qual os professores abordaram essas questões foi à luz do conceito de relacionamento. Eles valeram-se de idéias e atividades de diversas áreas para auxiliar os estudantes na aquisição e na aplicação de uma variedade de resultados do conhecimento e de habilidades, e para envolvê-los na resolução de problemas e investigação:

> No romance *Tuck everlasting*, começamos nosso tema de relacionamentos. Foi utilizada uma lição para assimilação do conceito, na qual as crianças selecionavam fotografias. Elas tinham que desenvolver suas próprias regras. As fotografias envolviam pessoas em algum tipo de relacionamento ou pessoas sozinhas. A partir dessa seleção, as crianças desenvolveram uma definição para *relacionamento*. Então, começamos o romance, pois existem diversos relacionamentos em *Tuck*. Apresentamos o enredo a elas. No início, falamos da floresta onde fica

a fonte eterna. A partir disso, fomos ao bosque da comunidade e, por meio do mesmo processo, desenvolvemos uma definição de floresta e uma de hipótese.

Os professores, com freqüência, tomam como base o conceito de família para estabelecer relações entre as áreas do conteúdo e para integrar o conhecimento, as habilidades e os valores que estavam visando ensinar. As experiências familiares moldam nossa personalidade, nossas atitudes e nossos valores; a biografia familiar proporciona nossas relações mais diretas com a história social; as famílias proporcionam estruturas de valor a respeito do aprendizado da educação que afetam nossas futuras escolhas de vida e nossa auto-imagem como pessoas e como aprendizes. Devido a esse papel fundamental da família na vida dos estudantes, os educadores freqüentemente voltaram-se a ela como um conceito organizador para a integração.

Os professores não eram sentimentais em suas referências à família, nem eram limitados ou presunçosos a respeito dos tipos de famílias das quais os estudantes vinham ou da forma como elas deveriam ser. Eles colocaram os vínculos familiares dos estudantes no contexto de outros tipos de vida familiar, tanto na história como ao redor do mundo:

> Iremos trabalhar com a formação familiar por causa do Ano Internacional da Família. Tentei projetar uma unidade familiar que envolvesse sobretudo a língua, a história e a geografia. Eu, de fato, tentei envolver organizadores gráficos [matemática] e habilidades de raciocínio como parte da proposta, unindo-os à língua, à leitura básica, à escrita e à audição. Começamos com as crianças utilizando técnicas de *brainstorming**, sobre como elas pensavam que uma família atualmente deveria ser. Então, utilizei a mídia, falando como era a família tradicional e como ela tinha mudado, com o intuito de passar a idéia das mudanças em nossa sociedade. Realizamos pesquisas familiares pessoais acerca da origem e da história de suas famílias. Eles completavam artigos e artefatos para colocarem na caixa da memória da sua família, assim como suas realizações e seus tesouros pessoais.
>
> O ponto alto da tarefa foi o momento de compartilhar o conteúdo dessas caixas. Escrevemos bastante. Apresentamos *A Raisin in the sun* [Hansberry, 1959] e analisamos sua dinâmica familiar. Os estudantes compararam-na com a sua própria dinâmica familiar. Falamos sobre valores; sobre o que o valor representa; sobre como os valores pessoais, familiares e sociais podem, às vezes, ser integrados e, às vezes, ser conflitantes; sobre os problemas de criação das crianças em diferentes estágios do desenvolvimento.

---

*N. de R.T. Técnica muito utilizada para iniciar uma nova unidade ou projeto, onde os alunos são convidados a relatar todas as idéias que lhes vêm a mente com relação àquele assunto específico. Utilizando esta técnica o professor está ativando o conhecimento prévio dos alunos, assim como observando suas dúvidas e as questões que merecem esclarecimento.

> Fazemos o que chamamos relatório cíclico, ou seja, outros estudantes refletem a respeito daquilo que estão aprendendo. O ponto culminante da unidade leva à próxima unidade, "Conflito e Mudanças", devido aos conflitos familiares que podem vir com a mudança, como o divórcio e os estágios do desenvolvimento. Os estudantes reuniram-se em um grupo e fizeram um grande organizador gráfico, comparando situações familiares sob cinco condições diferentes.

Essa unidade enfatizou os vínculos entre as experiências significativas de aprendizado, as próprias histórias familiares dos estudantes e os contextos imediatos e globais da diversidade cultural. O professor interligou inúmeros elementos curriculares através da coesão conceitual (família), dos resultados intercurriculares do aprendizado (matemática, inglês, história e geografia) e do trabalho em grupo cooperativo. O tema da família estava ligado ao conceito de resolução de conflitos, o que apresentou implicações imediatas para os estudantes em seus relacionamentos interpessoais cotidianos. A integração da unidade no Ano Internacional da Família aproximou os estudantes de uma celebração global, além de sua própria experiência imediata. O fato de estudar estruturas e valores familiares tradicionais em relação às próprias famílias dos estudantes, e às famílias ao redor do mundo, aprofundou o entendimento sociológico e pessoal daquilo que tal instituição significa. Discussões referentes ao que significa ser pai e mãe ajudaram a preparar muitos estudantes para seus futuros papéis e responsabilidades. O relatório cíclico embutiu conceitos gerais no aprendizado pessoal dos estudantes e no que eles consideraram mais relevante.

Outra professora valeu-se da literatura, da história e da geografia para explorar o conceito de família e a relevância pessoal e social que ela possui para seus estudantes. O processo foi mutuamente enriquecedor. A questão da família torna a história, a geografia e a literatura mais significativas, ajudando a articular elos entre elas, e as diferentes áreas são aprofundadas e proporcionam um contexto mais amplo para o estudo da família:

> Um exemplo disso é a unidade que estamos começando agora em línguas, chamada "Guerra e Paz". As crianças têm trabalhado em jornalismo sobre guerra. Estamos reconstruindo a história e fazendo uma peça teatral sobre o Holocausto. Em geografia, estamos estudando padrões mundiais utilizando mapas. Depois, iremos falar a respeito dos lugares de onde vieram os ancestrais das crianças e onde as guerras têm ocorrido no mundo, localizando-os no mapa para fazer os dois coincidirem. Então, mais adiante na unidade, teremos um elemento em que, em seus mapas mundiais, eles irão marcar o local de onde seus ancestrais – seus pais e avós – vieram. Então, eles vão encontrar alguém daquele país e entrevistá-lo sobre os feriados de Natal e formular questões para que possam descobrir por que aquela pessoa emigrou para o Canadá. O que fez com que ele ou ela viessem para cá? O que é diferente? O que é igual?

Como muitas outras questões importantes em educação, aquelas que são mais relevantes e mais envolventes para os estudantes também são, na maior parte das vezes, as mais controversas e difíceis. Os professores nas salas de aula culturalmente diversas de nosso estudo entenderam que nenhum modelo de família foi considerado apropriado para todos os seus alunos. Eles, além disso, reconheceram que as estruturas familiares estavam mudando com o tempo e que mesmo referências rápidas na sala de aula referentes aos pais e aos familiares dos estudantes não podem ser feitas de maneira fácil e casual.

Muitos dos estudantes de hoje em dia vêm de famílias pós-modernas, cuja estrutura prevê a presença de pais solteiros; ou pais divorciados; ou famílias mistas (Elkind, 1997). Seus pais podem estar desempregados ou fazer parte da classe dos trabalhadores pobres. Alguns estudantes imigrantes podem estar vivendo com parentes ou até mesmo vivendo sozinhos. Outros alunos vêm de histórias culturais em que as estruturas familiares, os valores e as atitudes com relação às relações de sexo, disciplina e educação diferem muito dos padrões norte-americanos convencionais. Ainda assim, é possível abordar essas questões de maneira sensível, criteriosa e realista – por exemplo:

> Não existe maior relacionamento para as crianças do que com sua própria família. Produzimos uma dúzia de questões acerca dos relacionamentos, por exemplo: "Como minha vida mudaria se eu fosse filho único?" "Como minha vida mudaria se meu pai ficasse em casa e não fosse para o trabalho?". Elas, ainda, desenvolveram suas próprias questões. Ao mesmo tempo, estamos ensinando às crianças como preparar uma apresentação [com um programa de computador, no qual a desenvolvem com imagens, textos e som]. Em casa, elas entrevistam seus pais, ou, na escola, elas entrevistam uma pessoa que seja filho único.

As famílias estão mudando. As diferenças culturais dos estudantes podem provocar conflitos de valor, mas elas podem provocar, de outra parte, oportunidades eficazes de aprendizado. Isso também ocorre com estudantes de famílias não-convencionais ou de famílias que têm apenas a presença ou do pai ou da mãe. Os professores que utilizaram um currículo integrado para abordar as experiências pessoais dos estudantes, por meio de projetos concentrados na família, levantavam a seguinte questão: "O que é uma família?", em lugar de afirmar: "Isso é uma família!"

No mundo pós-moderno de mudanças diversas e de valores culturais conflitantes, tornar o currículo relevante para o desenvolvimento pessoal e para os relacionamentos sociais dos estudantes é uma tarefa intelectualmente difícil e emocionalmente sensível. Ainda assim, abordando, em vez de evitando ou diminuindo essas diferenças, os professores são capazes de referir-se à família como um marco significativo para muitos outros aspectos do aprendizado e para o aprimoramento do conhecimento e do entendimento da família e dos relacionamentos dos estudantes com suas famílias passadas, presentes e futuras ao mesmo tempo.

Relevância para contextos sociais e políticos

Alguns dos resultados curriculares contidos no documento da política da província (Ontario Ministry of Education, 1995, p. 85-97) foram explicitamente projetados visando provocar a consciência dos estudantes de si mesmos e de sua sociedade, e desenvolver seu senso de responsabilidade social. Uma maneira pela qual os professores promoveram esses resultados foi conectando seus programas de aprendizado integrados com órgãos humanitários externos:

> Associamo-nos a uma agência chamada Share, uma organização internacional que se concentra na educação global. Organizamos uma rede para discutir como poderíamos abordar disciplinas e idéias diferentes através de culturas compartilhadas e de uma visão global. As crianças trabalharam com questões investigativas. Nós queríamos que elas vissem as pessoas como recursos. Isso é geografia humana. Os estudantes estavam comparando e contrastando a maneira como os outros nos vêem e como nós nos vemos.

Muitos professores desenvolveram unidades integradas que utilizavam eventos atuais para ressaltar aos estudantes a severidade das condições de saúde e da economia em outras partes do mundo:

> Uma das unidades é "Países em Notícia". Para validá-la para as crianças em relação aos conceitos da 8ª série que aprenderam em geografia humana, guardo recortes de jornal a respeito dos países do Terceiro Mundo. Comparamos o Canadá a vários países do Terceiro Mundo e a informações de almanaques. Eles ficam sabendo que, no Canadá, temos sete mortes de bebês em uma população de mil; na Etiópia, são 50 ou mais mortes em uma população de mil. Eles fazem um projeto escrito e um relatório oral. O material que utilizamos está no jornal de hoje. Está no aqui e no agora.

Esse tipo de estudo sobre órgãos internacionais e sobre comparações globais leva os estudantes para além de suas visões restritas a si mesmos, abordando resultados que promovem seu entendimento da diversidade cultural e das desigualdades internacionais. Essa apreciação mais ampla da diversidade cultural é algo que também foi abordado historicamente:

> No ano passado, nosso diretor solicitou que produzíssemos uma unidade, e eu fiz uma sobre o anti-racismo, integrando a história como parte do Mês da História Negra. Participei de uma oficina a respeito da infusão africana em nosso currículo de história canadense. Eu usei o que havia aprendido nessa oficina e coloquei na minha história das rebeliões de 1837. Trabalhamos com anti-racismo, entramos no concurso "Vamos Acabar com o Racismo", promovido pela Canadian Immigration Organization.* O projeto dos estudantes foi criar uma maneira de fazer pro-

---

*N. de R.T. Organização da Imigração Canadense.

paganda anti-racista. Apresentamos nossos diferentes projetos para as turmas da 6ª série.

Em outro caso, a música foi o ponto de entrada para essa abordagem socialmente ampla à integração:

> Tivemos uma série de cinco palestrantes de origem africana, os quais estabeleceram um vínculo bastante pessoal com a turma. Um deles era um jovem refugiado da Somália, que era músico. Eles exploraram o campo da música e compartilharam suas culturas por intermédio delas. Os estudantes ficaram muito sensibilizados com o músico, que estava no processo de tentar adquirir o *status* de refugiado. No dia seguinte à palestra, ele deveria se apresentar para uma audiência; por isso, estava muito tenso. No momento em que foi possível entender isso, as crianças demonstraram grande empatia, compreendendo que o futuro dele estava em jogo. Pedimos aos palestrantes que nos mantivessem informados. Todos os dias, os estudantes me perguntavam: "Já soube o resultado?". Houve um grande envolvimento pessoal. Os alunos arrecadaram dinheiro, o qual foi doado a um dos palestrantes que estava retornando à Somália para abrir uma escola, com o objetivo de ter a certeza de que a escola era capaz de funcionar para aqueles que eram capazes de receber educação.

Currículos integrados que utilizam música, história, geografia, literatura e outras áreas do conteúdo visando abordar questões de diversidade cultural podem servir como instrumentos eficazes que ampliam a empatia interpessoal e o entendimento internacional, desenvolvendo um senso mais amplo e comparado de justiça e consciência social, motivando os jovens a abordarem as realidades e as possibilidades da sociedade culturalmente diversa que os rodeia, de modo que aprofundem o seu conhecimento, assim como as suas habilidades cognitivas.

Em ambientes escolares com uma crescente diversidade cultural e lingüística, um currículo que realiza esse tipo de elos não é apenas socialmente desejável para o tipo de sociedade que muitas pessoas almejam que as escolas ajudem a moldar, como também é essencial, do ponto de vista educacional, devido à formação e aos entendimentos prévios que os estudantes com diferentes culturas familiares e com diferentes histórias de vida trazem à escola.

Além de abordar comparações interculturais e histórias culturalmente diversas, os professores eram capazes de identificar e cultivar outras questões de relevância política e social. Em um experimento criativo, os estudantes projetaram uma rampa na sacada, para a sua escola acomodar pessoas em cadeiras de rodas. Essa unidade uniu os resultados esperados em ciências e matemática, com a participação significativa em um programa de relevância social imediata e de benefício possível, demonstrando que a consciência social no currículo integrado não precisa ser alcançada apenas através da área das humanidades:

> Estávamos fazendo uma unidade sobre invenções com o intuito de que as crianças desenvolvessem uma inovação que seria benéfica para portadores de necessidades especiais. No andar superior do nosso laboratório de ciências, fazemos muitos experimentos na sacada. Há um degrau grande, que é irregular. O desafio que apresentamos às crianças, as quais estavam estudando forças em ciências, foi: "Como poderíamos desenvolver uma inovação ou produzir uma invenção que permitisse que alguém em uma cadeira de rodas tivesse acesso à sacada?". Sendo assim, no curso de Projetos e Tecnologia, eles elaboraram os planos. Falamos sobre as forças que envolvem a aula de ciências. Eles utilizaram algumas máquinas simples. Em Projetos e Tecnologia, os estudantes construíram um modelo da estrutura. Acrescentamos a matemática. Pedi que eles calculassem a força envolvida, testando, em seguida, tudo.

Pensar globalmente significa agir localmente. Mudar o mundo começa com mudar nosso próprio quintal (Postman, 1995). A preocupação com o ambiente global começa a preocupação com a vizinhança local. Esses tipos de questões sociais e políticas, pelas quais muitos jovens se interessam e com as quais se preocupam bastante, também proporcionam grandes oportunidades de mostrar como a investigação e o conhecimento científico podem contribuir para o entendimento dos estudantes sobre importantes questões em sua comunidade local. Por sua vez, esse tipo de integração talvez torne a ciência mais pessoal e imediatamente relevante para a vida dos alunos.

Um certo professor havia lecionado em uma escola rural por muitos anos e conhecia bem a comunidade. Ele gostaria de estender o aprendizado para a comunidade e de utilizar o conhecimento e os recursos locais buscando melhorar seu programa. O fato de que ele conhecia as famílias e as histórias de seus estudantes muito bem, e de que ele era um membro ativo de sua comunidade local, bastante envolvido em clubes e em eventos sociais, ajudou-o a criar elos fortes e persuasivos entre escola e comunidade em relação a questões ambientais – por exemplo:

> Desenvolvi uma unidade com a bibliotecária referente ao estudo do lago e do arroio, porque tínhamos um arroio próximo dali. Fizemos esse mapeamento e observamos todas as formas de integrar diferentes tipos nesse estudo de mapas. Coloquei a história nele, relativa ao comércio de peles, às estradas e aos canais navegáveis. Então, estudamos geografia com os mapas de perfis de terra. Tudo foi feito com a ajuda da bibliotecária, que organizou tudo. Existe um rio que é muito poluído devido aos produtos químicos. A unidade deu uma chance de a bibliotecária entrar em ciências e matemática quando os estudantes fizeram a parte gráfica. Eles encontraram dados a respeito do número de fazendeiros que moravam perto do rio e figuras de quanto gado eles tinham. Os alunos fizeram uma projeção para ver quantas cabeças de gado estariam utilizando o rio hoje em dia e representaram-na em um gráfico. Em um momento posterior, os estudantes leram várias histórias sobre lagos e rios que ela encontrou em uma unidade sobre artes. Isso, de fato, nos mostrou que podemos fazer quase todas as unidades funcionarem como um todo totalmente integrado.

Os políticos da comunidade local propiciaram um outro ponto de relevância e de enfoque social para a integração curricular. Ter por base eventos atuais da comunidade, os quais corresponderam ao programa de estudo em tempo real, foi particularmente eficaz, sobretudo se os estudantes fossem capazes de simular eventos externos às suas atividades de sala de aula. Muitos professores verificaram que o ato de apenas utilizar textos padronizados era menos eficaz do que introduzir exemplos reais dos conceitos e das idéias sendo estudados. Tornar o aprendizado parecido com a vida real, utilizando o princípio que Woods (1993) chama "verossimilhança", foi um estímulo criativo e atraente para o aprendizado estudantil em relação a questões sociais mais amplas, e às habilidades e ao entendimento por meio dos quais essas questões foram investigadas – por exemplo:

> A comunidade estava passando por um momento de eleições municipais. Seria natural trabalhar com essa temática, pois estávamos realizando estudos comunitários e aprendendo a respeito de cidades e municipalidades. Isso nos tira do livro didático. Cada estudante recebeu a tarefa de conduzir sua própria campanha. Eles tinham que selecionar diversas questões que unissem todos os assuntos estudados. Aprenderam como elaborar um *curriculum vitae*. Trouxemos materiais de campanhas, comparamos opiniões e fatos, analisamos como as pessoas são apresentadas. O que é importante? O que não é importante? Esse foi o componente do inglês. Além disso, os alunos conduziram pesquisas e fizeram gráficos em matemática, acrescida de uma apresentação. Eles estão aprendendo a fazer demonstrações, utilizando quadros, sinais e *buttons*. Os alunos tinham que falar a outras pessoas e aprender a fazê-lo de maneira eficaz; além disso, administraram suas próprias campanhas. Por fim, organizamos previsões e suposições a respeito de quem venceria a campanha municipal. Para mim, a melhor parte foi a troca entre a eleição municipal verdadeira e a eleição da candidatura dos alunos trazendo o que era importante para eles.

As simulações também foram usadas para estabelecer conexões passadas, além das presentes, com processos e com eventos políticos – dando vida à história política e social. Os estudantes encenaram os eventos adotando papéis e recriando o contexto social e político da presente época – filtrando o conteúdo curricular através da sua consciência, das suas experiências e dos seus interesses.

De um modo geral, os professores que participaram de nosso estudo adotaram o princípio da relevância em questões e em contextos sociais e políticos mais abrangentes, projetando unidades que incitaram os sentimentos de empatia e compaixão dos estudantes em relação a pessoas cujas experiências e circunstâncias de vida eram diferentes das suas. Os educadores projetaram unidades integradas que elevaram a consciência social dos estudantes e ajudaram a desfazer estereótipos culturais e sociais.

Na busca desses objetivos, os professores valeram-se de questões da escola, da comunidade e de questões internacionais, conectando o material das disciplinas ao senso de consciência social em desenvolvimento dos estudantes. Ao mesmo tempo, as questões sociais e políticas funcionaram como um catalisador para a utilização das habilidades de investigação, averiguação e representação do conhecimento e dos resultados. Dessa forma, a relevância social e política não parecia ser um inimigo do estudo rigoroso, mas um parceiro estimulante.

O uso da relevância política pelos professores no currículo integrado não foi algo totalmente livre de problemas. Embora questões de desigualdade, preconceito e injustiça social tenham sido confrontadas em várias das unidades integradas, por eles desenvolvidas, esses problemas, em geral, estavam distantes em tempo e espaço da sociedade em que os estudantes viviam. Elas representavam as desigualdades e as injustiças de outras pessoas, em culturas longínquas e em épocas distantes. Era como se o currículo integrado apresentasse um grande mito nacional – do Canadá, como um paraíso ou refúgio seguro das injustiças e das desigualdades que outros povos sofreram em outros países ou em outras épocas. A nação e a comunidade local não estavam presentes como lugares que geravam seus próprios tipos de injustiças e desigualdades – pobreza crescente, marginalização de povos indígenas, desigualdades raciais e preconceitos relacionados com o gênero no local de trabalho, e assim por diante. A nação não estava presente como fonte de problemas políticos e sociais, mas como um santuário protegido deles. Nesse sentido, apesar do currículo integrado ser bravo e crítico ao estabelecer vínculos com a sociedade, ele parece silenciar em muitas das mais controversas questões sociais e políticas atuais, as quais seriam relevantes à vida presente e futura dos estudantes. Se os professores de adolescentes podem aplicar o pensamento social crítico a sociedades que não a sua, é importante que utilizem o currículo integrado para criticar as realidades sociais de seu próprio país, e não apenas de outras sociedades que vieram antes ou que são distantes dele. Como diz o renomado teórico cultural Edward Said: "Faz parte da moralidade não se sentir em casa na casa de alguém" (1994, p. 57).

O PROCESSO DE INTEGRAÇÃO

A integração curricular não é fácil de ser implementada. Ela é difícil de ser conceitualizada, toma tempo para ser planejada, e não se adapta com facilidade aos requisitos das tradições baseadas em disciplinas e da escola de ensino médio. O comprometimento com a integração amplia, ainda, o nível em que os professores devem colaborar com seus colegas. Nossa análise do processo de implementação foi além dos problemas comuns de tempo, liderança, recursos e colegiado (Kain, 1996; ver Capítulo 5). Ela também abordou as tensões estruturais e políticas mais profundas e as contradições da reforma do currículo integrado de uma maneira geral. Nesta segunda parte de nossa análise da integração curricular, exploramos três problemas de implementação, os quais são carregados de tensão: tradições curriculares, exceções curriculares e descontinuidades curriculares.

Tradições curriculares

Muitos professores neste projeto pareciam bastante preocupados com a forma como as mudanças curriculares os afetaria de modo particular (até mais do que seus estudantes). Essa é uma característica comum em qualquer processo de mudança: em primeiro lugar, as pessoas perguntam como ele irá afetá-las (Hall e Loucks, 1977). Alguns educadores falaram animadamente a respeito da liberdade e da fluência proporcionada pela reforma do currículo, ou da motivação de lecionarem de maneira integrada ou temática. Outros falaram de suas lutas para renunciar aos vínculos com as disciplinas e de seu medo e de sua vergonha por sentirem-se incompetentes quando novas disciplinas e novas áreas de conteúdo não lhes eram familiares. Alguns professores especialistas que estavam comprometidos com outras partes da agenda da reforma curricular, mas não com o currículo integrado, zombaram da idéia de integração ou daqueles que a interpretaram ou implementaram de maneira trivial.

Os sentimentos desses professores em relação às categorias curriculares e às tentativas de mudá-las refletem o modo como as identidades de ensino médio ou de nível intermediário* estão, com frequência, relacionadas de maneira íntima com o conteúdo daquilo que eles ensinam; com seu conforto e com sua familiaridade referentes a ele; com a maneira como o conteúdo é rotulado e organizado (Eisner, 1992). As disciplinas são claramente importantes para muitos professores (Siskin e Little, 1995; Stodolsky, 1988; McLaughlin e Talbert, 1993; Goodson e Ball, 1985). Sobretudo no nível médio, os professores, por tradição, protegem suas disciplinas especializadas com muito vigor. Muitos professores de nível intermediário e médio, e suas respectivas identidades, foram moldados pela tradição disciplinar. Seus interesses e suas carreiras tornaram-se entremeados em estruturas de escolas de ensino médio baseadas em departamentos,** as quais tomam maiores proporções no sistema disciplinar. Por essas razões, a história, a política e a psicologia das disciplinas, junto com a lealdade às disciplinas apresentam obstáculos significativos contra os esforços para produzir a integração curricular (Hargreaves, Earl e Ryan, 1996; Siskin, 1995; Fink, 2000).

Diversos professores em nosso estudo mostraram-se capazes de dominar suas próprias ansiedades e de elevar as necessidades curriculares dos estu-

---

*N. de R.T. Nível Intermediário (*middle school*), correspondente às 6ª, 7ª e 8ª séries do ensino fundamental brasileiro.

**N. de R.T. O ensino médio é caracterizado pela especialização dos professores nas suas áreas/disciplinas sob a forma de departamentos. O professor é especialista em sua área de atuação, dedicando-se somente ao ensino da mesma.

dantes acima delas (Muncey e McQuillan, 1996), ou suas próprias necessidades já estavam menos alinhadas com os compromissos das disciplinas. Os defensores da integração curricular consideram-na importante em parte porque quase tudo é válido para ensinar "desde que se estabeleça elos com as crianças". Um professor de estudos e orientação familiar disse o seguinte: "Sinto que meu papel é realmente o de apontar as ligações para as crianças. Acho que é nesse sentido que os professores fracassaram". Quando o currículo integrado foi implementado em uma certa escola, outro professor utilizou sua própria experiência descrevendo-a assim:

> podia sentir o outro lado – como era realizar tarefas em pedaços muito pequenos. E eu podia sentir como era para a criança fazer algo em pequenos pedaços, pois minha escola era assim. Então, para mim, quando eu dizia: "Vamos dividir o currículo em quatro grupos principais, colocar essas disciplinas em quatro grupos principais e ver como elas se misturam", isso fazia total sentido. Eu via as ligações para as crianças, as quais estão em lugar certo para que elas as alcancem e para que juntos, criança e professor, comecemos a construção.

Nem todos os professores eram defensores absolutos da integração curricular. Alguns deles foram muito relutantes em renunciar às suas disciplinas especializadas. As justificativas dos professores para essa posição incluíam o medo de não conhecer o conteúdo, as preocupações com a hipótese de magoar colegas de outras áreas e o desgosto de ter de fazer um preparo adicional para se familiarizarem com as novas questões. Alguns de seus receios estavam fundamentados, de fato, nas necessidades de aprendizado dos alunos. A competência curricular e a confiança profissional estavam integralmente relacionadas entre si (Helsby, 1999). Um professor estava preocupado com o fato de lecionar disciplinas com as quais "não se sentia confortável e as quais não conhecia o suficiente para apresentá-las aos alunos". Uma especialista em música, que agora estava lecionado história, como parte das responsabilidades fundamentais do programa, descreveu seu colega como um "fanático por história":

> Ele pode falar coisas das quais eu não teria idéia. Então, o que minhas crianças estão perdendo? – os detalhes que ele pode acrescentar, que ele tem no fundo de sua mente. Eu não tenho isso; então, quando estou sozinha com os alunos, eles só ficam com o básico. Eu estou fazendo o trabalho da melhor forma possível? Eu não sei.

De maneira semelhante, um especialista em arte disse:

> Eu não quero sair de minha especialização porque eu não conseguiria fazer isso. Não quero tentar, já que é nisso em que eu sou bom. Por que eu faria algo que eu não sei fazer? As crianças perdem, eu perco, e eu detesto isso.

Embora os sistemas específicos de categorias disciplinares e a firmeza específica dos limites entre as disciplinas que existem na atualidade sejam produtos da história, da política e das tradições organizacionais da educação, isso não significa que as disciplinas, de um modo geral, sejam inteiramente resultado de um projeto histórico, que elas sejam anacronismos esgotados e irrelevantes do ponto de vista educacional (Lawton, 1975). E nem significa, ainda, que todos os professores que não dominem ou lecionem todas as áreas disciplinares não tenham comprometimento, ou sejam desinteressados por seus estudantes ou profissionalmente inferiores. Porém, é assim que, às vezes, a especialização disciplinar e a integração curricular são comparadas. É como se a integração aumentasse a virtude profissional, enquanto o ato de não conseguir ou não estar disposto a abnegar da especialização mantivesse os professores no pecado (Drake, 1991).

Em realidade, importa decidir, com bases sólidas, de maneira rigorosa, o que deveria ou não ser integrado – e com quais propósitos. Uma integração equivocadamente considerada pode levar a temas diluídos e a trabalhos sem organização, dos quais os críticos reclamam, porque eles não propõem desafios reais para os estudantes; aliás, os deixam confusos em vez de iluminá-los. Um professor ilustrou essas preocupações com a integração curricular de maneira eloqüente:

> Grande parte da integração não está suficientemente preocupada com o conteúdo, com a base de conhecimento. Ouvimos apenas: "Eu estabeleci ligações com a matemática, viu!". Às vezes, os vínculos estabelecidos escondem algo que é muito confuso. Logo, quando se coloca a integração, será que todos os níveis da minha turma conseguem lidar com ela? Eu percebo com essas crianças que, para fazer a integração funcionar de verdade, elas devem ver a integração. Eu tomo muito cuidado com a integração da arte, pois quero manter a integridade das artes visuais ou das artes interpretativas juntamente com aquilo que estou fazendo. E aí começa a batalha. Uma vez que eles começam a perder a integridade de uma ou de outra disciplina, é melhor parar. Eu acho que se eu tentasse integrar todo o meu dia de trabalho, eu alcançaria esse objetivo. Porém, chega uma hora que eu acho isso muito irritante e ineficaz. Se eu sou responsável por aquelas crianças, e represento isso para os seus pais, é melhor que eu tenha certeza de que estou cumprindo os critérios que estão nos resultados curriculares oficiais. Não posso fazer tudo isso através da integração. Existem certas disciplinas que ficam bem juntas, e existem momentos em que é melhor não o fazer.

A integração eficaz parece exigir que os professores e que os administradores envolvam-se e encontrem o ponto certo de equilíbrio entre os dois extremos de um dilema difícil. Por um lado, ela determina que os professores corram riscos, estendendo sua própria zona de conforto e indo além das fronteiras de seus próprios territórios familiares e tradicionais – o que coloca as necessidades de aprendizado de seus estudantes antes de suas inseguranças a respeito do conteúdo curricular. Por outro lado, a integração pode ser melhor abordada como uma prática criteriosa, e não promíscua, baseada em critérios claros, os quais os professores e os alunos entendam. Existe uma grande riqueza de recursos delineando princípios filosóficos claros e opções de estratégias em que rigorosos programas de estudo integrado podem ser estruturados (Drake, 1998; Fogerty, 1991; Case, 1991, 1994). Nem tudo deve ser integrado, podendo ser melhor se os professores não forem levados a ultrapassar sua base de conhecimento do conteúdo disciplinar familiar, a ponto de sentirem-se, como conseqüência disso, incompetentes e expostos perante suas turmas e perante seus colegas. Se essa tensão não pode ser resolvida de maneira criteriosa, caso por caso, podemos ter prejuízos:

> Eu sabia que a divisão intermediária poderia com facilidade se tornar uma guerra civil se os professores quisessem ficar com suas disciplinas especializadas e se não estivessem felizes com aquilo que tinham que ensinar. Achávamos que tínhamos a agenda pronta. E, então, tudo ruiu, e ninguém cooperava. As pessoas estavam quase gritando umas com as outras. Eu só fiquei de fora olhando tudo acontecer. Foi assustador.

Exceções curriculares

As disciplinas mais freqüentemente integradas em nosso estudo foram inglês, história, geografia e ciências. Outras disciplinas, além da língua inglesa, da música e da matemática, foram consideradas muito mais difíceis de serem integradas. Essas dificuldades foram, às vezes, atribuídas à natureza da própria disciplina. Em outras vezes, os professores sentiram que seu próprio conhecimento e nível de especialização eram deficientes nessas áreas disciplinares.

A matemática, em particular, foi considerada como sendo problemática, pois ela é uma disciplina que ocupa uma parte maior do currículo do que outras disciplinas "difíceis", como a música. Muitos professores não se sentem proficientes o suficiente em música, considerando-a, muitas vezes, isolada de outras áreas curriculares. As seguintes respostas dão um forte senso da natureza que une essas várias fontes de dificuldades:

> Não é impossível, mas é difícil integrar a matemática em estudos de história. Sabe como é, algo como "se três rebeldes fossem mortos e dois escapassem..."
>
> Nós unimos línguas e ciências sociais. Deveríamos integrar matemática, mas notamos que a matemática não se integraria muito bem.
>
> Ainda não integramos as disciplinas. Eu, na realidade, luto contra alguns desses conceitos. Eu não vejo como vamos conseguir juntar matemática e ciências. Eu vejo as exigências em relação às crianças da idade com que estamos trabalhando como sendo vastamente diferentes nessas duas áreas disciplinares, e eu não vejo nenhuma correlação.
>
> Eu nunca me preocupo em tentar interpretar a matemática. Eu não tento integrá-la. Mas, obviamente, a língua pode ser integrada na pesquisa. A matemática eu deixo separada, mas outras disciplinas são naturalmente unidas.

Somado a essas dúvidas, outros professores haviam integrado componentes matemáticos com sucesso no currículo mais amplo, como a professora que utilizou matemática em uma unidade integrada sobre invenções como parte de um projeto que visava elaborar instalações imaginárias acessíveis a cadeiras de rodas. Os sociólogos do currículo, às vezes, criticam as afirmações dos professores de matemática ou de línguas de que estas disciplinas têm uma estrutura mais linear – afirmações que são utilizadas para dispensar professores de propostas inovadoras centradas nos alunos, como o movimeno de integração e o agrupamento por habilidades múltiplas (Ball, 1990). Porém, independentemente de quais sejam os argumentos históricos e ideológicos, quando até os professores comprometidos e mais despojados questionam se essas disciplinas podem ser interligadas tanto quanto as outras, suas críticas deveriam ser melhor consideradas.

Talvez nem todas as unidades do currículo integrado sejam acessíveis à inclusão de componentes matemáticos (ou de outras disciplinas); talvez nem todas as habilidades e os conceitos matemáticos possam ser capazes de ser conduzidos com sucesso de maneira integrada. Talvez a matemática e as outras disciplinas "difíceis" sejam aquelas em que parte do material, algumas vezes, poderia ser integrado, mas talvez o resto dele possa ser ensinado de forma mais especializada. No entanto, mesmo nesse cenário modesto de integração, os professores cujo treinamento e cuja experiência de ensino prévios excluem a matemática (ou outras disciplinas "difíceis") podem superar algumas de suas limitações em termos de confiança e competência relativas à disciplina trabalhando de modo coletivo com outros colegas em busca da união de diferentes especializações. Assim como a competência leva a uma maior confiança, a confiança profissional, construída em equipes colaborativas de conhecimento compartilhado, leva a uma maior competência (Helsby, 1999), como a citação a seguir indica:

> Durante os últimos anos, tivemos várias das áreas disciplinares especializadas mais envolvidas no ensino de classe. No ano passado, eu estava em uma equipe com o professor de estudos familiares e com o professor de projetos e tecnologia. Juntos, trabalhamos bastante, procurando unidades que combinassem computadores, matemática e ciências, com projetos e tecnologia. Estamos tentando integrá-las, e eu acho que fizemos um grande progresso.

Descontinuidades curriculares

Os professores de adolescentes, na maior parte das vezes, sacrificam as necessidades de seus estudantes de um currículo relevante em favor das pressões imediatas de prepará-los para a escola de ensino médio (Hargreaves, Earl e Ryan, 1996; Tye, 1985). Mesmo comprometidos com a integração curricular, alguns professores em nosso projeto ainda fizeram da preparação para o ensino médio a sua principal prioridade, como explicou uma professora:

> Mesmo se estivéssemos fazendo um planejamento completamente integrado e mesmo se ele fosse muito criativo e não nos baseássemos tanto no conhecimen-

to, ainda assim seria possível abranger muitas das habilidades que as crianças irão utilizar na escola de ensino médio. Fazemos muitas redações e aprendemos o modo como defender nossas respostas. Nossa filosofia é que, basicamente, nosso papel é preparar as crianças para a escola de ensino médio.

Os professores estavam bastante conscientes de que a relevância para o "mundo real" incluía, sobretudo, a relevância para a escola de ensino médio. Para os professores das 7ª e 8ª séries e seus estudantes, o iminente mundo da escola de ensino médio é urgente:

> As escolas de ensino médio, é claro, trabalham com notas, números, então, estamos motivando as crianças a conhecer suas médias como parte da transição para a escola de ensino médio, na qual de repente elas enfrentam um número real.

Os professores analisaram as diferenças fundamentais entre as escolas de ensino médio e fundamental em relação à estrutura à cultura e à maneira como organizam o currículo. Eles consideraram seu papel como sendo o de amenizar a transição entre os anos de ensino fundamental e médio para os estudantes:

> Para mim, a escola de ensino fundamental deveria ser a escola de ensino fundamental. Eu ainda sinto que as crianças neste nível talvez devessem ficar aqui até os 14 ou 15 anos. Se elas não dominam os conceitos, se sua maturidade não é tal a ponto de tomarem decisões responsáveis, então, talvez, elas não estejam prontas para o ambiente mais independente da escola de ensino médio.*

Ainda assim, muitos ficam frustrados com seus colegas da escola de ensino médio, os quais parecem ignorar, ou repudiar seus esforços. Os professores de uma determinada escola, por exemplo, verificaram que as sofisticadas avaliações com portfólio que eles haviam desenvolvido com alunos da 8ª série eram considerados infantis por seus colegas da escola de ensino médio. Esses colegas não utilizaram os portfólios na comunicação com os novos estudantes.

O firme foco da escola de ensino médio nas disciplinas vai de encontro aos esforços de muitos professores das 7ª e 8ª séries que buscam integrar o currículo e desenvolver habilidades intercurriculares por intermédio dele. Se os professores enfatizam a integração curricular, como podem eles preparar seus estudantes adequadamente para o mundo das disciplinas do ensino médio, no qual seus alunos logo ingressarão? Alguns profissionais contentaram-se em capitular. Eles prepararam seus estudantes nas habilidades de pesquisa,

---

*N. de R.T. O ensino fundamental no sistema norte-americano (*elementary* ou *primary school*) corresponde às cinco primeiras séries do ensino fundamental brasileiro. Após, existem os anos de transição (*intermediate school* ou *middle school*) que correspondem às 6ª, 7ª e 8ª séries do nosso ensino fundamental. A partir daí, por volta dos 14, 15 anos, os alunos vão para a escola de nível médio (*secondary* ou *high school*), correspondendo às 1ª, 2ª e 3ª séries do ensino médio brasileiro.

escrita e pensamento crítico, o que os ajudaria a apresentar um bom desempenho acadêmico a longo prazo, enquanto reconheciam que esses estudantes estariam menos preparados para lembrar fatos específicos e conhecimentos de alguns conteúdos das disciplinas:

> Muitas de nossas crianças não possuem uma base de conhecimento, mas são muito boas nas habilidades. Isso as auxilia quando elas vão para a escola de ensino médio. As crianças podem não saber tudo o que há para saber a respeito da conquista do oeste e da estrada de ferro, mas, quando têm de escrever um texto, são muito boas nisso. Quando devem defender suas respostas ou procurar o contexto e os detalhes, elas são boas nisso. Se as crianças são obrigadas a desenvolver um projeto de pesquisa, produzem uma grande pergunta. Elas são realmente boas em utilizar palavras-chave no contexto e em encontrar informações de que necessitam. Porém, as crianças não conhecem todos os fatos. Assim, você perde se os prepara, e perde se não os prepara.

O difícil dilema de ser eficiente na tentativa de integrar o currículo à sombra do sistema especializado da escola de ensino médio não pode ser resolvido inteiramente pelos professores das 7ª e 8ª séries. Adaptar os padrões de aprendizado e avaliação à totalidade do processo escolar é uma forma de abordar esse dilema, com a condição de que esses padrões não sejam tão influenciados pelas disciplinas especializadas a ponto de destruírem as oportunidades de integração, e de que eles não sejam tão detalhados a ponto de diminuir o arbítrio e as oportunidades profissionais dos professores de conectar com os interesses e as questões relevantes impostas pela diversidade das suas turmas. Os professores das escolas de ensino médio devem, ainda, compartilhar a responsabilidade nas relações de diálogo igual e aberto com seus colegas da escola do ensino fundamental e dos anos de transição, reconhecendo que esses dilemas afetam e desafiam de igual modo o seu próprio ensino. Ao contrário de esperar que os professores do ensino fundamental façam todos os ajustes curriculares, os professores de ensino fundamental e médio devem construir uma comunidade solidária de prática, a qual possa abordar questões de continuidade curricular (Cochran-Smith e Lytle, 1992). A continuidade é uma realização da confiança e da comunicação humanas, e não apenas da coordenação teórica no papel.

IMPLICAÇÕES

Uma concepção errônea comum a respeito da integração curricular é que ela não é rigorosa com os alunos ou com seus professores. Na realidade, os educadores de nosso estudo que haviam se comprometido com a integração curricular consideraram-na gratificante, mas também difícil e exigente. O domínio bem-sucedido dessa maneira de elaborar o currículo exige muito esforço intelectual dos professores; necessitando de um pensamento cuidadoso, da adaptação sensível a alunos de todas as habilidades, do tempo de planejamento e de oportunidades para cada um compartilhar de sua experiência complementar (Rasinski e Padak, 1995).

Em parte, a integração foi desafiadora para os professores, não porque tenha sido baseada em conceitualizações abstratas de tópicos e temas, mas porque esses temas, e as abordagens dos educadores em relação a eles, estavam enraizados em entendimentos profundos de como o conteúdo e as idéias devem ser relevantes para a vida dos alunos: relacionamentos pessoais, perspectivas e escolhas de carreira, crescente senso de consciência social. A integração bem-sucedida e estimulante foi possível quando os professores colocaram os estudantes, e aquilo que lhes era relevante e significativo, em primeiro lugar, e quando eles tiveram o conhecimento e a imaginação para utilizarem-se de sua própria experiência e da de outras pessoas para transformar essa relevância em uma experiência que também fosse rigorosa. Desenvolver unidades integradas eficazes exigiu níveis elevados de conhecimento das disciplinas por parte dos professores, e não o entendimento superficial de um generalista (Bernstein, 1971).

Entre os entusiastas que estudamos comprometidos com a integração, as escolhas entre a integração e a especialização não foram absolutas. Algumas disciplinas podem ser isentas da integração quando os professores sentem que carecem de confiança ou competência para colocá-las em prática. Essas isenções são melhor decididas não segundo um princípio ou uma ideologia universal, mas de forma discreta, caso a caso.

É provável que a implementação da integração curricular, nesse sentido, seja mais eficaz no cumprimento das necessidades de todos os alunos quando ela não almeja a integração "verdadeira" ou "pura", mas quando ela se adapta às circunstâncias locais e à competência e confiança que os professores têm para implementá-la em tais circunstâncias.

Esse enfoque mais pragmático à implementação da integração curricular significa que os professores podem ajustar sua implementação às condições locais e às suas capacidades coletivas, e ser encorajados a liberar energia e entusiasmo no desenvolvimento curricular com um nível alto de arbítrio profissional. Isso possibilita aos professores criarem um currículo que é rigoroso e relevante para grupos de alunos cultural e intelectualmente diversos, os quais trazem diferentes formas de conhecimento, entendimento, interesses e preocupações prévias à sala de aula. O controle curricular excessivamente centralizado, o qual sobrecarrega os professores com conteúdos curriculares detalhados, prende-os a um complexo aparato de padrões baseados em disciplinas, ou avalia os frutos de seu trabalho pelo uso exclusivo (em ambos os sentidos) de testes e exames baseados nas disciplinas, é incompatível com qualquer abordagem desse tipo.

Grande parte do que os professores participantes do estudo foram capazes de produzir, em unidades integradas de estudo, proporcionou o desenvolvimento de formas de conhecimento e aprendizado que são cada vez mais valorizadas na sociedade pós-moderna complexa e em constante transformação de hoje:

- habilidades de pensamento superiores;
- capacidade de resolução de problemas;
- aplicação do conhecimento a problemas reais;
- criatividade e invenção;
- aplicação do aprendizado à vida real, em tempo real;
- aprendizado de forma colaborativa, além de individual.

Os professores também desenvolveram as habilidades de pensamento crítico:

- Questionando o mundo do trabalho em que os adolescentes ingressarão, e não apenas buscando se ajustar a ele.
- Investigando as diversas formas de vida familiar em vez de defender uma versão simples e única dela.
- Criticando formas de injustiça, intolerância e desigualdade em outras épocas e em outras partes do mundo.

Ao mesmo tempo, esses aspectos mais críticos de relevância poderiam, e talvez devessem, ser explorados em momentos futuros, especialmente em áreas de influência empresarial sobre o currículo e em relação à própria sociedade em que vivem os estudantes, como fonte de desigualdade e injustiça, e não apenas como um santuário protegido delas.

Em sua melhor forma, ou seja, independente dessas reservas, as práticas desses professores sugerem que a integração promova o rigor e a relevância do aprendizado de sala de aula. A integração torna o aprendizado mais aplicado, mais crítico, mais inventivo e mais significativo para os estudantes. Tudo isso exige um grande trabalho intelectual e emocional por parte do professor, que é o tema do Capítulo 4.

PARTE DOIS
O Processo de Mudança

5
O Trabalho Intelectual da Mudança

As mudanças descritas nos capítulos anteriores apresentaram e ainda apresentam grandes desafios para os professores – não apenas em nosso estudo, mas em milhares de escolas e de sistemas escolares pelo mundo. Integrar o currículo, quando a prática dominante por décadas tem sido dividi-lo em disciplinas e em especialidades, é um trabalho árduo do ponto de vista conceitual e prático. Planejar o ensino conforme os padrões a serem cumpridos, no lugar do conteúdo a ser vencido, requer mudanças fundamentais nas estratégias de sala de aula dos professores e, para muitos deles, saltos consideráveis em seu nível técnico. As novas formas de avaliação escolar também têm sua parafernália própria e única de técnicas e linguagens especiais a serem dominadas.

Novos padrões, novos currículos e novas avaliações: todos envolvem mudanças para os professores. Qualquer tipo de transformação raramente é direta, e algumas podem ser muito difíceis de serem concretizadas. Os legisladores e os administradores, com freqüência, subestimam, omitem ou esquecem as dificuldades envolvidas na implementação de novos rumos da educação. A história da reforma educacional, nesse sentido, tem sido de "fracassos previsíveis" (Sarason, 1990; Goodlad, 1984; Tyack e Tobin, 1994). Aqueles que detêm o poder publicam resenhas, elaboram leis e reconfiguram sistemas inteiros, mas poucas de suas mudanças provocam melhorias na vivência de sala de aula, ou poucas apresentam um impacto significativo no aprendizado dos estudantes (McLaughlin, 1990; Fullan, 2000). Adotar uma inovação ou uma reforma já é um ato suficientemente genuíno; no entanto, desenvolvê-la, sustentá-la e mantê-la é uma questão muito mais exigente.

QUATRO PERSPECTIVAS REVISITADAS

Um meio de entender o porquê da mudança educacional poder ser tão desafiadora para os professores é retornar às quatro perspectivas que revisamos no Capítulo 3. Essas perspectivas não se aplicam apenas à reforma da avaliação, mas também, como no artigo original de House (1981), aos processos de mudança e de inovação em geral.

A perspectiva técnica

"Se um professor não for capaz de fazer algo, é porque não pode ser feito!"

A perspectiva técnica dirige a atenção às dificuldades técnicas envolvidas na inovação do conhecimento, das habilidades e dos comportamentos, seja no ensino, seja em outras ocupações. Uma mudança bem-sucedida, nesse sentido, implica o conhecimento de como dominar um currículo novo e tecnicamente complexo, ou um novo e difícil conjunto de estratégias de ensino. Isso talvez signifique lecionar em turmas com habilidades mistas, aprender como integrar idéias e materiais de diferentes disciplinas, saber como criar uma categoria ou identificar indicadores para perceber quando determinados padrões foram cumpridos, ser capaz de realizar diferentes tipos de avaliações de desempenho, e assim por diante. Grande parte da nova ortodoxia educacional de padrões, avaliações alinhadas e formas de ensino e aprendizado, que, em geral, são mais criativos, aplicados, de caráter mais aberto, exige, hoje em dia, níveis muito altos de habilidade técnica dos professores. De fato, em uma comparação sistemática entre as técnicas e as tarefas envolvidas em diferentes ocupações e profissões, Cohen (1995) classifica o ato de ensinar como sendo o mais complexo.

Assim como a concretização dessas habilidades e dessas estratégias, o processo de aprendizado, para tornar-se competente e hábil, também é tecnicamente difícil. Do mesmo modo como aprender a mudar sua tacada no golfe, escrever com a mão esquerda quando se quebrar o braço direito, ou dirigir um carro com marchas após anos dirigindo carros automáticos, a tarefa de aprender a avaliar crianças de maneira cooperativa, em vez de avaliá-las de modo individual, ou de integrar o uso de computadores, sem maiores obstáculos, ao resto do aprendizado de sala de aula é um trabalho, no que tange ao aspecto técnico, difícil.

É importante que se entenda o quão tecnicamente complexo pode ser o ato de dominar algumas das mudanças educacionais contemporâneas no ensino e no aprendizado. Os professores não alteram e não devem alterar suas práticas apenas porque uma diretriz lhes é apresentada, e eles se sentem forçados a cumpri-la. Eles não podem evocar novas práticas a partir de nada ou transpô-las de imediato do livro didático para a sala de aula. Os profissionais necessitam de chances para experimentar a observação, a modelagem, o treinamento, a instrução individual, a prática e *o feedback*, a fim de que tenham a possibilidade de desenvolver novas habilidades e de torná-las uma parte integral de suas rotinas de sala de aula.

Os encarregados de propor reformas, muitas vezes, reconhecem a existência desses desafios ao ensino e proporcionam, pelo menos, um certo grau de treinamento no trabalho buscando contribuir com o processo de implementação, mas os níveis do apoio fornecido, na maior parte das vezes, limitam-se a um pequeno número de *workshops* fora do local de trabalho ou a abordagens apressadas e superficiais ao treinamento de instrutores, os quais deveriam treinar os professores em suas próprias escolas. A possibilidade de observar a prática de outros educadores ou de receber um retorno individual é mínima. Como resultado disso, muitos professores fazem apenas um progresso muito limitado na implementação das mudanças na sala de aula. Em comparação a isso, como veremos neste capítulo e nos dois capítulos seguintes, uma característica notável da maneira como os professores neste estudo experimentaram a mudança foi o nível excepcional de apoio que eles receberam do sistema, de líderes ou de colegas para desenvolver as habilidades técnicas previstas pelo novo currículo. Os educadores não só tiveram a chance de pôr em prática suas habilidades, como também tiveram a oportunidade de entender as mudanças que deveriam exercitar.

A perspectiva cultural

> "Se um professor não souber como fazê-lo, ou se não se sentir essencialmente confiante para fazê-lo, não pode ser feito."

Uma inovação bem-sucedida implica mais do que aperfeiçoar habilidades técnicas. Ela também estimula a capacidade de compreensão dos professores em relação às mudanças que estão enfrentando. A perspectiva cultural refere-se aos significados e às interpretações que os educadores atribuem à mudança; mostra como ela afeta e até confronta as crenças dos professores e as suas práticas; como os professores (juntos ou sozinhos) entendem as mudanças que enfrentam; mostra, ainda, o impacto da mudança nas idéias, nas crenças, nas emoções, nas experiências e na vida dos professores.

Colocar documentos curriculares no escaninho dos professores e esperar que os conteúdos deles penetrem sem ser transformados ou alterados em seus ideais e em seus sistemas de crenças é uma estratégia ingênua. De fato, nem é uma estratégia. Como seus alunos, os professores não são papéis em branco a serem preenchidos, e o aprendizado não é osmótico. Mudar crenças e práticas é um trabalho extremamente difícil.

Elmore (1995) afirma que o problema da reforma educacional é "mudar a essência da prática educacional – como os professores entendem a natureza do conhecimento e o papel do estudante no aprendizado, e como essas idéias sobre o conhecimento e sobre o aprendizado se manifestam no ensino e no trabalho de aula". A mudança, nesse sentido, possui, além de seu lado técnico, um lado humano indispensável (Evans, 1997). Essa dimensão humana do entendimento da mudança educacional apresenta uma natureza intelectual e emocional.

Intelectualmente, os professores devem ser capazes de descobrir ou de entender o que cada mudança específica significa. Para que eles a realizem, ela deve ter clareza suficiente, e não ser tão complexa, vaga ou incoerente, a ponto de desafiar o mínimo entendimento. Os professores devem ser sensíveis para perceber as razões para mudar, para captar sua essência e para se convencer de que ela é factível e irá beneficiar os estudantes (Fullan, 1991). Essas razões devem estar explícitas na política educacional, e os professores devem ter tempo e oportunidade para entendê-las individual ou coletivamente.

Os professores também devem saber como uma mudança se dá na prática, e não só na teoria, para que possam medir com exatidão o que ela significa para seu trabalho. Em particular, eles necessitam de oportunidades para ver exemplos de mudanças tanto em sua própria escola como em outras, com o intuito de poderem desenvolver imagens delas e aplicá-las em suas próprias práticas e experiências.

Esse exigente pensamento, ou trabalho intelectual profundo, não acaba quando a mudança é adotada, já que ela pode fraquejar ou tomar cursos inesperados. Nesses momentos, os professores necessitam de tempo, encorajamento e amparo para refletir sobre como a mudança que está ocorrendo, para monitorar seu progresso, para garantir que seus propósitos estejam sendo cumpridos, mas sem a exclusão de outros propósitos do currículo, e para fazer ajustes à medida que aprendem com suas tentativas de inovar. Afirmar, como Fullan (1991) o fez, que a mudança é um processo e não um evento, é reconhecer que a que tem características positivas envolve um aprendizado contínuo e, portanto, sempre tem um elemento intelectual. O tempo que é dedicado ao planejamento e à reflexão, e as oportunidades para fazê-lo com os colegas e com outras pessoas são elementos de apoio essenciais para um processo de mudança bem-sucedido. No decorrer deste capítulo, veremos como essas dimensões intelectuais da mudança educacional foram abordadas pelos professores e pelas escolas em nosso estudo.

Em uma pesquisa de cinco anos de duração relativa às melhorias escolares, na qual um de nós esteve envolvido (Earl e Lee, 1998), houve um padrão espiral distinto de urgência, energia, trabalho e, então, mais energia nas escolas onde os professores haviam feito mudanças significativas em suas práticas. O processo, em geral, começava quando algo fazia com que os professores sentissem um senso de urgência para mudar a maneira como trabalhavam. As escolas bem-sucedidas experimentaram um problema a ser resolvido ou um incidente crítico que precipitasse esse senso de urgência. Algo ocorria nessas instituições que chocava os professores e levava-os a acreditar que uma mudança deveria ser feita o quanto antes. Os funcionários (e, às vezes, os estudantes e a comunidade) vivenciavam algo suficientemente constrangedor que os movia a reconhecer que o atual estado das coisas não era mais aceitável ou tolerável. A mudança em questão pode ser uma rápida modificação na composição cultural da população escolar, um sentimento de que os estudantes não estavam sendo servidos de forma adequada pela escola, um aumento no número de queixas tanto de pais como da comunidade, a imposição de um novo currículo ou sistema de avaliação, a chegada de um novo diretor, a ameaça de fechamento da escola, a chegada de novas tecnologias, ou uma combinação entre esses fatores.

Seja qual fosse a mudança, ela apresentava um problema, uma necessidade ou um senso de dissonância entre professores, a ponto de sentirem-se constrangidos e, ao mesmo tempo, motivados a resolvê-lo. Conforme Bandura (1986) e Ford (1992), a motivação é orientada para o futuro e ajuda os indivíduos a avaliarem a necessidade de mudança ou ação. A motivação, além disso, produz a energia de que eles necessitam ao envolverem-se com a inovação e realizarem o trabalho intelectual visando a entendê-la e traduzi-la na prática, implicando árduas reflexões a respeito de suas próprias práticas, tomando decisões sobre o que deve ser mudado e buscando tentativas de conquistar as habilidades e capacidades que transformariam suas idéias em realidade. A partir da urgência e da energia, os professores buscavam ajuda, mostrando confiança em sua habilidade para adquirir o treinamento de que necessitavam. Não são apenas os alunos que precisam ser envolvidos em seu aprendizado: os professores também devem buscá-lo. Quando as condições eram apropriadas e o apoio necessário era suprido, essas explosões de energia conduziam, em uma espiral ascendente, a um progressivo senso de trabalho e produtividade, o qual liberava mais energia conforme a espiral subia. Contudo, quando o apoio adequado não estava presente, a energia conduzia os professores na direção oposta, rumo à frustração e ao desespero.

O Capítulo 6 descreve o trabalho emocional da mudança entre os professores de nosso estudo, muitas vezes, em sua melhor forma – quando os professores estavam envolvidos, de forma intensa, nos processos criativos do planejamento curricular, por exemplo. O Capítulo 7 descreve os tipos de apoio necessários à motivação dos professores em seu trabalho intelectual e emocionalmente desafiador de mudar suas práticas, para fazer com que eles perseverem na dificuldade e para ajudá-los a ultrapassar os limites da implementação (Fullan, 1991) quando esses profissionais cometem equívocos em suas primeiras tentativas de mudança e, em geral, descobrem que tudo piora antes de melhorar.

A motivação dos professores em relação à mudança de suas práticas, como veremos, é influenciada pelo quanto eles pensam que seus objetivos pessoais são condizentes com os detalhes da reforma, pelo quanto sentem que devem ou podem adquirir o conhecimento e as habilidades necessárias para implementar as mudanças e pelo quanto eles crêem que a reforma irá se manter com o tempo.

Estar motivado visando a explorar uma nova forma de ensinar não é suficiente. Sem os tipos de apoio adequados, o frágil recurso da energia humana pode estressar os professores em vez de mantê-los motivados. Privá-los do tempo necessário para buscar socorro emocional e apoio entre seus colegas talvez tenha como conseqüência o fato de subtrair deles a chance de descansar, de refletir *sobre* e comemorar o sucesso. Nos locais onde as condições de trabalho e de reforma não são tranqüilas, o trabalho intelectual e emocional se degenera com facilidade, em um processo de perspiração cansativa, em vez de inspiração energizante para os professores (Blackmore, 1996).

Assim, o significado, a inovação e as relações estão no centro do processo de mudança, seja por planejamento, seja por acaso. Eles surgem nos dois capítulos seguintes que abordam o processo de mudança como importantes temas que os professores participantes de nosso estudo encontravam.

A perspectiva política

"Se o professor não quiser fazê-lo, não pode ser feito".

A perspectiva política diz respeito à maneira como o poder é exercido sobre outras pessoas ou desenvolvido com elas, aos modos como grupos e seus interesses influenciam o processo de inovação e reforma e à maneira como as finalidades da educação abordam, ou desafiam as distribuições de poder existentes na sociedade, ou, ainda, concordam com elas.

No que tange à política, é importante que, quando os professores se envolverem no trabalho intelectual da mudança, eles não apenas reflitam sobre suas práticas e sobre seus esforços para mudar, mas que o façam de maneira crítica – considerando as finalidades sociais que suas práticas cumprem, assim como quais os alunos (de classes regulares ou educação especial, provenientes da cultura dominante ou da cultura minoritária, ricos ou pobres) irão ser beneficiados ou sofrer mais com as iniciativas adotadas.

Todas as pessoas, diz Antonio Gramsci (1971), são intelectuais, mas apenas algumas têm a função de intelectual. Os professores pertencem a um desses grupos (Aronowitz e Giroux, 1991). Esses profissionais ajudam a formar as gerações do futuro. Seu trabalho não pode e não deve ser reduzido somente à técnica e à habilidade. O ato de ensinar também deve ser imbuído de um propósito moral e de uma missão social, o qual desenvolva os cidadãos de amanhã. Isso quer dizer que os professores devem filtrar todas as decisões curriculares e aquelas referentes ao ensino por meio de um filtro político. Oakes e Lipton (1998), por exemplo, aconselham a rejeição de sistemas behavioristas de "reforço positivo" tendo em vista que eles não abordam o conteúdo, as estruturas e os relacionamentos que afastam muitos alunos pobres e aqueles de minorias, do processo escolar. Eles, ainda, defendem a priorização dos benefícios de *detracking* para os alunos antes mesmo das inconveniências que possa causar para os professores e antes dos desafios que possa suscitar em relação aos pais com *status* elevado, os quais desejam garantir aos filhos o acesso a programas exclusivos para estudantes talentosos ou laureados. Como vimos no capítulo anterior, adotar uma perspectiva crítica resulta, além disso, no fato de os professores pensarem profundamente a respeito da maneira como eles abordam questões relacionadas com diferenças culturais em suas práticas escolares, mesmo em escolas onde os alunos sejam quase todos brancos.

A perspectiva política, sobretudo, levanta questões acerca de quem está encarregado da mudança e a qual agenda ela está a serviço. Nem toda mudança é boa. A reforma educacional, às vezes, é superficial, motivada pela popularidade política e pela dificuldade econômica, enquanto deveria ter por base os valores educacionais. Ela talvez seja prejudicial aos alunos com mais dificuldades, podendo destruir as condições de trabalho que auxiliam os professores a conduzirem bem a sua tarefa. Em um estudo que realizamos em referência às emoções envolvidas no ensino e na mudança educacional, quando solicitamos que os 53 professores entrevistados descrevessem características de mudanças positivas e negativas em sua experiência, eles relataram a mudança positiva como sendo aquela que beneficiaria os alunos. Em geral, também era alguma mudança que os próprios professores desenvolveriam. Um professor afirmou: "Eu acho que a única mudança ocorrida foi a que veio de dentro, nunca de fora. Nunca foi algo que me disseram". A mudança negativa foi considerada como sendo aquela que está a serviço de uma agenda política, e não de uma agenda educacional; aquela que é "imposta", "ditada", "forçada" ou "empurrada" aos professores pelo governo (Hargreaves et al., em fase de elaboração). De maneira interessante, nesse vocabulário da mudança imposta, os professores se representam como tendo sido desrespeitados, desconsiderados e invadidos. A resistência à mudança, portanto, nem sempre é um problema ou um obstáculo. Quando ela é educacional ou moralmente suspeita, a resistência pode ser uma grande virtude profissional (Maurer, 1996).

Da mesma forma, no momento em que as mudanças educacionais prometem beneficiar todos os estudantes e aumentar seu aprendizado, proporcionar aos professores tempo, livre arbítrio, oportunidades de trabalho coletivo e outros recursos para implementá-las de maneira adequada, essas atitudes, além de técnicas, são políticas. Os professores também devem reconhecer que suas próprias necessidades de poder e inclusão no processo de mudança são reproduzidas pelos estudantes e pais, e que o envolvimento dos estudantes e pais na mudança, assim como o dos professores, é uma parte importante de sua dimensão política. Abordamos essas questões no Capítulo 7.

A perspectiva pós-moderna

"Se o professor tem muito para fazer, não o fará bem".

A sociedade pós-moderna é sinônimo de caos, incerteza, paradoxo, complexidade e mudanças constantes. Nas sociedades pós-modernas, as comunidades, as escolas e as turmas são mais diversificadas, de modo que a transformação é mais complexa. A tecnologia e outras formas de comunicação são mais ágeis; por sua vez, a mudança ocorre em uma velocidade cada vez maior. O conhecimento é rapidamente substituído, e as soluções são contestadas por um crescente número de grupos de interesse, ou seja, a mudança é mais incerta. Inovações múltiplas, comunidades em alteração e comunicações rápidas significam que as escolas e seus problemas mudam com rapidez. Abordagens antiquadas e limitadas a uma mudança planejada e linear não são mais suficientes.

Alguns professores, incluindo muitos daqueles em nosso estudo, conseguem produzir em condições de incerteza, complexidade e mudanças contínuas. As mudanças são oportunidades; os problemas são seus amigos (Fullan, 1993). As novas experiências proporcionam chances de aprendizado, desenvolvimento e qualificação ao seu trabalho e a eles mesmos. A flexibilidade, a adaptabilidade, o otimismo e o trabalho em equipe definem suas abordagens à mudança – as quais estão, de modo fundamental, ancoradas em sua preocupação em oferecer o máximo que puderem a seus alunos. Isso, em termos pós-modernos, é a mudança educacional em sua melhor forma – e veremos muito dela nos capítulos seguintes.

Simultaneamente, a mudança em uma sociedade pós-moderna pode se tornar uma obsessão, e não uma oportunidade. A digna busca do aperfeiçoamento contínuo pode se transformar em um processo exaustivo de mudanças intermináveis. As pessoas, talvez, muitas vezes, precipitem-se para o futuro por menosprezarem o presente e por rejeitarem o passado. De fato, com uma perspectiva psicanalítica, Shave (1979) argumenta que as pessoas que são atraídas e até viciadas em mudanças, na maior parte das vezes, estão, na verdade, insatisfeitas com algum aspecto básico de si mesmas. Se as pessoas estiverem sempre se transformando, elas nunca terão a chance de apenas ser. A tradição, a consolidação e a reflexão contemplativa não têm vez nesse excesso pós-moderno. Como Pirsig (1991) escreve em seu romance *Lila*, a qualidade exige a atividade dinâmica e estática. E como o professor Gutierrez (2000) afirma, momentos de ritmo controlado, de realização consolidada e simplesmente de descanso são tão essenciais ao sucesso educacional quanto a busca do aperfeiçoamento contínuo e mesmo de padrões mais elevados. Como um professor submerso pelas pressões da reforma nos disse em outro estudo a respeito do aperfeiçoamento escolar: "Não assistimos a aulas de natação quando estamos nos afogando".

REFLETINDO SOBRE A MUDANÇA

O ato de ensinar é um trabalho intelectual árduo, o qual engloba o ato de pensar muito sobre as mudanças educacionais, sobre sua adequação e sobre suas conseqüências, assim como refletir sobre o que essas mudanças significam ou como elas ocorrem na prática escolar. Os professores que participaram de nosso estudo trabalharam arduamente buscando desenvolver e implementar a integração curricular, os resultados do aprendizado e uma avaliação abrangente de sala de aula. Eles tiveram que compreender princípios definidos de maneira ampla e diretrizes políticas, transformando-os em atividades que pudessem ser aproveitadas em sala de aula. Eles tiveram que deliberar a respeito do que deveriam e se deveriam implementar, investiram tempo e energia na conquista de novos conhecimentos e de novas habilidades, lutando para planejar lições que fossem adequadas aos propósitos, aos estilos de ensinar e às práticas de cada um em sala de aula. Além disso, tudo aconteceu ao mesmo tempo. Os professores, de maneira tipicamente não-linear, trabalharam com urgência para incorporar e integrar seu entendimento e seus esforços em um padrão coerente de resposta e desenvolvimento curricular.

Entendendo a mudança: significado e domínio

Os professores, como seus alunos, são aprendizes. Realizar mudanças em práticas de ensino sempre requer um novo aprendizado. No caso das práticas complexas abordadas por esses professores, o aprendizado é um sofisticado processo de raciocínio e entendimento conceitual superiores. Esse tipo de pensamento permite que os professores:

- Resolvam problemas complexos de currículo e de sala de aula.
- Envolvam-se em um raciocínio amplo, desenvolvendo categorias curriculares e novos formatos de avaliação.
- Extraiam idéias justificáveis e executáveis de materiais complexos que, às vezes, vêm carregados de "educacionês".
- Façam julgamentos relativos à veracidade e à utilidade de certos argumentos.
- Prevejam as implicações de suas decisões quanto à implementação, avaliando-as de uma forma crítica, a qual seja consistente com sua missão educacional e social.

Em primeiro lugar, o trabalho intelectual da mudança educacional mobiliza o estabelecimento de clareza e concordância morais e filosóficas relativas ao que a mudança significa (Tom, 1983; Sockett, 1989; Sergiovanni, 1990). Embora alguns professores tenham entendido, conforme uma perspectiva social e política e conforme o ponto de vista de sua missão social no ensino, que a filosofia ou a reforma dos anos de transição havia se baseado na dedicação aos estudantes e na forma de mantê-los interessados no aprendizado em um momento vulnerável de seu desenvolvimento, muitos professores consideraram os documentos da política muito "nebulosos" e "complicados demais", sem "um foco claro". Como uma professora expressou:

> Não tenho certeza se a estrutura já está em funcionamento. Bem, aqui estão os 10 resultados do aprendizado, mas como devemos abordá-los? Que papel eles desempenham na preparação do currículo e na avaliação? Eu não tenho certeza disso. Acho que uma das limitações são as mudanças repentinas e as excessivas voltas, e muitos blocos em cima de blocos e dentro de blocos com os quais devemos lidar. Há coisas demais. Ajude-me a cumprir com um resultado. Dê-me algo em que eu possa me segurar, pois os resultados são confusos demais.

Os professores tiveram que decodificar a linguagem dos documentos de tal política e determinar se as intenções dela estavam alinhadas com sua missão educacional e social. No Capítulo 4, por exemplo, vimos como os educadores utilizaram suas intenções e oportunidades no que tange à política que busca desenvolver unidades curriculares integradas, as quais abordassem suas próprias preocupações com o currículo com o objetivo de educar os estudantes a respeito do meio ambiente, da consciência global, da tolerância e da diversidade cultural, e da natureza do mundo do trabalho. Eles também tiveram que decodificar a política em termos práticos, discernindo precisamente o que ela poderia significar para sua própria prática de sala de aula. Esse processo de decodificação não foi uma tarefa fácil de realizar. Um professor comentou:

> Eu considero opressivo quando páginas e páginas de papel chegam; isso me deixa imobilizado até conseguir digerir e olhar tudo. Eu fico chocado com o linguajar, a verborréia e tudo mais. Preciso ler, analisar, traduzir e decidir: "Isso é o que realmente importa para o trabalho cotidiano de sala de aula".

Outro professor reclamou: "A linguagem técnica predomina, e temos medo de decidir o significado. Será que as pessoas que fizeram esse documento estavam sendo deliberadamente imprecisas?" Antes que os professores pudessem fazer algo, eles passavam muito tempo lendo, pensando e falando sobre o que os documentos querem dizer e o que deveria mudar. Individual ou coletivamente, eles precisavam considerar os documentos em relação a suas próprias crenças e práticas, selecionando criteriosamente em quais áreas da mudança deveriam trabalhar primeiro e buscando estabelecer um enfoque claro (Werner, 1988). Isso envolvia um trabalho intelectual significativo para decidir o que manter e o que não manter, o que fazer agora e o que fazer depois, o que abordar com mais rapidez e o que abordar em um ritmo mais lento. Como o próprio âmbito e volume de muitas mudanças educacionais podem parecer avassaladores, os educadores, em geral, "aperitivam" no lugar de consumir tudo de uma vez só. Um professor disse: "Eu não consigo fazer isso de maneira nenhuma. Eu tenho que dividir em partes administráveis, só uma parte, para que eu possa ver algum resultado logo. Pelo menos aí eu sinto que estou realizando algo".

Após passar por alguns documentos confusos, alguns professores persuadiam a si próprios de que já vinham fazendo grande parte do que estava sendo recomendado.

> No início, eu comecei lendo o documento sobre os resultados curriculares e pensei que não fazia sentido para mim. Eu não entendo essa linha de aprendizado, de resultados, de indicadores – toda essa parte nova. Então, quando pensei mais a respeito, apesar da intimidação, percebi que eu já fazia grande parte daquilo.

Essa abordagem do "já estar fazendo" pode restabelecer a confiança pessoal e profissional dos professores, mas também pode, às vezes, levar à afetação e à complacência, impedindo que os professores avancem. Entretanto, outros professores exploraram as diferenças entre sua própria prática e as recomendações da política de forma mais ativa, identificando com precisão o lugar onde estavam as disparidades (isso, às vezes, é chamado *gap analysis**) – por exemplo:

> Estamos observando os resultados do aprendizado e identificando onde e em que nível, em nossos programas, eles estão sendo abordados, a fim de podermos realmente começar a ver o que está se concretizando e onde podemos fazer mais conexões.

Em termos culturais, esse processo de decodificação foi melhor realizado de maneira coletiva:

> As pessoas alternavam-se lendo livros ou assistindo a vídeos relativos à reforma curricular, fazendo uma breve apresentação nas reuniões de pessoal. Decidíamos se a reforma era benéfica, o que havia nela para ser utilizado na nossa prática profissional.

Esse tipo de trabalho em colegiado é um pré-requisito vital, freqüentemente necessário, para o trabalho intelectual da mudança educacional, pois ajuda a fazer com que o processo de mudança pareça mais sensível, real e prático. Isso é bastante verdadeiro quando a tarefa de entender a mudança ultrapassa a discussão para além da observação prática:

> Em princípio, achei a mudança muito difícil. Eu estava confortável indo em uma direção, mas fiquei intrigado com o fato de essa escola utilizar tanto o aprendizado cooperativo. Fui convidado a visitar outras salas de aula, observá-las e conversar com os professores. Quando vi que minha interpretação não estava totalmente certa, concordei em comparecer a uma sessão de aprendizado cooperativo para ver como era.

Além da tentativa de compreender o que o currículo pretendia, os professores em nosso estudo ficavam divididos entre diferentes princípios e valores. O próprio currículo levantou inúmeros conflitos de valor com relação à maneira como a educação é concebida, organizada e transmitida. Resultados baseados na aprendizagem em um contexto amplo baseiam-se em crenças e valores acerca da educação, que não são necessariamente compreendidos por muitos educadores, e menos ainda pelo público em geral. A ênfase e o foco centrados na igualdade de oportunidades e nos resultados para todos os alu-

---

*N. de R.T. Significa "análise da lacuna". Neste contexto significa a análise feita sobre a "lacuna" existente entre o que é dito e o que é feito.

nos representa um grande distanciamento de muitas práticas do passado. O enfoque que visa preparar os estudantes para um amplo aprendizado experimentalmente relevante é, muitas vezes, incompatível com cursos "acadêmicos" de disciplinas específicas. Mesmo no documento da política curricular, o conceito de integração, enfatizando ligações amplas e relações entre idéias, pessoas e coisas, era muito inconsistente em termos de resultados específicos, de expectativas claras para o aprendizado em estágios cruciais do processo escolar e em termos de formatos de avaliação e relatório organizados conforme categorias de disciplinas especializadas. Um professor afirmou:

> Eu vejo que existe uma grande contradição no currículo quando eu o leio. Ele fala de integrar todas as disciplinas e de buscar resultados de habilidades, e não conteúdos, mas eles querem fazer testes comuns. Isso não é uma contradição?

Ainda que os documentos da política, na maior parte das vezes, disfarcem esse propósitos e essas percepções conflitantes, na tentativa de agradar aos desejos de todos, os professores devem, de alguma forma, escolher entre os melhores e piores cursos de ação, em oposição aos certos ou errados, e contentar-se com soluções ótimas, em oposição às perfeitas. Tudo isso é trabalho intelectual do mais sério e confiável possível – trabalho que influencia se as mudanças serão significativas, práticas e sustentáveis para os professores que as assimilam e são comprometidos com elas.

Decidindo a mudar: urgência e energia

Além de entender a mudança, o comprometimento dos professores com qualquer mudança específica, e não apenas com a mudança em geral, está no centro de uma implementação bem-sucedida. A ilusão e a presunção administrativa e legislativa comum é que a reforma pode ser imposta sobre os professores sem nenhuma consideração com seus valores ou com a inclusão de sua voz. Historicamente, esse padrão de implementação imposta teve pouco ou nenhum sucesso. Revisando o impacto de inúmeras inovações na educação através de muitas décadas, McLaughlin (1990) conclui que "não se pode impor aquilo que é importante para a prática eficaz".

Dez anos de grandes e planejadas reformas na educação da Inglaterra e do País de Gales proporcionam lições salutares para aqueles que possam estar considerando a opção da implementação imposta. Nesse contexto, Nias (1991) relatou que muitos professores do ensino fundamental expressaram uma sensação de perda, privação e desmoralização ou perda de propósito quando lhes foi solicitado que implementassem o Currículo Nacional baseado em disciplinas, com procedimentos rigorosos e repetidos de testes dos alunos. Embora nem todos os professores tenham respondido à reforma educacional inglesa da mesma forma (Pollard, Broadfoot, Croll, Osborn e Abbott, 1994; Webb e Vulliamy, 1993), à medida que essas propostas persistiam e eram sustentadas pela coação implacável de um sistema de inspeção escolar de nível altíssimo (conhecido como OFSTED), cada vez mais e mais professores se adaptaram à reforma de forma negativa, cética e limitante do ponto de vista profissional.

Em longas entrevistas com 55 professores do ensino fundamental, Woods e seus colegas (1997) verificaram que apenas cinco deles consideravam estar experimentando uma "melhora inequívoca" como resultado das reformas. Outros 10 sentiram uma pequena melhora, mas estavam sofrendo com a sobrecarga de tarefas, com o esgotamento e com a perda de controle. De maneira interessante (por mais que isso não seja reconhecido no próprio estudo), todos os professores que "melhoraram", citados pelos autores, ocupavam posições de responsabilidade administrativa, nas quais eles gozavam de algum grau de influência e controle sobre os outros e nas quais teriam benefícios para sua carreira com a implementação da reforma. Dos professores restantes, cuja maioria não ocupava posições administrativas, 29 foram categorizados como cumpridores – mas em seu cumprimento, eles, com freqüência, limitaram a concepção que tinham de seu papel, distanciaram-se do que deveriam fazer, criaram estratégias hipócritas e convenientes buscando a garantia da implementação com o mínimo de esforço e patrulharam seus compromissos de tempo para com o trabalho com grande vigilância em comparação a outras áreas de sua vida. Apesar de esses professores poderem, em termos técnicos, ter implementado a reforma educacional de forma precisa, eles tornaram-se "menos" professores devido à sua submissão. Os outros 11 professores (20% da amostra) desafiaram com vigor as exigências da reforma, abandonaram completamente a profissão em busca de outras atividades ou de aposentadoria, ou acabaram tendo alguma doença debilitante ou algum distúrbio mental. A parte mais perturbadora do estudo de Woods e seus colegas é que, com o passar do tempo, à medida que as reformas persistiam, cada vez mais professores trocaram da categoria "melhoraram" para categorias que eram profissionalmente degradantes por natureza. A força pode vencer a batalha da implementação a curto prazo para os reformadores; porém, ela vai perder a guerra do aperfeiçoamento a longo prazo. Nesse sentido, a maneira como os professores se relacionam com os propósitos encutidos na reforma educacional, bem como com seus padrões de implementação, é um fator crucial para garantir ou abandonar o aperfeiçoamento a longo prazo.

A maioria dos professores em nosso estudo, como os que "melhoraram" da pesquisa de Woods e colegas (1997), ficavam confortáveis e otimistas com as mudanças no novo currículo, pelo menos no início. Em parte, isso se deu porque os propósitos pareciam educacionalmente desejáveis. Os professores também apreciavam o arbítrio que as mudanças lhes proporcionavam para projetar e para desenvolver suas próprias iniciativas de currículo e avaliação dentro de parâmetros muito abrangentes. As respostas desses professores "melhorados" não foram surpreendentes, pois eles foram selecionados para o estudo, na verdade, por causa de seu perceptível comprometimento com o novo currículo.

É importante lembrar que as respostas de nossos professores nem sempre corresponderam às de seus colegas em outros níveis do sistema. Em particular na 9ª série (o começo da escola secundarista em Ontário), houve uma resistência disseminada dos profissionais ao processo legislado de *detracking* (*destreaming*) – à idéia da implementação forçada e, assim como muitos professores em outros níveis (Oakes, Welles, Yonezawa e Ray, 1997), à própria noção de *detracking*, que, apesar de evidências contrárias em pesquisas, contradiz as crenças dos próprios professores a respeito da habilidade dos estudantes e da capacidade da iniciativa a ser realizada (Hargreaves, 1993). Por mais que os educadores em nosso estudo possam não ser representativos de todos aqueles que se depararam com esse tipo de mudanças, eles, no entanto, proporcionaram importantes *insights* do trabalho intelectual que uma mudança bem-sucedida exige, mesmo entre aqueles já comprometidos com ela.

Os professores das 7ª e 8ª séries em nossa amostra haviam pensado sobre suas abordagens ao currículo, ao ensino e ao aprendizado por um longo período de tempo. O que os levou a se comprometerem com esse novo currículo? Eles seriam profissionais do tipo que adota mudanças precocemente, sempre prontos para se integrar a uma nova equipe ou para liderar um novo programa? Ou havia algo em particular a respeito desse currículo que os atraiu? O que os levou ou o que os impediu de mudar suas práticas?

Verificamos que a maioria dos professores foi favorável ao desenvolvimento e à implementação de mudanças curriculares porque as consideravam bastante consistentes com suas próprias crenças educacionais e sociopolíticas. A reforma curricular era congruente com as missões sociais e educacionais em que esses professores investiram e que buscavam através de sua prática profissional. Suas próprias crenças e filosofias estavam refletidas em muitas partes da mudança. Eles, repetidas vezes, articularam sua convicção de que a educação nos anos intermediários não estava servindo tanto quanto poderia servir aos estudantes e de que um currículo integrado, baseado em resultados, continha grandes promessas aos seus alunos. Alguns conseguiam perceber os benefícios imediatos aos estudantes:

> Quando as pessoas me perguntam o que eu ensino, minha resposta é "crianças". Eu adotei muitas opções do currículo porque ele ajuda a atingir melhor as crianças. Estou adotando a essência dele por se encaixar com minhas idéias, e eu acredito em grande parte no currículo. Eu acho que devemos acreditar na filosofia antes de implementarmos, de fato, algo.

> Eu acredito em mudanças. Eu vejo diversas opções muito positivas. Em primeiro lugar, as crianças estão se tornando mais responsáveis por seu próprio aprendizado. Podem haver mais parcerias na comunidade. Nos últimos anos, eu ensinei muito menos de forma direta. Eu deixo os alunos investigarem mais. O novo currículo permite esse tipo de ensino.

Esse último comentário sugere que os professores perceberam os benefícios de estabelecer conexões positivas com o aprendizado dos estudantes além e dentro dos muros da escola (Hargreaves e Fullan, 1998). O poder da relevância social ficou mais óbvio na disposição dos professores de integrar os currículos e de estabelecer relações ultrapassando os limites tradicionais – de serem, de certa forma, intelectuais transformadores com seus alunos, ajudando-os a pensar de maneira crítica a respeito do mundo ao seu redor:

> Fizemos brincadeiras estimulantes no sentido de fazê-los entender conceitos como a fome mundial e a distribuição da riqueza. Tivemos como ponto de partida a educação global e fizemos uma montagem chamada "Sob o mesmo sol". Em uma turma, eles haviam feito um estudo sobre imigração – seguindo nossas conexões e nossa herança. Outra turma fez uma unidade chamada "O mundo em uma barra de chocolate", a qual mostrou o conceito da interdependência e da conexão com outros locais através da economia mundial.

> Eu fico realmente motivado quando os estudantes estabelecem conexões com o seu mundo. Queríamos ensinar-lhes o enredo. *Tuck everlasting* foi um grande romance para utilizar como enredo. Bem, a unidade aconteceu. O romance fala de ciclos de vida e de como os personagens não conseguem voltar ao ciclo devido à sua imortalidade. A partir disso, passamos para ciclos em ciências e conectamos com o ciclo da água e com o ciclo do ar. Então, passamos para histórias do ciclo da vida e, por meio delas, pedimos que as crianças estabelecessem um elo entre um aspecto da história e sua vida. Tudo fluiu.

Esses professores prepararam unidades integradas que estavam quase sempre relacionadas com as questões reais da vida dos estudantes, com o mundo ao seu redor, ou com questões sociais. Conforme indicamos no Capítulo 4, os professores acreditavam que a relevância era essencial para que os estudantes se envolvessem por inteiro em seu aprendizado; por esse motivo, os alunos eram motivados a participar no planejamento e desenvolvimento de idéias. Esses educadores, em outras palavras, abordaram o trabalho intelectual da mudança educacional não apenas como um processo técnico de domínio, ou mesmo como um processo cultural de significado e entendimento, mas também como um processo crítico e político de inclusão, capacitação e realização da missão social da educação.

Desenvolvendo a capacidade de mudar: trabalho e oportunidade

A noção dos professores como aprendizes encontra-se no centro da mudança educacional. Os educadores em nosso estudo tiveram que aprender todo um conjunto novo de habilidades, conhecimentos e práticas. Esse tipo de mudança não ocorre "por osmose", por ordem administrativa ou por pura vontade e determinação. O sucesso na implementação requer oportunidades de esclarecimento de iniciativas de políticas e de entendimento das reformas (conhecimento declarativo); oportunidades de desenvolver conhecimento metodológico associado à inovação; oportunidades de exploração de rotinas novas e de modificação de práticas (Leithwood, Jantzi, e Steinbach, 1999). Todo esse trabalho exaustivo requer um aprendizado deliberado e contínuo dos professores.

Os professores do estudo estavam cientes do quanto tinham de aprender, e a maioria deles acreditava ser capaz de concretizar as mudanças necessárias. Eles encontraram muitas maneiras de criar as condições para seu próprio aprendizado. Por exemplo, eles utilizaram seu próprio conhecimento e sua própria experiência prática para refletir a respeito das mudanças, de modo que elas fizessem sentido na sala de aula. Conforme discutimos no Capítulo 2, os professores estruturavam seus resultados do aprendizado no mundo prático de seus alunos e em conhecimentos e experiências acumulados sobre o que funciona ou não funciona em sua prática. Eles construíram unidades integradas relativas a essa base de conhecimento prático antes de considerar a maneira como essas unidades relacionavam-se com os resultados. O conhecimento "de fora para dentro" só faz sentido quando for filtrado através da experiência "de dentro para fora". Embora a utilização desse conhecimento prático tenha trazido vida nova às unidades curriculares, em certas ocasiões, ela criou inconsistências na maneira como os resultados eram interpretados e implementados, impondo limites ao que era possível. Os professores, muitas vezes, verificaram que necessitavam de algo mais e buscavam conhecimentos de fora para dentro para complementar e estender sua própria experiência de dentro para fora (Hargreaves, 1996).

Os educadores fizeram grandes descobertas ao se envolver, de maneira implícita, em um aprendizado profissional explícito a respeito de novas práticas e estratégias dentro de seu próprio local de trabalho, participando de *workshops* específicos e de outros eventos. O conjunto do qual seus distritos eram parte ofereceu muitas sessões de desenvolvimento profissional, desde cursos de cinco dias sobre aprendizado cooperativo até sessões de compartilhamento profissional, nas quais os professores podiam refletir acerca de como implementar o currículo.

Os educadores descobriram o aprendizado profissional reunindo-se para compartilhar idéias, para envolver-se na resolução de problemas, para realizar planejamentos conjuntos, para combinar especializações e recursos e para explorar meios de integrar seu trabalho de forma mais eficaz. Muitos pareciam valorizar caminhos contínuos de "profissionalismo interativo" (Fullan e Hargreaves, 1996) com seus colegas mais do que a tradicional presença em *workshops* de um dia de duração. A importância do diálogo profissional entre os colegas foi muitas vezes reiterada. Dois professores descreveram o valor de dividir o comparecimento em *workshops* para reduzir sua carga de trabalho. Outro indicou que a maior mudança para mim não foram as reformas; tem funcionado com meu colega. Sempre que eu vou a um *workshop*, concluo que tudo o que é dito e feito é totalmente secundário em comparação com sentarmos com uma pessoa e juntos trabalharmos.

O tamanho e a complexidade do currículo motivou os professores a buscarem auxílio além dos limites de sua própria sala de aula. Alguns deles marcaram encontros fora da escola com colegas com quem pudessem discutir a respeito das mudanças que estavam ocorrendo. Uma professora, entre tantas com sentimentos semelhantes, afirmou: "Eu acho que os professores deveriam ter a chance de fazer *workshops* juntos e falar sobre o que realmente necessitam e sobre o que esses resultados, na verdade, significam para eles na sala de aula".

Para muitos educadores, havia uma convicção de que suas melhores unidades teriam origem em um longo e refletido trabalho coletivo com outros professores de sua escola e de outras escolas da mesma região. Eles não apenas ficaram orgulhosos com as unidades que produziram, como também verificaram que o próprio processo de planejamento era uma forma altamente valiosa de desenvolvimento profissional. Ao mesmo tempo, o desenvolvimento de unidades autênticas foi exaustivo e demorado. Orientadores ligados às escolas proporcionaram apoio técnico e moral nesse sentido, ajudando os professores no complexo processo de planejamento.

Muitos deles estavam acostumados a buscar novo aprendizado por si mesmos. Eles liam artigos com regularidade em revistas e jornais profissionais, freqüentavam *workshops*, trabalhavam juntos e compartilhavam sua atividade profissional com seus colegas. Vários dos professores que entrevistamos haviam acumulado uma variedade de experiências de ensino nas diversas séries do ensino fundamental ou em diversas áreas disciplinares. Alguns haviam lecionado nos níveis fundamental e médio durante programas de intercâmbio ou durante sua vivência profissional. Mesmo assim, embora eles tenham se envolvido em muitas experiências de crescimento profissional, também reconheciam que ainda tinham muito a aprender e que levaria tempo até que se sentissem à vontade com as novas práticas. Ao mesmo tempo, entre os sentimentos de frustração e sobrecarga, muitos tinham poucas dúvidas de que as mudanças eram realizáveis e de que eles já haviam ou poderiam adquirir a capacidade ou a motivação para realizá-las. Contudo, desenvolver essa capacidade vital para a mudança não é apenas uma questão de comprometimento e determinação individuais e coletivos, mas uma questão política de prover as condições, a liderança e o apoio amplo que tornam a escola uma organização de aprendizado não só para os estudantes, mas também para seus professores. Exploramos a natureza e os efeitos desses tipos de apoio e os desafios políticos envolvidos ao realizá-los no Capítulo 7.

IMPLICAÇÕES

Entender as complexas agendas da mudança educacional é intelectualmente difícil. Envolver-se com a filosofia, enxergar a coerência subjacente, alinhar a mudança com a própria missão social de ensinar, aprender novas práticas, integrá-las nas próprias rotinas e garantir que elas sejam válidas e objetivas – todas essas ações e outras mais compõem o trabalho intelectual da mudança educacional. Sem tempo para se entregar a um raciocínio sério, sem desenvolvimento de profissionais (especialmente no próprio trabalho) para saber sobre o que se deve pensar, sem colegas que estejam dispostos a discutir e a esclarecer idéias, o próprio desafio conceitual e intelectual de resolver a confusão das exigências das políticas pode ser avassalador.

Algumas das dificuldades que os professores enfrentaram estavam abertas a soluções muito simples (embora nem sempre politicamente populares): ter mais tempo, mais recursos humanos e ter um melhor apoio profissional, conforme discutiremos no Capítulo 7. De forma simultânea, mudanças na maneira como os legisladores apresentam a reforma daria aos professores uma ajuda impagável na realização do exaustivo trabalho intelectual da reforma. Por exemplo, resultados (ou padrões) e boletins escritos de forma clara por legisladores, sem sacrificar os objetivos ambiciosos que tais padrões levam os professores ao escopo, são mais úteis para os educadores do que resultados escritos de forma tão vaga e obscura a ponto de não serem entendidos, ou de forma tão limitada e simplista a ponto de restringirem os limites daquilo que os professores lutam para alcançar.

Da mesma maneira, a reforma educacional deve se tornar consideravelmente menos esquizofrênica. O currículo integrado, o qual entrou em conflito com boletins baseados em disciplinas e com as avaliações informais de sala de aula, juntamente com testes no âmbito de todo o sistema escolar, foram dois imperativos contraditórios da reforma, os quais colocaram os professores em um dilema quase impossível de terem de mover-se em direções opostas ao mesmo tempo. Esses dilemas são insolúveis no nível escolar individual. As diretrizes de avaliação devem e podem ser feitas de maneira mais consistente, as tensões entre a especialização e a integração devem ser resolvidas de forma mais clara e a responsabilidade deve ser fundamentalmente repensada e redefinida. Mesmo que todos desejem mudar o professor, também é chegada a hora de os agentes da mudança e de os viciados em mudança, nos centros de comando da reforma educacional, começarem a mudar a si mesmos.

6
O Trabalho Emocional da Mudança

A mudança educacional requer mais do que esforço e domínio técnico e intelectual; não depende apenas do fato de exercitar conhecimentos, habilidades e capacidades visando a solucionar problemas. A mudança educacional também é um trabalho emocional que utiliza e afeta uma vasta rede de relacionamentos humanos importantes e significativos, os quais compõem o trabalho das escolas. As tentativas de mudança educacional afetam os relacionamentos entre professores e alunos, entre professores e pais e entre eles mesmos. O senso de sucesso e satisfação depende deles.

CONCEITOS FUNDAMENTAIS

Este capítulo concentra-se na natureza e na importância dos objetivos sociais e emocionais dos professores em relação a seus alunos e do seu relacionamento com eles, além das implicações desses relacionamentos na maneira como os educadores respondem a diversas formas de mudanças educacionais. (Uma revisão bibliográfica mais detalhada acerca das emoções e do ensino e acerca da nossa estrutura teórica para compreender as emoções envolvidas no ensino e na mudança educacional é apresentada em Hargreaves, 1998b, 1998c; e Hargreaves et al., em fase de elaboração). Nessa seção de abertura, concentramos nossa atenção mais especificamente em alguns aspectos fundamentais que ajudam a esclarecer o que os professores nos disseram a respeito dos aspectos emocionais de seu trabalho. Veremos que quase todos os aspectos da prática de ensino – as formas como eles lecionam, as estruturas de horário que preferem, e a própria maneira como montam seu planejamento – são afetados pela importância que é atribuída aos objetivos emocionais e aos relacionamentos que envolvem o ato de ensinar.

Prática emocional

Para todos os professores, bons e maus, centrados no aluno ou centrados nas disciplinas, que planejam ou não, ensinar, assim como outros trabalhos ou profissões que envolvam cuidar de outras pessoas ou prestar serviços, sempre é uma prática emocional. Esta prática é o que cativa, colore e expressa os sentimentos das pessoas e os sentimentos daqueles com quem elas interagem (Denzin, 1984). Isso é especialmente verdadeiro para o processo de ensino. O que os professores fazem entusiasma ou aborrece os estudantes, torna-os sensíveis na relação com os pais ou mantém os pais afastados, inspira seus colegas ao planejamento – coletivo – ou restringe as relações da equipe a padrões de boa educação e não-interferência. A maneira como os professores conduzem seus sentimentos e manifestam suas emoções é sempre importante. As emoções, nesse sentido, são centrais, e não periféricas, à agenda do aprendizado, dos padrões e do aperfeiçoamento.

O que está em jogo aqui, em parte, refere-se ao que se denomina competência emocional, alfabetização emocional ou inteligência emocional. Ser capaz de dominar as cinco competências emocionais básicas que Goleman (1995, 1998) descreveu – saber como expressar emoções, administrar o humor, ter empatia pelo estado emocional dos outros, motivar a si mesmo e a outras pessoas, exercitar uma ampla variedade de habilidades sociais – é essencial para que o indivíduo seja altamente eficaz como professor. Ainda assim, isso não é apenas uma questão de escolha pessoal ou de desenvolvimento de habilidades individuais. As emoções não devem ser reduzidas a competências técnicas. De fato, Boler (1999) critica a visão de Goleman acerca da inteligência emocional e argumenta que se mostrar apto a administrar o lado emocional como apenas mais um conjunto de habilidades a ser dominado, para o qual as pessoas podem ser treinadas, limita a maneira como abordamos, entendemos e tentamos moldar o trabalho emocional que as pessoas realizam.

Entendimento emocional

A forma como as pessoas são no que tange ao aspecto emocional é moldada pelas experiências que elas desenvolveram nessa área em sua cultura (através de sua criação) e em seus relacionamentos. As organizações e os locais de trabalho são os principais ambientes em que os adultos aprendem a expressar suas emoções de maneira particular e experimentam-nas. A idéia do entendimento emocional é central a essa dimensão cultural das emoções – e à maneira como as pessoas o desenvolvem ou deixam de desenvolvê-lo com quem as cerca.

Para o sociólogo Norman Denzin (1984), o entendimento emocional não ocorre como o entendimento cognitivo, ou seja, de forma linear, por etapas. Em oposição a isso, o entendimento emocional ocorre de maneira instantânea, em um piscar de olhos, no momento em que as pessoas buscam suas experiências passadas e lêem as respostas emocionais daqueles ao seu redor. Os professores sondam seus estudantes o tempo todo, por exemplo, conferindo seu envolvimento ou sua responsividade.

Quando essa sondagem emocional dos professores é equivocada, o que eles experimentam, na verdade, é um mal-entendimento emocional; eles pensam que sabem como seus alunos estão se sentindo, mas estão completamente enganados (Hargreaves, 1998b, 1998c). Estudantes que parecem estudiosos estão, na verdade, aborrecidos; aqueles que parecem hostis estão realmente perturbados ou envergonhados por não conseguirem obter êxito. O mal-entendimento nesse aspecto leva os professores a interpretarem o aprendizado de seus alunos de forma errônea, ameaçando seriamente os padrões de aprendizado. Desse modo, a emoção, assim como a cognição, é fundamental na discussão sobre padronização.

É importante ressaltar que o envolvimento e o entendimento emocional nas escolas (como em qualquer lugar) requer relacionamentos fortes e contínuos entre professores e alunos, a fim de que aprendam a fazer uma leitura sensível uns dos outros com o passar do tempo. Ainda assim, é exatamente essa a conseqüência de tratar os padrões como obstáculos. Eles podem criar um passo frenético de ensino, o qual talvez não permita que os relacionamentos e o entendimento se desenvolvam e que reforce a organização do processo escolar centrada em disciplinas, dificultando a integração e fragmentando as interações entre os professores e o número excessivo de alunos que eles devem ensinar. Sendo assim, o entendimento emocional nas escolas é incentivado ou é frustrado pelas estruturas e prioridades do currículo, e pela forma como os padrões são projetados e impostos.

Trabalho emocional

Muitos dos trabalhos que envolvem interações com outras pessoas fazem com que os profissionais fabriquem ou mascarem suas emoções em diversas ocasiões. A garçonete educada, o vendedor entusiasmado, o agente funerário solícito e o cobrador de dívidas irritado são expressões desse fenômeno. Os professores também fabricam e mascaram suas emoções – quando ficam entusiasmados com uma nova iniciativa, quando alegram-se com uma descoberta de um aluno, quando demonstram paciência com um colega frustrado, quando ficam calmos frente a críticas dos pais. Isso não significa que as emoções dos professores não sejam naturais ou autênticas – que eles estejam apenas fingindo ser assim e não estejam afinados consigo mesmos. A questão é que as emoções nem sempre surgem espontânea ou naturalmente. Com o intuito de criar e manter uma lição dinâmica e envolvente, por exemplo, são necessários trabalho e investimento emocionais árduos. Além disso, é necessário permanecer calmo e inabalado quando confrontado com um comportamento ameaçador por parte dos estudantes.

Em sua melhor forma, o trabalho emocional no ensino (e em outras ocupações) é prazeroso e gratificante quando as pessoas são capazes de buscar seus próprios propósitos e de trabalhar em condições que permitam que elas realizem com eficiência as suas atividades (Oatley, 1991; Ashforth e Humphrey, 1993). Em momentos como esse, o trabalho emocional está no centro da paixão pelo ato de ensinar (Fried, 1995). Porém, como Hochschild (1983) mostra em seu clássico texto a respeito desse assunto, trabalhar emoções pode ser negativo e exaustivo quando as pessoas sentem que estão mascarando ou fabricando-as para adequarem-se aos propósitos dos outros, ou quando condições de trabalhos inadequadas tornam impossível que elas realizem com eficiência o seu trabalho.

Blackmore (1996) mostrou como diretoras que trabalham em ambientes regidos por políticas repressivas podem se tornar o que ela chama de administradores emocionais intermediários da reforma educacional – líderes que motivam seu pessoal a implementar ou a produzir o melhor com políticas governamentais intragáveis e pouco práticas e que perdem um pouco de si mesmas – sua saúde e seus relacionamentos pessoais – no processo. Nesse tipo de circunstância, as emoções do ensino e da liderança não são apenas questões emocionais, mas são também questões altamente políticas.

OBJETIVOS E LAÇOS EMOCIONAIS

Os relacionamentos de muitos professores com seus estudantes são significativa e deliberadamente emocionais por natureza. Como muitos professores do ensino fundamental, vários dos profissionais que entrevistamos falaram desses relacionamentos em termos de amor (Nias, 1989). Uma educadora descreveu sua técnica básica de ensino como: "Eu te amo até a morte e faço você trabalhar até morrer, e nós podemos nos divertir com isso". Outra afirmou:

> Eu adoro crianças. De todas as idades. Eu não gosto de professores que dizem: "Ah, eu só gosto das crianças da 1ª série. Eu não leciono para mais ninguém. Todos os outros são terríveis". Isso me irrita. Eu penso: "Se você não gosta de crianças, não devia estar lecionando". É preciso gostar de crianças. Deve-se gostar muito do que se está fazendo, e eu gosto.

Para os professores de nossa amostra, muitas das recompensas do ato de ensinar foram o que Lortie (1975) chama de recompensas psíquicas por natureza. Elas partem do relacionamentos com os estudantes, do ato de ver os adolescentes mudarem como resultado do comprometimento e do esforço dos professores. "Trabalhar com jovens e vê-los crescer" foi "bastante motivador", disse uma professora. É onde estava sua verdadeira força – "com cada uma das crianças". De fato, como no estudo de Lortie, as recompensas psíquicas de muitos professores foram encontradas no sucesso com indivíduos – "as crianças", como disse um professor. "O que me faz seguir em frente é ajudar uma criança por ano". Os estudantes, cada um deles, que voltavam em momentos posteriores e haviam obtido sucesso e que tinham boas recordações e estavam agradecidos, eram particularmente valorizados. Um professor falou: "Eu adoraria encontrá-los daqui a cinco anos e dizer: 'Eu lembro quando fizemos...' Para mim, isso é valioso". Outro comentou:

> Eu fico muito orgulhoso quando os estudantes voltam à escola e dizem: "Estamos indo muito bem. Tiramos notas altas. Ficamos contentes com isso, então, nos abraça". Ao final de tudo, eles voltam até nós e agradecem. Isso faz com que o professor se sinta bem por fazer tantas coisas boas.

Os professores gostavam de comemorar as histórias de seus esforços com os ex-alunos e o que aprenderam com eles. Uma professora falou de um "garoto maravilhoso", recém-chegado à sua escola, vindo dos Estados Unidos, para o qual ela havia feito diversas adaptações curriculares.

As recompensas psíquicas e emocionais afetaram, de fato, o que os professores fizeram, adaptando seu ensino ao que aprendiam a respeito de estudantes em reuniões, em avaliações dos colegas e em outros tipos de interações pessoais. Professor após professor comentava o porquê de seu relacionamento emocional com os estudantes ser importante para os resultados sociais que estavam tentando alcançar e para o estabelecimento de um clima emocional apropriado, no qual outros tipos de aprendizado pudessem ocorrer.

Os relacionamentos emocionais que os professores cultivaram com os estudantes e as qualidades emocionais que eles buscavam desenvolver em seus alunos faziam parte da missão social mais abrangente do seu ensino. As "verdades subjacentes" de sala de aula incluíam o fato de os estudantes terem respeito por si mesmos e pelos outros. Outro sentia que o respeito mútuo era essencial e orgulhava-se de que nenhuma de suas crianças tinha um espírito maldoso. Muitos professores falavam do valor de desenvolver e demonstrar tolerância, sobretudo em contextos de maior diversidade cultural, para que "ninguém dissesse: 'Oh, você é tão burro! Quer dizer que você não consegue?'. Ao contrário disso, eles falam 'Não, não é assim, mas veja como você fez aqui. Foi apenas um pequeno engano'". O trabalho cooperativo em grupo foi considerado bastante valioso para promover esse tipo de tolerância. Examinar todas as qualidades de tolerância e de respeito e, ainda, os meios como os professores tentaram desenvolvê-las representou uma ética subjacente ao ato de cuidar de outras pessoas (Gilligan, 1982; Noddings, 1992). Uma jovem professora sentiu que toda a filosofia da reforma educacional estava muito centrada em oferecer um melhor cuidado em relação aos alunos dos anos de transição:

> Eu fiz uma cópia do documento da reforma dos anos de transição. O que eu acho que isso significa é trabalhar com os estudantes, ser seus mentores, mostrar-lhes os vínculos entre a escola e o mundo real, mostrar-lhes os vínculos entre as disciplinas estudadas e o mundo real, ajudá-los a se desenvolverem em

um momento muito difícil da vida deles, e dedicar-se a eles, proporcionando-lhes uma base acadêmica para o futuro.

Essa educadora queria que os estudantes soubessem que os professores se interessavam pela vida deles. Ela estava orgulhosa de ter construído uma reputação por ser interessada e justa, achando importante conhecer bem os estudantes, para proporcionar a eles um ensino de qualidade. A dedicação, como forma de buscar o entendimento das emoções, mobilizou um grande trabalho emocional, o qual poderia lhe custar muito. Essa professora estava muito ciente de que poderia ser criticada por se dedicar demais; ela relatou:

> As pessoas me diziam nos primeiros anos de meu trabalho como professora: "Você deve ser mais rude. Você é muito permissiva e leva tudo a sério". E eu dizia para elas, mesmo no primeiro ano: "Quando eu endurecer e parar de me dedicar ao que faço, eu não serei mais uma professora. Como eu vou continuar sendo professora, então, eu me nego a mudar. Minha filosofia de ensino – ser uma professora dedicada e eficaz – não mudou.

Os educadores em nosso estudo queriam proporcionar um ambiente de segurança, de proteção e de cuidado às crianças; eles queriam que houvesse um local de conforto, que não fosse "como a escola de ensino médio". De fato, alguns estavam preocupados com o fato de que os estudantes "se perdessem" na escola de ensino médio. Outras pesquisas por nós conduzidas sugerem que esses medos não são infundados (Hargreaves; Hargreaves et al., ambos em fase de elaboração). Professores da escola de ensino médio afirmaram que, por mais que tentassem estar cientes das emoções que os estudantes traziam para a sala de aula, por mais que tentassem ser responsivos a elas, provenientes de seu relacionamento com a família e com os amigos, eles o faziam sobretudo quando essas emoções eram consideradas distúrbios que interferissem no aprendizado dos alunos. Os educadores não consideravam o lado afetivo como se fosse algo que fizesse parte do aprendizado dos estudantes, como algo que eles mesmos eram responsáveis por mobilizar, e não apenas por controlar. Além disso, quando solicitamos que os professores do ensino fundamental e do ensino médio descrevessem incidentes memoráveis de emoções positivas com seus estudantes, todos os professores do ensino fundamental referiram-se a incidentes envolvendo alunos de suas próprias turmas; apenas os professores de ensino médio referiram-se a incidentes ocorridos fora de suas turmas, em atividades extracurriculares ou em outras situações, nas quais viam seus alunos "sob uma ótica diferente". Nesse caso, parecia que os professores de ensino médio precisavam encontrar e interagir com seus alunos fora da sala de aula para conhecê-los emocionalmente. O ambiente da escola de ensino médio não era, em si, o local para desenvolver objetivos do aprendizado compartilhados com os alunos ou para estabelecer laços emocionais íntimos com eles.

Neste estudo, os objetivos e os laços afetivos de trabalhar com os alunos foram especialmente importantes em relação às diferenças entre eles, como aquelas que envolviam necessidades relacionadas à diversidade cultural ou à educação especial. Em muitos países, as políticas educacionais da década passada trouxeram uma variedade mais ampla de alunos de educação especial às classes comuns. As orientações para os professores a respeito do cuidado com os estudantes ficavam bastante visíveis. Tal cuidado não teve a forma de compaixão ou de proteção para crianças que eram vistas, na verdade, como deficientes. Em vez disso, os professores ficavam muito felizes quando as crianças portadoras de necessidades especiais eram integradas com eficiência ao grupo. "Eu adoro o fato de eles estarem trabalhando em grupos com todos os outros neste momento", disse uma professora. Na sala de outra educadora, se uma criança portadora de necessidades especiais necessitasse de exercícios especiais de reforço para matemática, como uma forma de apoio ao aprendizado, todas as crianças recebiam esses exercícios. Os professores geralmente orgulhavam-se quando os colegas vinham a suas salas e não conseguiam distinguir as crianças que tinham dificuldades de aprendizado das outras crianças.

Em relação ao campo da diversidade cultural, um professor cuja escola ficava em uma comunidade de maioria branca, sentia que era exatamente esse tipo de estudante que necessitava ampliar seus horizontes culturais visando adquirir um senso de participação em uma comunidade mais abrangente. Porém, foram os profissionais das outras três regiões escolares, culturalmente mais diversas, que tiveram seu modo de ensino confrontado de forma mais direta pelo contexto multicultural, em constante mudança, referente às suas comunidades. Ao passo que os professores da 1ª região conseguiram ampliar a consciência dos alunos sobre a diversidade cultural através da introdução da "educação global" em seu currículo integrado, ou convidando palestrantes negros à escola, a diversidade cultural nas outras regiões já era uma característica do próprio corpo discente.

Os professores acolheram as oportunidades proporcionadas pelo trabalho em cenários culturalmente diversos. Uma professora disse, a respeito de sua escola, que "ficaria muito entediada se a instituição onde trabalha não fosse multicultural". Outros educadores utilizaram formas comoventes de envolvimento multicultural, como relacionar o Holocausto à vida de crianças cujos parentes haviam morrido em guerras na Somália, no Vietnã ou no Japão. Um deles lembrou como "as lágrimas escorriam pelo rosto do garotinho japonês quando ele contou que seu avô havia sido morto". Outro descreveu a maneira como ele havia interligado o currículo cognitiva e emocionalmente à vivência diversificada dos estudantes:

> Eu realmente aprecio a dimensão multicultural da minha atividade profissional. Por exemplo, eu tenho um aluno recém-chegado da Turquia. Ele fala muito pouco inglês. Fica conosco na aula de matemática e, em seguida, tem aula de inglês para estrangeiros. O povo da Turquia faz a operação de matemática de

divisão de forma diferente. Esse aluno não reconheceu o símbolo quando eu estava fazendo uma divisão. Isso é interessante de ser compartilhado. As crianças turcas não trabalham com a ordem das operações, e o conceito o confundiu. Outras crianças apoiaram-no dizendo: "É, os meus pais não fazem isso, eles não entendem a ordem das operações. Eles nunca viram isso". Então, é importante que a gente diga: "Só porque nós fazemos isso não quer dizer que seja o começo e o fim de tudo, ou não quer dizer que todos estão fazendo o mesmo". Isso nos permite fazer algo como celebrar nossas diferenças.

Concentrando-nos nas respostas emocionais dos professores, conseguimos repensar o que existe de importante na mudança educacional e qual deveria ser seu propósito. Nossos dados demonstram com clareza como os compromissos de sala de aula dos professores vão além de questões de aprendizado cognitivo: abrangem seus relacionamentos emocionais e as relações com os estudantes, como zelar pelos estudantes; como buscar uma firme missão social de ensiná-los de modo que eles se tornem cidadãos tolerantes e respeitáveis, e não apenas aprendizes e futuros profissionais de alto desempenho; como desenvolver suas habilidades sociais e, ao mesmo tempo, seu conhecimento acadêmico; como criar uma atmosfera receptiva, na qual os estudantes portadores de necessidades especiais ou alunos vindos de *backgrounds* diversos e de lares não-convencionais possam se sentir igualmente à vontade e aceitos.

Na cultura japonesa, os professores esforçam-se implacavelmente visando estabelecer um laço ou uma ligação emocional com cada estudante como base para o aprendizado (Shimahara e Sakai, 1995). Em cada contexto cultural, os padrões elevados de aprendizado dependem de os professores desenvolverem um bom entendimento emocional com os estudantes e de criarem condições de ensino que possibilitem tal entendimento. Isso é ainda mais importante no momento em que os alunos e o ambiente escolar são certamente diversos.

Em nosso estudo, as relações emocionais dos professores com os estudantes, e os objetivos sociais e emocionais que eles queriam alcançar ao ensiná-los, moldavam e influenciavam quase tudo o que faziam. Os professores queriam se aprimorar, com o intuito de poder ajudar seus estudantes. O entendimento emocional que eles buscavam desenvolver com seus alunos era central à maneira como eles lecionavam, como os avaliavam, aos tipos de currículo que planejavam e selecionavam e aos tipos de estrutura que adotavam como contexto visando às estratégias de ensino.

EMOÇÕES E ESTRUTURA ESCOLAR

Os relacionamentos emocionais que os professores têm com seus alunos e com o ofício de ensinar são moldados de diversas formas pela maneira como o trabalho do ensino é pensado. As estruturas freqüentemente são imaginadas e conceitualizadas de formas quase físicas, como projetos arquitetônicos.

Entretanto, com pessoas, as estruturas significam mais do que isso, já que são mecanismos para organizar e para regular a linha como as pessoas interagem entre si no tempo e no espaço. As estruturas unem ou afastam as pessoas tornando as interações humanas breves, episódicas e superficiais, ou permitindo que elas se transformem em relacionamentos mais profundos e longos. As estruturas podem moldar nossas ações e nossos relacionamentos, abrindo oportunidades e impondo limites. Elas não precisam ser feitas de pedra: também podem ser mudadas por nossas ações para se adequarem mais aos nossos propósitos.

As estruturas escolares, particularmente aquelas que afetam os professores, consistem em horários, duração de lições, escolhas curriculares, organização de disciplinas escolares, departamentos por disciplinas, atribuições relativas a cada série escolar, padrões de tomada de decisões, e assim por diante. Algumas estruturas escolares bastante familiares fazem parte da "gramática escolar" já aceita por décadas (Tyack e Tobin, 1994), mas elas também estão abertas à alteração.

A maneira como os professores sentiram-se frente a algo tão abstrato quanto as estruturas, nas quais eles trabalharam, foi influenciada pelo fato de eles perceberem se essas estruturas beneficiariam ou não seus estudantes. A maioria dos comentários dos professores sobre as estruturas e as mudanças estruturais teve origem em uma região onde haviam sido feitas tentativas sistemáticas a fim de construir a integração curricular, de estabelecer um bloco básico de tempo para estudos integrados dentro do horário e, em alguns casos, de encorajar os professores a acompanharem suas turmas de uma série para outra (uma estrutura conhecida em alguns lugares como *looping*[*]). Os professores eram muito otimistas em relação aos benefícios das novas estruturas básicas para os estudantes e para os seus relacionamentos com os estudantes. Eles não gostavam dos horários convencionais, com professores separados, disciplinas separadas e períodos de aula curtos, o que fragmentava seus relacionamentos com os alunos. "As crianças, na verdade, necessitam de uma pessoa com quem elas possam se identificar na escola", disse uma professora. Um horário dividido em blocos básicos, no qual os professores ficavam com a mesma turma de alunos por, pelo menos, a metade do dia, possibilitou tais relacionamentos e entendimentos emocionais. Ficou mais fácil para que "as crianças se vinculassem a um professor até a sua adolescência". Em uma escola, isso havia sido muito importante, porque possibilitou o cuidado com um grupo bastante difícil de alunos, os chamados "garotos infernais", os quais criavam problemas imensos aos professores com quem não tivessem esse tipo de vínculo. Acompanhar os alunos de um ano para outro significava que "se você os conhece bem, conhece o jeito

---

[*]N. de R.T. A tradução deste termo pode ser "laço", o que, por inferência, podemos pensar em um "laço" que liga as turmas que o mesmo professor coordena, permitindo-lhe conhecer melhor seus alunos.

deles, pode começar bem o trabalho. Você pode ver a mudança no crescimento". Por acompanhar os mesmos alunos ano após ano, uma professora disse: "Eu conheço minhas crianças e as chamo "meus filhos"; sei exatamente quem elas são. Eu sei o que elas fazem dentro e fora da escola. Conheço suas famílias, principalmente quando fico com elas por mais de um dia". Quando os professores vêem os estudantes crescerem e amadurecerem, "é maravilhoso participar desse processo".

Diversos professores comentaram a respeito das vantagens das estruturas de tempo mais abertas oferecidas pelos núcleos de blocos básicos. Eles se "sentiam confortáveis" com as linhas de tempo abertas, não se "sentiam limitados" por elas e "adorariam acompanhar os estudantes durante todo o dia" se pudessem. Essa forma de organizar o tempo ajudava os professores a continuar "levando" os projetos – a "ir no embalo", como eles, muitas vezes, colocavam:

> Quando é possível acompanhar as crianças pelo turno da manhã e não há linhas de tempo, você se dá conta de que está levando um projeto adiante, ou eles começam a perguntar: "Podemos ir à biblioteca procurar isso?" ou "Queremos saber mais sobre isso". Existem muitos professores que se sentem confortáveis dizendo: "Vá em frente! Talvez não tenhamos aula de matemática naquela manhã, mas teremos mais matemática no resto da semana".
>
> Eu posso ajudar qualquer criança a aprender algo se ela estiver motivada. Eu sinto que eu posso motivar uma criança através da realidade e das situações naturais, mas, para fazê-lo, eu tenho que ter períodos de tempo em blocos a fim de criar situações em que eu possa mostrar a realidade do que nós estamos fazendo, e, para mim, isso é muito bom. Eu inicio o trabalho e, se as crianças começam também, não quero ser interrompido por uma sineta me dizendo que devo parar.
>
> Nós pegamos uns meninos fumando na aula, e eu fiquei muito brava por isso. Eles também ficaram bravos. Como poderiam fazer isso! Uma garota tinha fumado tanto que estava literalmente dopada; ela não conseguia caminhar em linha reta. Eles estavam preocupados. Se fosse em uma turma única, com um horário convencional, seria: "Arrume suas coisas e rua! Os outros alunos estavam realmente preocupados; eles viam o sofrimento da garota. Foi uma boa experiência de aprendizado para os outros alunos. Ela ficou sentada, e nós conversamos a respeito do ocorrido. Foi uma experiência maravilhosa, a qual não se encontra em um livro didático e que não é regida por um relógio. Esses eventos não acontecem todos os dias, mas, quando acontecem, você realmente começa a apreciar o momento em que pode criar laços com os alunos.

As estruturas alternativas fizeram com que esses professores orientados para a mudança sentissem que poderiam cuidar de seus alunos e ensiná-los de maneira mais eficaz, mas a persistência de arranjos estruturais mais convencionais tornou isso difícil, fragmentando seus relacionamentos, enfraquecendo seu planejamento e sobrecarregando-os com outras obrigações. Por exemplo, um professor orientador que havia lecionado muitas aulas queria um horário específico para promover a capacitação de equipes com o intuito de relacionar-se mais com os estudantes. Outro professor mencionou a forma como, antes dos arranjos em blocos básicos, o horário anterior era "horrível" e "simplesmente brutal" na maneira como ele fragmentava os contatos com os estudantes em períodos de 40 minutos. Esse arranjo estrutural convencional é responsável pelos resultados de nossa pesquisa de que os professores de ensino médio, em geral, parecem incapazes de desenvolver a profundidade de entendimento emocional com os alunos, a qual seus colegas do ensino fundamental são mais capazes de alcançar (Hargreaves; Hargreaves et al., ambos em fase de elboração).

Quando os professores que participaram desse estudo estavam de acordo com as estruturas que apoiavam seus alunos, eles não o fizeram sacrificando a si mesmos. Aqueles que entrevistamos, que trabalhavam em estruturas de tempo mais flexíveis, sentiram-se extremamente confortáveis com elas; no entanto, muitos de seus colegas tiveram um sentimento oposto a esse. Quando uma escola divulgou seu novo horário com um grande espaço destinado aos blocos básicos de tempo, alguns professores ficaram "mais à vontade, separando os períodos e introduzindo as disciplinas específicas novamente". Porém, aqueles que trabalhavam em um bloco maior adaptaram melhor o tempo ao aprendizado em vez de esprem ê-lo no tempo; além disso, gostaram de ter flexibilidade para assim fazê-lo. Nesse sentido, os desejos dos professores por estruturas que dessem suporte aos alunos estavam intimamente ligados com a própria noção de quais tipos de estruturas eram mais adequadas para eles como professores. As necessidades emocionais de seus alunos mostravam-se em sintonia com suas próprias recompensas emocionais.

EMOÇÕES E PEDAGOGIA

A pedagogia, ou a instrução, como ela é, às vezes, demoninada, tornou-se um dos grandes campos de batalha retóricos da reforma educacional. Muitos estudos apresentam os professores de sala de aula como sendo predominantemente vinculados a padrões tradicionais de ensino, ou seja, dar aulas expositivas, trabalhar sentado e usar métodos de perguntas e respostas (Goodlad, 1984; Tye, 1985). Da mesma forma, em muitos países, há um ataque contra a suposta difusão e excessiva adesão ao trabalho coletivo e ao trabalho por projetos nas turmas de professores de ensino fundamental e de anos de transição à custa do ensino da turma como um todo (Nikiforuk, 1993; Woodhead, 1995). Enquanto isso, novas abordagens pedagógicas como a restauração da leitura, o aprendizado cooperativo e a matemática manipulativa surgem com freqüência, cada uma com suas firmes alegações de atingir ganhos significativos no aprendizado estudantil.

É interessante destacar que poucos de nossos entrevistados pareciam acreditar em uma determinada abordagem ao ensino como sendo a melhor. A maioria deles valorizava e dizia utilizar uma ampla variedade de estratégias de ensino. Entre elas, os professores listaram uma interessante gama de métodos utilizados em seu ensino:

- Aquisição de conceitos
- Mapeamento mental
- Reuniões individuais
- Ensino tradicional
- Aprendizado cooperativo
- Individualização
- Tarefas em "tempo real"
- Palestras feitas pelos visitantes
- Atitude de se equiparar com aulas da escola de ensino médio
- Eventos especiais, como festivais de inventores, vídeos, televisão, produções visuais em geral
- Humor
- Busca de entusiasmo dos estudantes propondo "tarefas loucas"
- Criação de experiências práticas
- Proposta de charadas e problemas
- Organização de apresentações orais dos estudantes
- Uso de situações naturais
- Uso de um "balde falante", que as crianças possam utilizar para falar a respeito de algo do seu interesse
- Portfólios
- Análise de informações extraídas do computador
- Visitas fora da escola
- Aprendizado cinestésico, como caminhar em círculos
- Ensino e assessoramento entre colegas
- *Workshops* de leitura e escrita
- Discussões em grupo
- Trabalho em duplas
- Representação de papéis
- *Brainstorming*
- Apresentações teatrais

Nem todos os professores afirmaram valer-se de todos esses métodos, mas a variedade foi ampla, e o fato de ter e de utilizar um vasto repertório de estratégias de ensino foi bastante importante para quase todos os professores nesse grupo. Eles utilizaram "muita variedade", "uma combinação de métodos" e estratégias múltiplas. Eles "gostavam de fazer atividades misturadas". "Não posso dizer que eu tenho uma estratégia única na qual me baseio", disse um professor. Outro disse que, como ideal, ele "adoraria ver todos os educadores usando uma ampla variedade de estratégias". Mesmo um professor que afirmou estar "doutrinado pelo aprendizado cooperativo" disse:

> Eu não sigo um único caminho o tempo todo. Eu ensino de forma direta em frente à turma. Eu faço trabalho em duplas com as crianças. Uso o aprendizado cooperativo. Trabalho com habilidades sociais. Eu gosto da mistura eclética, pois posso tornar a rotina de aula mais interessante e eficaz.

Ao optar pela variedade, o que importou mais foi tornar as atividades interessantes e eficazes para os estudantes. Ter um repertório amplo pode fazer com que o professor "ajude qualquer criança a aprender qualquer coisa, desde que ela esteja motivada". Um professor colocou sua opinião da seguinte forma: "Só sei que gosto de usar opções diferentes, tantas quantas eu puder em sala de aula para atingir as crianças, tantas quantas for possível, de diferentes formas, tornando tudo mais interessante". "Qualquer coisa que funcione" seria um bom *slogan* pedagógico para a maioria dos professores dessa amostra.

A maioria dos professores também incluía o ensino tradicional naquilo que considerava que funcionaria com os alunos. Poucos estavam felizes por serem simples facilitadores, meros "guias à disposição". Embora favorecessem o aprendizado cooperativo, o aprendizado prático e o aprendizado mais parecido com a vida real, esses professores também perceberam um firme espaço para o ensino tradicional, ou o "ensino velho", como um deles o chamou, em seu repertório mais amplo. Uma entrevistada disse a respeito de seu ensino:

> Há muita variedade e você veria também um ensino bastante agressivo, algumas vezes; eu gosto de ser vista, eu gosto de ser ouvida, eu gosto de me mexer. Eu gosto de ter certeza de que as pessoas ainda estão comigo. Eu gosto de ficar motivada com aquilo que estou ensinando, mesmo que seja um conteúdo simples.

Muitos educadores se apresentaram como presenças vitais em suas próprias salas de aula. Uma professora "não se envergonhava" por "adorar aparecer". Ela se orgulhava do fato. Uma professora de imersão em francês (onde o francês é a língua de toda ou da maioria da instrução), disse: "Eu acho que, no ensino da segunda língua, deve-se estar preparado para dançar, plantar bananeira e fazer de tudo em busca da participação, da resposta e de entendimento das crianças". Como exemplo, ela disse que, em uma aula, ela pulou de uma mesa para outra em uma representação de uma batalha naval histórica.

Os professores valem-se de um repertório amplo de estratégias visando a atingir seus alunos, motivá-los e ajudá-los em seu entendimento. Os métodos que eles utilizavam eram determinados de diversas formas por aquilo que eles sentiam que seus estudantes mais precisavam. Os professores falavam de

- Mudar sua forma de ensinar a fim de ela se aplicar àquilo que seus alunos desejassem.
- Utilizar estratégias de apoio que amenizassem as dificuldades de aprendizagem.
- Tentar "obter das crianças o máximo de atenção possível, descobrindo quais são seus interesses".

- Orgulhar-se quando os estudantes portadores de necessidades especiais se destacarem.
- Utilizar portfólios com a finalidade de descobrir o que as crianças consideram divertido, para que isso possa ser incorporado ao seu ensino.
- Não "agir como se eu fosse o chefe e soubesse tudo", para que a sala de aula possa "ser um local seguro, onde as pessoas possam expressar suas idéias com liberdade".
- Criar uma atmosfera em que os estudantes possam se sentir à vontade para interromper a aula e fazer perguntas.
- Brincar com os estudantes.
- Encorajar as crianças a compartilhar seus sentimentos.
- Encontrar maneiras para que os estudantes busquem apoio uns nos outros.
- Tocar uma música de fundo suave se isso ajudar as crianças a apresentar um melhor desempenho nos testes.

Além de tudo isso, alguns professores sentiram que uma das estratégias mais importantes era o humor. "Eu adoro usar o humor como ferramenta", disse uma professora, "porque ele é um grande equalizador, pois quebra a tensão e o estresse". Mais do que isso, eles estavam de acordo que era importante serem eles mesmos como professores e deixarem que suas emoções e seus sentimentos aparecessem de vez em quando. Como diz Farson (1996), é, de fato, nos momentos em que *perdemos* o controle, em vez de exercê-lo, que nossa humanidade como líderes resplandece. Um professor lembrou: "Quando eu impus superestruturas que não representavam a mim mesmo – e as crianças sabiam – não funcionou bem". Outro descreveu como ele e seu colega, às vezes, "faziam coisas tolas juntos na frente das crianças", como jogar tortas um no outro. O humor os fez humanos para si mesmos e para os seus alunos. Foi importante que seus *selves* emocionais tivessem resplandecido, que eles conseguissem abandonar, por alguns momentos, a si mesmos, ainda que seus alunos quase não acreditassem no que seus professores haviam feito. Para eles, o trabalho emocional do ensino era igual a amor, a um investimento apaixonado, a uma doação e à realização do *self*.

As estratégias de ensino que os professores utilizaram eram moldadas, em parte, por suas necessidades emocionais e pelas necessidades dos seus alunos. O prazer e a emoção estavam entre as principais necessidades. Os professores falavam sobre como eles, na verdade, adorariam ver seus alunos envolvidos e sobre a motivação proporcionada por acasiões ou apresentações especiais, como um festival de invenções, no qual os estudantes pudessem mostrar seu trabalho de forma autêntica para platéias reais formadas por pessoas de fora da escola. Uma professora descreveu sua lição em aquisição de conceitos sobre relacionamentos traçando um elo entre sua emoção e a dos estudantes:

> Eu estava tão motivada que, quando comecei, não sabia se funcionaria, e, além disso, demorou um pouco. Mas, então, foi muito eficaz. Tenho certeza de que, se eu saísse no pátio da escola agora, eles diriam o que significa *relacionamento*, porque eles desenvolveram um.

Outro professor lembrou-se de como havia feito os alunos rirem em um *workshop*, dizendo que o aprendizado cooperativo havia ultrapassado o sexo em sua lista de prioridades. Um terceiro professor falou de maneira mais geral de suas necessidades emocionais contínuas como professor:

> Como pessoa, eu tenho que mudar a mim mesmo todos os anos. Eu tenho que me motivar com o que estou fazendo e, se me vejo avançando, fico bem. Provavelmente, o que mais motiva é o fato de que estamos trazendo mais pessoas "reais" para o programa júnior* e atingindo maior proximidade com a escola de ensino médio. Acho que, se observarmos os costumes globais ou os perigos causados mundialmente pelo homem, por exemplo, essas "realidades" motivam as crianças.

Conforme acontece com muitos de seus colegas, os comentários desse professor apontaram para os aspectos positivos de seu trabalho como sendo um trabalho emocional (Hochschild, 1983), o qual freqüentemente era igual a amor, a um investimento apaixonado do *self* no ato de ensinar, que, por sua vez, era um ato de auto-realização. Ela se dedicou aos seus alunos e trabalhou arduamente para motivar-se, visando a cumprir as necessidades dos alunos enquanto afastava a ameaça presente do tédio, da rotina e da estagnação. Avançar, desenvolver-se e mudar a si mesmo como profissional, em termos pedagógicos, foi importante para muitos professores de nossa amostra (que, por definição, haviam sido identificados pelo projeto porque apresentavam um comprometimento sério e sólido com certos tipos de mudança educacional):

> Eu sou um professor muito melhor do que eu já fui. Tenho muito mais consciência das necessidades dos alunos. Eu não digo que tinha medo de lidar com crianças de educação especial ou com crianças superdotadas, mas não acho que tivesse confiança naquilo que estava fazendo e no que era melhor para elas. No entanto, agora eu sei o que funciona com elas.

Para alguns, esse senso de confiança e competência crescente foi especialmente acentuado nos primeiros anos como professor. Em geral, essa é uma época de sobrevivência em sala de aula, de estabelecer a autoridade como professor e ir além das preocupações com o *self* e com as próprias inseguran-

---

*N. de R.T. Refere-se ao *Junior High School* (entre 12 e 15 anos) correspondendo às 6ª, 7ª e 8ª séries do ensino fundamental e 1ª série do ensino médio brasileiro. Dependendo do Estado americano, podemos encontrar a nomenclatura de *Intermediate School* ou *Middle School* referindo-se a esses mesmos níveis de ensino.

ças, abordando as necessidades dos alunos por meio de um banco de conhecimentos e estratégias que é acumulado com o passar do tempo (Sikes, 1985; Huberman, 1993):

> Em meu primeiro ano, nunca olhava para as crianças. Olhando para o passado, eu penso: "Tudo bem. Era meu primeiro ano, e todos me disseram que eu faria isso". É comum ficarmos tão preocupado com nós mesmos, com o lugar onde estamos e com a dúvida acerca da qualidade de nosso trabalho e com tudo isso, que esquecemos de olhar às crianças e ver onde elas estão e quais são suas necessidades. Tenho feito isso agora, porque me sinto mais à vontade com o que estou fazendo. Estou entendendo que, quanto mais interessante tudo fica, e quanto mais o que faço aqui é diferente de outras aulas, mais interessadas as crianças ficam. Eu me sinto mais livre para experimentar algo novo e não me preocupo se passo da hora. Se eu não termino uma unidade, isso não importa.

Parte do desafio e do desenvolvimento para os professores foi abandonar velhas concepções, antigas práticas familiares e rotinas predeterminadas:

> Eu lecionei matemática nos dois primeiros anos em que estava aqui; estava em uma sala de aula onde as mesas ficavam em filas. Manter o trabalho em grupo na área central foi uma mudança grande. Eu achei que ficaria louco com o barulho durante as duas primeiras semanas, mas entendi que essa forma de organização era muito produtiva.

Integrar novas idéias e outras técnicas recentemente adquiridas dos cursos de desenvolvimento profissional foi, de igual forma, desafiador no sentido técnico e emocional:

> O que eu fiz nos últimos dois anos de ensino foi aprender tudo o que pude e repetir as técnicas o quanto fosse necessário até que me sentisse à vontade com elas. Assim, tudo o que eu aprendi no trabalho cooperativo, na primeira oportunidade, talvez eu tenha usado uma ou duas vezes, mas eu as tenho agora em meu repertório de ensino e, quando souber que vão ser úteis, posso usá-las de novo.

A maioria dos professores estava comprometida com o fato de ter ou de desenvolver um repertório abrangente de estratégias de ensino. A maneira como eles utilizaram esse repertório em qualquer momento foi moldada por seu relacionamento com os alunos, por seus sentimentos a respeito do que motivaria e envolveria os estudantes, no que tange aos aspectos emocionais, e pelos seus sentimentos a respeito do que os motivaria e envolveria como professores. Construir e manter esse nível de motivação e prazer estava no centro do trabalho emocional positivo do ensino, no centro do que fez com que os professores quisessem mudar e desenvolver aspectos pedagógicos e daquilo que fez com que eles se orgulhassem desse desenvolvimento.

EMOÇÕES E PLANEJAMENTO

Poucas outras áreas do trabalho educacional parecem tão ostensivamente não-emocional quanto o planejamento. Conforme descrevemos no Capítulo 2, o planejamento curricular para os professores não estava limitado por formatos tradicionais, preparados além da conta com alvos muito minuciosos ou traçados a partir de finalidades abstratas. Ao contrário disso, os professores partiram do conhecimento e dos sentimentos acerca de seus alunos, com um entendimento intuitivo sobre o que, com certeza, os motivaria e envolveria, e com suas paixões e seus entusiasmos sobre idéias, tópicos, materiais e métodos com os quais poderiam se imaginar trabalhando nas salas de aula. Os professores descreveram a forma como adoravam escrever currículos, tornando tudo "mais rico para as crianças", de modo "práticos" e "motivador".

As emoções significam movimento psicológico. A origem da palavra "emoção" em latim é *emovere*, que significa "mover, mexer". Quando estamos emotivos, ficamos tomados de alegria, nos apaixonamos, ou entramos em desespero. Nesse sentido, é interessante que os professores tenham descrito sua excitação por desenvolverem idéias com seus colegas em metáforas vívidas e cinéticas, as quais retratavam o planejamento como algo cheio de criatividade, movimento e intensidade emocional. O planejamento dos resultados começou com as paixões e com os sentimentos dos professores em relação aos seus alunos. As idéias para novas unidades integradas foram pensadas coletivamente pelos professores e, às vezes, pelos estudantes: estes também se tornaram parte do processo de planejamento. Tais idéias eram "carregadas" umas nas outras, "expulsas" de dentro das pessoas, ou, em geral, "sacudidas". Os professores trabalhavam em grupos para "capturar os aprendizes", para ser "trampolins" uns para os outros, para "sacudir" as idéias uns dos outros, para "correr riscos", para "enlouquecer" e envolver-se em um "vale-tudo", transformando o processo de planejamento em "uma máquina de fliperama".

O sentimento de liberdade no planejamento foi muito importante para os professores, pois resultou na oportunidade de deixar fluir as idéias e o *brainstorming* com os colegas. De fato, dois dos professores falaram especificamente sobre suas experiências de planejamento em termos de reconhecer o fluxo e de fazer as reuniões, de fato, fluírem. Csikzentmihalyi (1990) descreve o *fluxo* como um estado de concentração tão forte que significa uma absorção absoluta em uma atividade. O fluxo, diz ele, é o ingrediente necessário para uma experiência válida e para a qualidade de vida. Segundo Goleman (1995, p. 90), "o fluxo representa o essencial no aproveitamento das emoções, estando a serviço do desempenho e do aprendizado. Em tal situação, as emoções não apenas estão contidas e canalizadas, mas são positivas, energizadas e alinhadas com a tarefa em questão". "Estar preso ao tédio da depressão ou à agitação da ansiedade", continua Goleman, "significa estar barrado do fluxo". Isso é exatamente o que aconteceu quando processos e formatos de planejamento foram impostos, quando os parceiros de planejamento não foram escolhidos, quando os propósitos do planejamento não eram claros ou não eram propriedade daqueles que realizavam o planejamento e quando "os vínculos com as crianças" não eram evidentes. Os professores utilizaram metáforas muito diferentes na descrição desses tipos de planejamento: "reprimido", "tropeçando em obstáculos" ou "atolado em cimento". O planejamento racional tem sofrido críticas nos últimos anos devido ao seu fracasso em lidar com a complexidade, com a não-linearidade e com as mudanças constantes dos ambientes de hoje em dia (Mintzberg, 1994). Nossos dados sugerem que os modelos de planejamento racional sejam também falhos porque não levam em conta as emoções.

Abordagens mais livres e fluentes de planejamento, com nossos professores de vanguarda, não excluíram a atenção aos objetivos e aos resultados. Porém, apenas em momentos posteriores, conforme o curso de estudo começou a tomar forma, é que muitos professores retornaram à lista de resultados prescritos, como uma *checklist*, para ver se haviam esquecido alguma coisa e para garantir que seu currículo estivesse em equilíbrio. De um modo geral, enquanto os resultados ainda estavam incluídos nesses caminhos mais flexíveis e abertos de planejamento, a forma emocional com que nossos professores o elaboravam na prática estava nitidamente em oposição ao processo mais puramente racional de mapeamento reverso implícito na educação baseada em resultados (e também motivada pelos padrões). Para eles, o planejamento curricular envolveu suas emoções. E fluiu. Ele prestava atenção nos objetivos e nas finalidades gerais, mas não era dominado por ambos. Esse planejamento começou com as conexões emocionais dos professores com os alunos e foi mantido pelo envolvimento e pela motivação emocionais dos professores acerca dos aspectos criativos e interativos do próprio processo. As necessidades afetivas dos alunos e os envolvimentos emocionais dos professores em um processo flexível e criativo de ensino estavam reciprocamente em sintonia.

IMPLICAÇÕES

Ensinar e aperfeiçoar o ensino não pode se reduzir à competência técnica ou aos padrões clínicos. Outros aspectos entram em jogo além dos professores se tornarem profissionais reflexivos e criteriosos. O ensino e seu aperfeiçoamento também envolvem um significativo trabalho emocional. Estabelecer um entendimento de emoções com os estudantes foi o ponto central na meta de atingir padrões elevados no ofício dos professores. Conectar o ensino e o aprendizado com sua missão social de educar também conferiu uma profundidade crítica ao trabalho. Os professores em nosso estudo valorizavam os laços emocionais que estabeleceram com seus alunos e valorizavam educá-los como seres, além de intelectuais, emocionais e sociais. Os compromissos emocionais e os vínculos dos professores com os alunos energizaram e articularam tudo o que eles faziam: a maneira como ensinavam, o que ensinavam, como planejavam e os moldes em que preferiam ensinar. Uma maneira importante, através da qual os professores interpretaram as mudanças educacionais que lhes eram impostas, assim como as que eles próprios desenvolveram, refere-se ao impacto sobre os objetivos e os relacionamentos emocionais dos professores. Este é o momento das estratégias de mudança educacional, dos esforços de reforma e das definições de padrões chegarem a um acordo com essas dimensões emocionais do ensino e do aprendizado. Sem atenção às emoções, as tentativas de reforma educacional podem ignorar e até mesmo prejudicar alguns dos aspectos mais fundamentais daquilo que os professores fazem.

O que significa a nossa análise para a política e a prática? De acordo com nosso ponto de vista, ela sugere o seguinte:

- Os padrões e os resultados devem incluir objetivos sociais e emocionais para o aprendizado estudantil, além dos objetivos estritamente cognitivos.
- Os padrões e os resultados não devem ser muito numerosos e detalhados, a ponto de tomarem o tempo e o arbítrio necessários para que os professores desenvolvam um entendimento emocional com seus alunos.
- As estruturas escolares devem ser reprojetadas, a fim de que os professores possam desenvolver relacionamentos longos com seus alunos, os quais são a base de um entendimento emocional eficaz. Blocos básicos de tempo para o currículo, períodos mais longos, papéis menos especializados para os professores e oportunidades para *looping* ou para acompanhar os estudantes de uma série para outra são componentes essenciais de um projeto estrutural que sustente o entendimento emocional.

Além disso, é importante que o ato de ensinar seja construído e sustentado de tal forma que faça com que a parte intelectual e emocional do trabalho seja divertida, ao contrário de ser cansativa e exaustiva. Garantir que os formatos de planejamento curricular sejam flexíveis e envolventes; encorajar a amplitude e o crescimento pedagógicos, ao contrário de promover a submissão a abordagens únicas e dogmáticas; ter a oportunidade e a motivação para trabalhar de diferentes formas com os colegas: tudo isso proporciona o apoio essencial para esse trabalho intelectual e emocional necessário. Esses tipos de apoio são o foco do próximo capítulo.

7
Apoio e Sustentação da Mudança

Localizar e internalizar novas idéias e novas práticas educacionais não é algo que ocorra no vazio. Os professores são os criadores da sua atividade profisisonal, mas também são criações de seu local de trabalho. A maneira como o ambiente profissional do ensino é organizado afeta de maneira significativa o modo como o trabalho intelectual e emocional do ensino são concretizados. Isso coloca uma grande responsabilidade nos ombros de legisladores, de administradores do sistema e de líderes escolares, já que devem criar e manter as condições necessárias para que os professores exerçam suas funções da melhor maneira possível. As pessoas nesses papéis de liderança e apoio têm três atribuições fundamentais:

- *Apoiar* os professores e, quando necessário, levá-los a implementar mudanças apropriadas e relevantes.
- Garantir que as mudanças que os professores realizam sejam *mantidas* com o tempo.
- Garantir que as mudanças sejam de caráter *generalizante,* ou seja, elas devem ir além de alguns professores entusiásticos ou de escolas-piloto amparadas de maneira especial (como as consideradas neste estudo), para afetar sistemas inteiros.

Embora a questão da capacidade de generalização seja excepcionalmente importante na mudança educacional (Hargreaves e Fink, 2000; Fullan, 2000), em sua maior parte, ela não pode ser abordada pelo banco de dados produzido por nosso estudo. Este capítulo, portanto, concentra-se nas questões de manutenção e de sustentabilidade da mudança educacional.

Institucionalizar a mudança, mantê-la e generalizá-la são algumas das atribuições fundamentais da reforma educacional em grande escala e da liderança na e além da escola. Tais atribuições são relativas a encarregar-se de prover a infra-estrutura necessária para a mudança, incluindo recursos curriculares, coalizões e associações de órgãos e políticas, processos de desenvolvimento e formação profissional e procedimentos para monitoramento e acompanhamento.

Que tipos de apoios parecem importantes visando auxiliar os professores em nosso estudo com o trabalho intelectual e emocionalmente difícil da mudança educacional? Quais obstáculos parecem impedi-los? O que podemos aprender com os efeitos desses obstáculos e com as formas de apoio dadas aos professores mais antigos, trabalhando em projetos-piloto, de maneira imediata, para a sustentabilidade da mudança educacional efetiva a longo prazo?

APOIO

A primeira tarefa é a de apoiar os professores no processo de mudança – ajudando-os a desenvolver e a implementar transformações importantes em seu trabalho. Isso não significa apenas uma questão de garantia para que os professores implementem inovações ou reformas específicas com fidelidade, mas de eles serem capazes de responder a inovações múltiplas, de lidar com mudanças constantes e de estar sempre abertos e interessados em explorar formas de qualificar seu ensino de forma contínua. Com a finalidadde de motivar os professores a implementarem determinadas reformas, os governos, muitas vezes, utilizam-se de estratégias de submissão e controle, como a legislação, a inspeção e a vinculação da liberação de verbas ao desempenho. Ainda que as estratégias de controle, às vezes, funcionem com a imposição de mudanças a curto prazo, sua eficácia a longo prazo, em locais como o Kentucky e a imposição da Kentucky Education Reform Act,* foi bastante questionada (Whitford, 2000). Somado a isso, conforme acumulam-se imposições sobre imposições, como tem ocorrido em mais de uma década de reforma na Inglaterra e no País de Gales, os professores parecem perder o interesse e desviar seus investimentos da mudança e até dos seus compromissos fundamentais com o seu ofício, pois os limites de seu arbítrio profissional são significativamente reduzidos (Woods, Jeffrey, Troman e Boyle, 1997).

A abertura e a habilidade de ter uma atuação profissional eficaz com a mudança contínua, em oposição às reformas específicas, não dependem de estratégias de controle, mas do que os teóricos chamam estratégias de formação de capacidades. Se a capacidade de um sistema é insuficiente, ela pode ser ampliada, desenvolvendo-se o conhecimento, as habilidades, as disposições e as visões do *self* dos professores (O'Day, Goertz e Floden, 1995). A capacidade também pode ser influenciada pela criação de comunidades profissionais na organização (Fullan, 2000; Stoll, 1999). Mesmo que a mudança educacional possa ser iniciada e imposta por éditos decretados, apenas a

---

*N. de R.T. Ato de Reforma Educacional de Kentucky.

capacidade humana mais profunda dos indivíduos e das escolas pode sustentar as reformas com o passar do tempo.

SUSTENTABILIDADE

Grande parte da história da reforma educacional envolve a promessa de experiências nessa área que se desvanecem e desaparecem após os primeiros anos da inovação (Tyack e Tobin, 1994; Smith, Dwyer, Prunty e Kleine, 1987). Desse modo, as estratégias educacionais bem-sucedidas são aquelas que fazem mais do que promover e implementar mudanças em locais específicos; elas devem, sobretudo, prever e superar obstáculos à manutenção dessas transformações através do tempo. Esse é o problema da sustentabilidade da mudança.

Estudos longitudinais de escolas inovadoras, escolas-modelo, projetos-piloto especiais e iniciativas de mudanças no âmbito de toda a escola revelam repetidas vezes que, com o passar do tempo, seu sucesso é corrigido ou sabotado por um conjunto de fatores previsíveis (Smith, Dwyer, Prunty e Kline, 1987; Fink, 2000; Huberman e Lies, 1984; Siskin, 1995; Hargreaves e Fink, 2000), incluindo:

- Falta de continuidade ou inconsistência da liderança escolar. Quando líderes e administradores com carisma são deslocados entre escolas, torna-se difícil segui-los.
- Problemas de recrutamento e retenção da equipe. Aqueles que ficam entusiasmados (muitas vezes, escolhidos a rigor) perdem sua energia ou são promovidos, sendo difícil de substituí-los por professores com uma visão semelhante ou com os mesmos níveis de comprometimento.
- Os governos e administradores mudam, assim como suas ênfases políticas, em geral indo contra as mudanças com as quais os professores haviam se comprometido originalmente.

A perda da promessa inicial, o desaparecimento gradual do entusiasmo, e a fadiga da iniciativa local e da capacidade de mudança, causados pelas pressões e pelas exigências mutáveis de políticas do governo e das secretarias de educação, pairam como sombras sobre todas as tentativas de mudança educacional promissoras, inclusive as descritas neste livro. Os tipos de apoio que talvez sustentem a mudança educacional através do tempo incluem o desenvolvimento e a disseminação da capacidade de liderança, ao contrário do ato de tornar a mudança dependente de um pequeno número de líderes excepcionais em um sistema; a realização de um desenvolvimento profissional disseminado (no trabalho), ao contrário do ato de investir todas as esperanças em grupos especiais de entusiastas da mudança; a manutenção da consistência política ou, pelo menos, de uma estrutura política que deixe as escolas e os professores em condições favoráveis para estabelecer sua própria consistência com o tempo. Todas essas ameaças à sustentabilidade, como veremos, já estavam presentes nos estágios iniciais e mais otimistas da inovação que observamos neste estudo.

Os professores da nossa pesquisa identificaram cinco áreas principais que influenciaram significativamente suas tentativas de incorporar importantes mudanças de política em suas rotinas diárias e que foram importantes para o apoio e para a manutenção dessas mudanças em seus ambientes profisssionais:

- Estruturas escolares
- Cultura do professor
- Aprendizado profissional
- Arbítrio profissional
- Liderança escolar

ESTRUTURAS ESCOLARES

Mudanças profundas como as abordadas pelos professores deste estudo, muitas vezes, são contrárias às estruturas escolares e ao ambiente escolar existentes. Essas estruturas, em geral, se tornam tão institucionalizadas ou entrincheiradas com o passar dos anos ou das décadas que elas definem a própria essência desse processo para professores e alunos. Elas são aceitas como uma parte da cultura da escola, da forma como as pessoas realizam suas atividades rotineiramente (Deal e Kennedy, 1982). Entre professores, pais, legisladores e o público em geral, estruturas como períodos de aula de uma determinada duração, um currículo baseado em disciplinas ou em sistemas alfanuméricos de avaliação do trabalho dos estudantes são freqüentemente considerados mais do que apenas uma versão do processo escolar, mas um sinônimo da própria escola (Metz, 1991). Os pais, muitas vezes, reforçam essa visão e, de fato, podem pressionar para que ela seja reinstaurada se a escola de seus filhos começar a divergir muito daquilo que lhes é familiar (Fink, 2000; Hargreaves, 2000).

Quando as estruturas educacionais tornam-se muito arraigadas na mente profissional e pública, elas podem impedir com firmeza as tentativas de definir e atingir novos propósitos ou de resolver novos problemas. Os próprios educadores tentam adequar projetos e iniciativas novas em estruturas velhas e insensíveis, em oposição a transformar as estruturas para que elas acomodem e sustentem novos propósitos e novas práticas. Os professores em nosso estudo não foram diferentes nesse sentido quando suas práticas inovadoras desafiaram as estruturas de tempo e espaço existentes.

Tradicionalmente, os primeiros anos da escola de ensino médio são organizados em blocos de 40 minutos para o ensino das disciplinas. Essa estrutura de tempo cria um ritmo familiar para o dia escolar e para a maneira como os professores organizam o conteúdo e regulam o ritmo de seu ensino. Não é de surpreender, para muitos professores, em especial colegas que não estão envolvidos com as primeiras fases da inovação, que esse horário não seja adulterado.

Inúmeros professores tentaram envolver-se em um planejamento comum, no ensino em equipe e no desenvolvimento e ensino de unidades integradas conjuntas. Ainda assim, essas iniciativas não podem ser implementadas de maneira eficaz sem abordar e alterar os blocos tradicionais de 40 minutos designados para o ensino de disciplinas básicas e opcionais. "O horário, com certeza, é o que conduz as ações por aqui", reclamou uma professora. Outra queria se envolver no ensino em equipe, mas foi "difícil" organizá-lo. "Estou sozinha", disse ela, "e a culpa é do horário". Uma terceira professora sentiu que "certamente estamos fazendo progressos, na medida do possível", mas temos problemas "em relação à estrutura do horário, na qual estamos totalmente presas a períodos de 40 minutos".

Os horários tradicionais, com cada professor lecionando sua própria especialidade, impediram a flexibilidade de que as escolas necessitavam para garantir culturas de trabalho coletivo entre estudantes e professores – culturas que os professores sentiram ser vitais para o desenvolvimento e o ensino eficazes do currículo:

> A estrutura escolar, o sistema de cada professor lecionando sua especialidade, deve ser mais flexível. Se está sendo feita uma unidade conjunta, precisa-se de um bloco de tempo, e, da maneira como nossos programas são projetados até então, quando se passam 75 minutos, devemos sair, pois todos os colegas estão saindo.

Padrões de aprendizado exclusiva e excessivamente baseados em disciplinas, deploravelmente, reforçam estruturas de horários e prioridades que impedem os esforços dos professores em alcançar os tipos de integração e inovação que beneficiariam seus estudantes.

Alguns autores afirmam que, por mais importante que seja a estrutura, mudá-la não precisa ser sempre a primeira prioridade da escola quando ela busca aperfeiçoamento ou reforma. De fato, a prática de sala de aula pode precisar ser alterada até um ponto em que os professores sintam a necessidade de mudanças estruturais que sustentem as práticas emergentes que eles estão começando a valorizar. De maneira semelhante, os relacionamentos entre os membros da equipe podem precisar ser desenvolvidos até um ponto em que se sintam capazes de juntos buscarem a mudança estrutural, sem magoar seus colegas, ou sem ameaçar o senso de segurança que o horário existente lhes transmite. A mudança estrutural, em outras palavras, na maior parte das vezes, necessita ser precedida pela mudança cultural – em que a reestruturação não é imposta aos os professores, mas perseguida por eles, à medida que os relacionamentos se tornam mais colaborativos (Newman e Wehlage, 1996; Fullan, 1993).

Em certas escolas, os educadores foram encorajados a se envolver na reestruturação do horário. Outras escolas fizeram experiências com horários em blocos ou com horários flexíveis, ou seja, os professores não precisavam fechar seus livros didáticos e começar outra disciplina a cada 40 minutos. Como vimos no capítulo anterior, esses períodos de tempo mais flexíveis deram aos profissionais maior leque de opções curriculares, a fim de que pudessem acompanhar o momento de aprendizado na sala de aula. Uma escola alterou o horário para que os professores trabalhassem em pares para planejar e compartilhar idéias e experiências a respeito do aprendizado cooperativo. Uma professora lembrou que "as mudanças no horário nos deram muita flexibilidade. Podemos fazer experiências com as crianças para responder às suas necessidades". Outra "começou a brincar" com o horário e pensou: "Bem, quem se importa com o horário? Vamos tentar mais um pouco disso".

Outro importante fator estrutural para os professores que vão em busca de mudanças é o espaço. Winston Churchill uma vez disse: "Moldamos nossos prédios, e depois nossos prédios nos moldam". Vários estudos (Davis, 1992; Manning, Freeman e Earl, 1991) identificaram a maneira como a arquitetura influencia a cultura da escola em termos de normas, crenças e padrões de relacionamento. O espaço projetado (e herdado) une ou afasta as pessoas. O espaço estabelece o que é central e o que é periférico. Ele compreende uma geografia social da escola (Hargreaves, 1995) que reflete e reforça os princípios de organização, prioridades educacionais e distinções de poder. Ele delineia os contornos do processo escolar que podem apoiar ou impedir os educadores em seus esforços visando buscar novos propósitos e prioridades.

Entre as escolas de nosso estudo, algumas tinham prédios de dois andares. Em uma delas, dois professores que estavam em busca do trabalho coletivo estavam separados por dois andares. A distância física entre eles, juntamente com horários incompatíveis, deixou-os isolados e incapazes de dialogar e de os dois elaborarem planos de trabalho. Embora os professores tenham conseguido se encontrar com colegas fora dos limites da escola, seu isolamento físico e profissional devido a fatores de espaço e tempo permaneceu sendo uma fonte de dificuldade da própria instituição.

Ainda que salas de aula adjacentes não garantam a existência de culturas de trabalho colaborativo entre os professores em questão, arranjos espaciais adequados criam oportunidades para o planejamento e para a implementação conjuntos. Em uma escola, dois professores tiraram vantagem de sua proximidade unindo suas turmas das 7ª e 8ª séries para seis unidades integradas e realizando avaliações conjuntas. Ambos elaboravam o planejamento, compartilhavam idéias com regularidade e dividiam o laboratório de computação, um sendo mentor do outro, que se sentia menos confortável com computadores.

Entretanto, à medida que esses dois professores estabeleciam relacionamentos mais íntimos entre si, eles se sentiam mais isolados do resto de seus colegas. Quanto mais próximos eles se tornavam, mais afastados de seus colegas eles ficavam. Um deles comentou: "As pessoas já começaram a falar. Nós estamos juntos demais". Em parte, a localização da sala dos professores no andar de baixo reforçava esse isolamento. Por outro lado, a geografia social da escola não é inalterável; quando eles notaram seu crescente isolamento, ambos "fizeram questão de ir mais à sala dos professores".

Como as mudanças estruturais afetam escolas inteiras, elas exigem ação e apoio coletivos. Se as pessoas estão comprometidas com os mesmos propósitos, a mudança estrutural é menos difícil. Porém, ela é excepcionalmente difícil quando a equipe tem compromissos e crenças diversas. Os professores que participaram de nosso estudo, muitas vezes, tinham que implementar mudanças sozinhos, porque muitos de seus colegas não necessariamente apoiavam a filosofia da reforma curricular. A "gramática da escola", a qual foi estabelecida no final do século XIX e começo do século XX, define a essência da escola contemporânea. Suas estruturas incluem turmas divididas por idade, com um único professor, segmentadas em salas de aula, organizadas em disciplinas e compartimentalizadas em diferentes lições de períodos de tempo relativamente curtos, no qual a avaliação é realizada individualmente com lápis e papel (Tyack e Tobin, 1994; Hamilton, 1989; Goodson, 1988). Algumas dessas estruturas tornaram-se tão interligadas com a identidade profissional e com o senso de segurança dos professores, que passaram a ser consideradas sagradas e intocáveis no que tange a qualquer possibilidade de mudança (Sarason, 1971).

Os estudantes e os professores em muitas escolas tornaram-se cativos do espaço e prisioneiros do tempo (National Comission on Time and Learning, 1994; Adelman e Walking-Eagle, 1997; Hargreaves, 1997a), presos a estruturas existentes de organização e horário baseadas na sala de aula que não são adequadas às reformas como aquelas com as quais os professores do estudo estavam comprometidos. Essas mesmas estruturas também são fontes de segurança para muitos professores, são reconhecíveis para os estudantes e conferem credibilidade às escolas (e aos seus professores) na visão dos pais. Mudá-las não é tarefa fácil. Esse foi um dos principais problemas que os professores enfrentaram: ter de e, de fato, querer implementar um conjunto de mudanças impostas nas estruturas escolares que não as acomodariam com facilidade.

Ao embarcar em reformas intercurriculares desafiadoras, as quais afetam o ensino e o aprendizado, é importante entender como as estruturas existentes de tempo, espaço, organização curricular e tomada de decisões apóiam ou impedem os novos propósitos que os professores tentam buscar. Pode também ser necessário mudar essas estruturas em algum ponto. Elas não devem ser tratadas como algo sagrado, mas as mudanças estruturais repentinas e disseminadas podem desestabilizar as rotinas e a identidade dos professores que cresceram acostumados com elas, até o ponto em que a inovação curricular e o aprendizado de sala de aula sofram, quando deveriam prosperar. Vimos que, quando alguns professores se afastaram do ensino de disciplinas especializadas de forma muito repentina ou ostensiva, eles se sentiram mais fracos em seu domínio do conteúdo e em sua capacidade de cumprir as necessidades dos alunos. A mudança estrutural, portanto, deve ser, com freqüência, precedida ou acompanhada de mudanças nas práticas e nos relacionamentos dos professores em suas escolas.

A CULTURA DO PROFESSOR

As culturas colaborativas (Hargreaves, 1994; Nias, Southworth e Yeomans, 1989; Fullan e Hargreaves, 1996) ou as comunidades profissionais (McLaughlin e Talbert, 1993) de ensino estão profundamente relacionadas com um aprendizado eficaz de sala de aula (Newman e Wehlage, 1995; Rosenholtz, 1989), com uma maior confiança profissional, com os sentimentos de auto-eficácia entre os professores (Helsby, 1999; Ashton e Webb, 1986) e com a capacidade dos professores de iniciarem a mudança e responderem a ela (Fullan, 1999).

Contra as forças demonstráveis das culturas profissionais de colaboração, existe uma tradição profunda e documentada de isolamento do professor (Lortie, 1975; Fullan, 1991; Rudduck, 1991; Little, 1990), o qual pode proporcionar aos professores uma certa proteção para exercitar sua avaliação arbitrária em nome dos interesses das crianças que conhecem melhor, mas também os afasta de um *feedback* claro e significativo a respeito do quão eficazes eles são.

Já descrevemos as causas e as conseqüências do isolamento do professor em maiores detalhes (Fullan e Hargreaves, 1996; Hargreaves, 1994), o qual é, em parte, um legado estrutural da histórica gramática da escola, com seu sistema de professor e turma únicos e que manteve os professores fechados em sua sala e afastados uns dos outros. As limitações contemporâneas do tempo de ensino e a aparentemente interminável intensificação do trabalho dos professores contribui com a manutenção do confinamento dos professores em suas salas de aula (McTaggart, 1989). Os hábitos que partem da história e que são freqüentemente perpetuados pela política incutiram o isolamento e o individualismo na imaginação de muitos professores. O isolamento protege os professores das críticas, protege-os de comparações hostis com seus colegas, parece elevá-los além de quaisquer possibilidades de ajuda e das implicações de fraqueza e incompetência que vêm com ela, e ressalta os direitos dos professores à independência profissional – de seguir sua própria consciência e de ensinar como desejarem.

Como os professores de nosso estudo trabalharam com mudanças no currículo e nas formas de avaliação, eles compreenderam que as reformas deveriam ser implementadas junto às comunidades de professores que trabalhassem e planejassem juntos. Ainda assim, muitas escolas não têm à disposição o tipo de comunidade de aprendizado que torna isso possível. Quando perguntamos aos professores sobre os tipos de obstáculos que encontraram em suas tentativas de mudança, o que eles mais mencionaram foi o fato de terem de implementar as mudanças sozinhos. Eles, muitas vezes, sentiram-se inseguros em relação à maneira como estava sendo implementado o novo material. O trabalho intelectual de pensar o próprio caminho através de novos programas e de novas práticas nunca é tão difícil como quando ele é realizado sozinho, como afirma esse professor:

> Eu estou quase sozinho com a filosofia, e você necessita do sistema de apoio da equipe ao seu redor. O que eu tenho feito todos esses anos é tentar levar adiante as mudanças sozinho. Não vejo muita colaboração porque os professores estão sempre muito ocupados e eu acho que eles têm medo do que é novo. Não consigo pensar que existem professores que dizem: "Não entre na minha porta, não invada meu espaço". Eu me sinto como se só eu tivesse problemas com a reforma curricular, e isso acontece porque eu olho para esse documento, em casa ou na escola, e estou sozinho.

As culturas de trabalho colaborativo ou as comunidades profissionais têm muitos componentes. Quando os professores as experimentam, eles valorizam as oportunidades e o encorajamento que elas proporcionam para implementar inúmeras iniciativas. As culturas de trabalho colaborativo motivaram os professores a entenderem juntos as iniciativas de reforma que deveriam pôr em prática. Elas também ajudaram a estimular a criatividade do professor (Woods, 1993), proporcionaram confiança para que eles experimentassem novas idéias (Helsby, 1999) e ofereceram uma rede de apoio em que os educadores estariam mais preparados para perseverar quando se deparassem com retrocessos (Nias, 1989). O ato de trabalhar em conjunto pode proporcionar aos professores um "apoio emocional, para que o profissional não se sinta só, mas se sinta muito mais confiante. Ele pode rir quando erra e culpar o outro".

Esse tipo de apoio talvez dê estímulos aos professores a correr riscos quando souberem que os fracassos serão tratados como oportunidades de aprendizado, e não como ocasiões para se culparem (Rosenholtz, 1989):

> Eu sempre ficava nervoso e preocupado com o que as outras pessoas pensavam. Sempre relutava em tentar caminhos novos. Eu corro riscos agora, e, se algo não funciona, é isso: não funciona. Aceitar isso, agora, é mais fácil, mas não conseguiria há 10 anos. A segurança vem do fato de ter alguém com quem conversar, que me dê um *feedback* e diga: "Tudo bem, nem sempre dá certo".

Quando os professores da (e além da) nossa amostra imediata correram o risco de desenvolver relacionamentos colaborativos de forma conjunta, a exuberância e a emoção ficaram evidentes. A energia levou ao trabalho, através do qual o otimismo coletivo inspirou e energizou os professores a seguirem em frente (Goleman, 1998):

> Eu gosto de ter um sistema de apoio ao meu redor, com professores que tenham experiência e técnica em ponderar e propor estratégias diferentes. Eu acho que isso colabora com a construção da confiança e proporciona idéias para serem experimentadas. Podemos considerar as pessoas como indivíduos, e eu acho que é ótimo estar presente para escutar os outros falarem. Se eu tivesse ficado sozinho em minha sala de aula, sem um parceiro desses, eu acho que não teria dito nada do que disse hoje ou não teria estado tão interessado quanto eu estive hoje. É muito divertido trabalhar com alguém rumo ao mesmo objetivo, trocar idéias com e ser sempre encorajado por outra pessoa.

Em certas escolas, as culturas de colaboração permearam toda a instituição; em outras, elas ficaram confinadas, de maneira mais problemática, a pequenos grupos de inovação. No último caso, os professores estavam conscientes de que muitos de seus colegas não compartilhavam de seus interesses no novo currículo. Aqui, tanto os professores como os administradores se preocupavam em tornar-se um grupo exclusivo, alienando o resto da equipe por fazer muitas mudanças, rápidas demais, ou por forçar os colegas a aceitá-las. Como disse uma professora: "Eu acho que estávamos tão à frente do resto da escola que ficamos isoladas. Estávamos nos separando". Ela, então, descreveu a maneira como ela e seus colegas inovadores "fizeram uma tentativa verdadeira de retroceder um pouco". Outros professores evitaram o conflito e a competição profissional, utilizando métodos mais informais para discutir idéias e proporcionar sugestões valiosas para os colegas. Isso freqüentemente abriu uma porta de confiança, a qual levou a formas mais consistentes de planejamento e ensino conjuntos.

Entre os pesquisadores que estudam a colaboração entre professores, existe um debate considerável a respeito do quão intensos ou formais os arranjos colaborativos deveriam ser. Little (1990), por exemplo, afirma que o planejamento compartilhado e o trabalho conjunto representam formas mais concisas de colaboração do que, digamos, trocar materiais e dividir idéias mutuamente. Fielding (1999) argumenta a favor do valor de um colegiado mais formal e centrado no discurso do que relacionamentos colaborativos informais como forma de estabelecer normas de trabalho que abranjam, em vez de evitar, a diversidade como valor profissional. Lima (2000) defende que a amizade íntima pode ter menos valor do que a identificação mais distanciada entre os colegas a fim de que os professores consigam discutir e resolver, em conjunto, questões difíceis a respeito das quais eles possam diferir em termos profissionais.

Da mesma forma, outros argumentam que a discordância e o debate produtivo que levam a uma mudança benéfica (em oposição à argumentação por si só) são mais prováveis de se desenvolverem em uma base de confiança informal e de entendimento emocional, e não só de base intelectual (Hargreaves, 1994; Nias, Southworth e Yeomans, 1989). De fato, como algumas feministas afirmam, esses aspectos informais da colaboração podem ser muito importantes em culturas profissionais que envolvam muitas mulheres

(Acker, 1999). Embora não desejássemos propor uma generalização excessiva com base naquilo que observamos, nossos próprios dados indicam que a colaboração precedeu o colegiado entre os professores que estudamos.

A colaboração e o isolamento profissional são questões importantes não apenas para professores de uma mesma escola, mas também para colegas em escolas diferentes. Muitos educadores em nosso estudo estavam isolados de seus colegas do nível médio, os quais seriam responsáveis por seus alunos nos anos seguintes. Em *Schooling for change* (Hargreaves, Earl e Ryan, 1996), afirmamos que elos mais fortes, uma colaboração mais íntima e maior continuidade deveriam ser estabelecidas entre profissionais das escolas de ensino fundamental e médio visando a proporcionar maior apoio e um programa educacional mais coerente em relação aos jovens. A importância dessas trocas foi reforçada pelos professores do projeto:

> Eu acho que nós necessitamos de maior interação com a escola de ensino médio, e, quando digo *nós*, eu quero dizer professores, estudantes e pais. Traga as crianças; traga-as para a sala de aula e comece a observá-las logo, e não ao final do ano.

Alguns professores tentaram formar alianças com seus parceiros de ensino médio, participando de projetos nas divisões de disciplinas semelhantes, ou apenas levando seus alunos para visitar suas futuras escolas de ensino médio. Ainda que os professores estivessem ansiosos para compartilhar informações e para visitar seus colegas, passando, nesse momento, os portfólios das crianças para eles, essas boas intenções foram, em geral, frustradas porque os professores de nível médio pareciam menos dispostos a fazer, na prática, esse tipo de mudanças. No Capítulo 3, vimos que esses professores menosprezavam os portfólios de trabalhos que seus novos estudantes haviam compilado com todo o cuidado na 8ª série. De uma forma mais geral, outro professor refletiu:

> Eu acho que, na verdade, o que me deixava bravo era ter ido a todas as sessões de desenvolvimento da equipe – história, currículo, geografia. A escola de ensino médio, por alguma razão, simplesmente não participou.

Culturas colaborativas consistentes e relacionamentos amigáveis nas e entre as escolas proporcionam os tipos essenciais de apoio buscando implementar mudanças eficazes e duradouras como as que abordamos neste livro. Essas culturas sustentam o trabalho intelectual e emocional da mudança educacional e, garantindo que as mudanças não desapareçam com um ou dois indivíduos que as implementaram, fazem com que tais transformações sejam mantidas com o passar do tempo. As culturas escolares colaborativas propiciam um contexto e, elas próprias, representam formas muito eficazes de desenvolvimento profissional dos professores – e sua criação e perpetuação depende muito de uma liderança escolar de alta qualidade. Retornaremos em seguida a essas questões.

APRENDIZADO PROFISSIONAL

Mudanças complexas não podem ser alcançadas sem um aprendizado considerável. Por essa razão, a inovação e a reforma educacional, muitas vezes, abrangem uma cláusula para o desenvolvimento e treinamento profissional: apoio ao processo de implementação. De modo lamentável, as formas mais típicas e comuns de desenvolvimento profissional são escolhidas sobretudo por serem administrativamente familiares, simples de organizar e fáceis de serem aplicadas e defendidas em termos políticos, e não por serem as mais eficazes do ponto de vista pedagógico (Little, 1993). *Workshops* individuais ou em séries curtas, conduzidos por especialistas de fora da escola, são a base do desenvolvimento profissional no contexto da mudança (Guskey, 1986). Ainda assim, esses padrões de desenvolvimento profissional deixam poucas oportunidades ou pouco encorajamento para que os professores experimentem as novas estratégias que estão sendo defendidas em suas salas de aula, coloquem-nas em questionamento com os colegas, busquem algum *feedback* em relação ao quão eficazes eles são em implementá-las, ou encontrarem apoio moral quando a experiência da implementação ameaça derrotá-los (Wideen, Mayer-Smith e Moon, 1996). Aproximar-se de padrões de desenvolvimento profissional com mais afinidade com a escola não garante uma reversão dessas tendências. De fato, mesmo quando as instituições determinam o desenvolvimento de pessoal como uma prioridade local, elas ainda dão muita importância à prestação de serviços de especialistas externos e de formas de treinamento "prontas" (Little, 1993).

Algumas das formas mais eficazes de desenvolvimento profissional e aprendizado parecem ser aquelas que são parte do próprio trabalho e que estão arraigadas na cultura do ensino, de modo que aprender e ensinar não sejam separados no espaço e no tempo da própria prática educacional (Day, 1998). O aprendizado profissional, partindo do próprio trabalho, dá aos professores um acesso rotineiro às idéias e ao apoio emocional dos colegas (Fullan e Hargreaves, 1996), proporciona oportunidades para que os educadores observem a forma como outros professores ensinam e recebam *feedback* a respeito de sua própria forma de atuação (Joyce e Showers, 1988) e torna o aprendizado uma parte integral do trabalho de ensinar – na forma como os professores planejam seu currículo ou atuam como guias ou mentores de seus colegas, por exemplo – e não como algo separado do ensino, adicionado ao final do dia de trabalho ou do ano escolar (Day, 1998). O aprendizado profissional no trabalho é mais complexo de administrar no sentido organizacional e mais difícil de justificar no sentido político, pois parece tomar o tempo de aula dos professores. Ainda assim, nossas evidências indicam seu imenso valor em fazer com que processos complexos de mudanças sejam bem-sucedidos.

O tempo é um dos recursos mais raros e mais valiosos no que se refere à inovação educacional: tempo de planejamento, tempo de reflexão acerca de novos temas, tempo de busca de recursos, tempo de compreensão de resultados, tempo de elaboração escrita de novas unidades, tempo de experiência de novas avaliações: tempo de fazer tudo isso em companhia dos colegas (Goodlad, 1984). Os professores tiveram muita dificuldade de marcar encontros com seus colegas fora da escola para a realização de um trabalho conjunto duradouro. Uma professora expressou sua frustração com os limites de tempo da seguinte forma:

> Não temos tempo suficiente para técnicas de trabalho em equipe, no qual o professor constrói a confiança e pode realmente elaborar tarefas uns com os outros. É isso que eu quero: tempo para construção em grupo e tempo para me relacionar mais com as crianças da 9ª série. Esse é o meu pedido. Você pode criar o seu caminho em quase tudo na teoria, mas é a falta de tempo que estraga tudo.

Diversos professores garantiram a permissão da secretaria de educação de ter um espaço de tempo fora do horário de aula objetivando o trabalho coletivo, seja com colegas, seja com professores de outras escolas para escrever novas unidades curriculares referente aos resultados do aprendizado. Eles apreciaram bastante o investimento de tempo pelo distrito no sentido de construir um momento na difícil tarefa de elaborar o currículo:

> Nós quatro saíamos muito e falávamos com colegas de outras escolas sobre a integração. De fato, outro grupo fez uma apresentação na universidade. Trabalhamos muito no treinamento em serviço de pessoal para outras escolas e diretores. Quando os anos de transição foram implementados, nós nos encontrávamos e falávamos com diretores e professores. Eu era muito honesto e dizia: "Isso é o que me preocupa". Valeu a pena. Meus alunos da 8ª série mantêm um sistema de amigos. Eu sempre caminho entre meus alunos e presto atenção neles, pois se pode aprender muito em uma classe de ensino fundamental.

Outro professor destacou a importância do tempo para a construção do trabalho de equipe para fomentar relacionamentos de confiança, nos quais idéias a respeito de mudanças no ensino, no aprendizado e no currículo pudessem ser divididas com liberdade:

> Eu acho que o desenvolvimento mais valioso de equipe ocorreu durante os dias de desenvolvimento profissional, momento em que tínhamos tempo para que as equipes fizessem planos e tentassem entender essas informações em uma atmosfera mais tranqüila. Em termos de nível de conforto, foi a maneira mais fácil e mais vantajosa de aprendizado.

Ainda que os professores tivessem tempo de planejamento durante o dia escolar, eles estavam preparados para estender seus compromissos para além do tempo determinado:

> Trabalhamos muito em conjunto e ainda produzimos muito fora do horário regular da escola, vindo à escola em dias de feriado e coisas do tipo. Isso nos deixa

tempo na classe que garanta o relacionamento uns com os outros, com o programa, com as crianças.

Conseguimos nos trancar em uma pequena sala por dois dias visando ao desenvolvimento do nosso programa. Foi só o que precisou – um encontro e *brainstorming*.

Disponibilizar tempo na rotina escolar para que os professores trabalhem em conjunto possibilita a qualificação do currículo, do ensino e do aprendizado que os educadores oferecem aos seus alunos (Hargreaves, 1994). Reduções e restrições no tempo de preparação comprometem as habilidades dos professores no que se refere à inovação de forma eficaz e limitam a qualidade daquilo que eles são capazes de preparar para suas turmas.

O tempo e os recursos subtraídos dos professores fora da sala de aula afetam a qualidade daquilo que pode ser alcançado dentro dela. A atividade educacional e os gastos extraclasse não são, como os políticos às vezes querem dizer, um desperdício administrativo. Parte disso representa um apoio essencial do qual depende absolutamente a qualidade e o aperfeiçoamento do ensino em um mundo em rápida e constante mudança. Essa importante realidade é o que muitos governos e membros do público mais amplo ainda devem confrontar e entender. Por exemplo, subseqüente ao período deste estudo, o novo governo conservador de Ontário introduziu uma legislação que, entre outras medidas, reduzia a quantidade de tempo de planejamento dos professores da escola de ensino médio e cortava recursos financeiros relativos a tarefas realizadas fora da sala de aula. Nossa análise indica que essas políticas são fundamentalmente contraproducentes em termos da capacidade dos professores de aprimorarem suas práticas, de forma que colaborem com o aprendizado dos estudantes.

Os planejamentos colaborativos e intercurriculares são difíceis. Os professores ainda não sabem necessariamente como montá-los. Abordar o currículo integrado, os critérios de avaliação e os resultados e padrões do aprendizado exige mais do que contar com diretrizes publicadas. Os professores devem ser capazes de identificar seus critérios e seus alvos, saber quando cada estudante os atingiu e garantir que seus programas não minimizem ou omitam conhecimentos e habilidades importantes. Assim como os professores necessitam que outros mostrem a eles como lecionar de maneira diferente, eles também precisam que os orientem no aprendizado de como planejar novos tipos de currículo de maneira eficaz (Panaritis, 1995).

Uma secretaria designou orientadores de processo aos grupos de escolas com o intuito de construir com os professores o planejamento de unidades integradas acerca de critérios comuns do aprendizado. As habilidades e o apoio dos orientadores foram muito apreciados pelos educadores que se integraram a eles. Uma professora disse que trabalhar com os orientadores a fez repensar sua abordagem e sua experiência de integração curricular, especialmente suas expectativas a respeito da quantidade de tempo e energia necessários para implementar novas unidades:

> Fui convidada para ir ao Integrated Curriculum Institute. Foram cinco ou seis dias promovidos pelos orientadores; aliás, muito bem dirigidos. Passei por muitos maus momentos antes. Eu pensava: "Ora, por que eu não consigo entender isso? Parece tão fácil. Fico surpresa por não conseguir, pois normalmente sou tão boa quando tento algo novo". Então, freqüentar o instituto por um certo tempo foi valioso – passávamos lá dois dias seguidos, saíamos, experimentávamos algumas coisas e voltávamos por mais dois dias.

Outra professora disse que estava exausta após o difícil e intenso processo colaborativo de escrever diversas unidades integradas durante alguns anos. Ainda assim, ela e seus colegas, com orientação e apoio financeiro da secretaria de educação, foram capazes de introduzir vida nova ao planejamento e à escrita dele:

> Nós nos reunimos com os orientadores e escrevemos, inicialmente, três unidades. Então, na 6ª série, o primeiro ano em que estávamos aqui, escrevemos outra unidade. Escrevemos mais uma unidade quando estávamos na 7ª série. Assim, nós quatro escrevemos muitas unidades. Já na 8ª série, decidimos que estávamos ficando cansadas. Havíamos estado tão ocupadas elaborando todas essas unidades integradas que não tínhamos tido tempo de reflexão. Notamos que alguns itens não estavam funcionando. Então, quando chegamos ao 3º ano, decidimos que queríamos ver o que outras pessoas estavam fazendo. Implantamos um projeto em um ano. Recebemos mil dólares por trabalhar durante o verão e escrevemos uma unidade. Foi muito bom. Os orientadores nos deram muita liberdade naquela época, porque sabiam que nós tínhamos sido muito responsáveis.

Em especial quando o orçamento é reduzido, os orientadores educacionais de fora da sala de aula são facilmente considerados e politicamente retratados como um exagero dispensável, ou seja, como dinheiro gasto "fora da sala de aula". Ainda assim, os testemunhos de nossas professoras sugerem que esse tipo de apoio pode ser valioso para ajudar os professores a se adaptarem às novas práticas curriculares que fazem uma importante diferença na qualidade do currículo apresentado em aula.

Uma mudança curricular complexa depende, para seu sucesso, de formas de planejamento e aprendizado profissional que sejam partes integrantes, e não apêndices, do trabalho fundamental do ensino. Isso requer tempo e apoio humano, os quais fazem parte de uma concepção replanejada do ensino, isto é, aprender a ensinar melhor se torna parte do próprio ensino (Lieberman, 1995). Propiciar e proteger o tempo e o apoio é uma responsabilidade que se estende muito além das escolas individuais – às secretarias de educação, aos governos e àqueles que os elegem. Sem esse compromisso fundamental com o apoio externo, a mudança profunda e bem-sucedida no currículo e na avaliação ficará reduzida a projetos de reforma temporários e localizados, não sendo generalizada ou sustentável em grandes grupos de escolas como um todo.

ARBÍTRIO PROFISSIONAL

Enquanto algumas questões em educação podem ser ditadas com sucesso – cursos de estudo, testes padronizados ou o fim da punição física, por exemplo – mudanças complexas e profundas no ensino e aprendizado necessitam de mais do que mandatos para que sejam bem-sucedidas. De fato, ordens de políticas demasiadamente detalhadas e padronizadas podem impedir tais mudanças. Transformações complexas no currículo e na avaliação obtêm melhores resultados quando os professores recebem consistentes elementos de arbítrio profissional ao planejá-las. Quando as necessidades de aprendizado dos estudantes são variadas e quando a contextualização do aprendizado, de forma que seja relevante e envolva os estudantes, é uma prioridade, o processo de planejamento e desenvolvimento deve ser capaz de acomodar o interesse dos estudantes e de ser construído partindo dos esforços colaborativos de colegas que conhecem bem seus estudantes. Como um professor colocou:

> A Política de Currículo Comum (descrita no Capítulo 1) proporciona muita liberdade aos professores, e eu gosto disso. Eu adoro me sentar e elaborar programas e projetar currículos. Eu acho tão emocionante – a construção de idéias, umas sobre as outras. Começamos com um pensamento inicial, e tudo, de repente, se expande. Eu considero isso muito rico para as crianças. Em minha sala de aula atualmente, comparado com o que eu vi há três anos, eu faço tudo muito melhor.

Os professores que estavam desenvolvendo e lecionando unidades curriculares integradas acolheram esse arbítrio profissional:

> Com certeza, existe uma forte liderança em nossa administração, a qual permitiu que atravessássemos as dores do crescimento aproveitando muito. Temos um grupo maravilhoso de pessoas – professores muito inteligentes e dedicados – para fazer tudo isso acontecer; por isso, é ótimo trocar idéias com alguém.

Os professores pareciam crescer intelectual e emocionalmente em culturas escolares e dentro do contexto de uma política que encorajava o arbítrio profissional, a colaboração e o crescimento contínuo. Os professores tinham uma verdadeira exaltação profissional por terem a liberdade de explorar um novo território intelectual, de ir além de idéias de currículo tradicionais, de formar novos relacionamentos colaborativos e de desenvolver unidades multidisciplinares que fossem, de fato, significativas para os estudantes e estimulantes para serem ensinadas.

De um modo geral, esse arbítrio profissional foi exatamente o que foi sacrificado em muitas tentativas contemporâneas de reforma curricular. Esse arbítrio foi uma casualidade dos movimentos centralizados e padronizados de reforma curricular, nos quais a necessidade de selecionar grandes quantidades de conteúdos curriculares impostos e de encontrar centenas de padrões de ensino prescritos fez com que os professores se sentissem presos (Helsby, 1999). Nesse contexto de políticas cada vez mais comuns, abordagens utilitárias e instrumentais ao ensino são, cada vez mais, a norma (Jeffrey e Woods, 1996; McNeil, 2000), e não aquelas que desenvolvem os tipos profundos de aprendizado que são, muitas vezes, exigidos na sociedade da informação. O sucesso na mudança do currículo e da prática escolar depende de os professores obterem suficiente espaço no currículo e exercitarem seu arbítrio profissional – desenvolvendo, assim, seus investimentos intelectuais e emocionais no seu ofício em nome dos alunos que conhecem melhor e em colaboração com eles. A política curricular deve criar, e não fechar, os espaços em que o arbítrio profissional possa exercer esses efeitos. Não faz sentido algum aperfeiçoar e aprofundar o aprendizado de nossos alunos silenciando os professores.

LIDERANÇA ESCOLAR

Uma mudança significativa no âmbito de toda a escola é impossível sem uma liderança escolar eficaz. A literatura da mudança educacional aponta, de maneira consistente, para os administradores escolares como agentes vitais na criação das condições em que uma reforma escolar possa obter sucesso (Fullan, 1991; Leithwood, Jantzi e Steinbach, 1999; Hall, 1988). Ainda assim, existem muitas exigências conflitantes no tempo de um diretor, e iniciar ou apoiar uma mudança é apenas uma delas (Evans, 1997). De fato, como os diretores estão sob constante pressão para manter a estabilidade de suas escolas, isso pode com facilidade frustrar seus esforços de mudança. Portanto, como Fullan (1991, p. 161) lembra: "O papel do diretor não é o de implementar inovações, ou mesmo o papel de liderança instrucional para salas de aula específicas. Existe um limite referente à quantidade de tempo que os diretores podem passar nas salas de aula. O objetivo maior está em transformar a cultura da escola".

A maioria dos professores em nosso estudo considerava os diretores de sua escola como a pessoa-chave que poderia propor um ambiente que sustentasse a mudança. Informações obtidas de diretores e professores indicaram que a maioria dos diretores realmente tentou criar condições que garantiriam e sustentariam culturas de mudança em suas escolas. Quando a liderança escolar trabalhou a seu favor, apoiando seus esforços, os professores descreveram sua administração como "bastante apoiadora; eles gostam do que estamos fazendo, eles nos encorajam"; como pessoas que "encorajam a mudança e fazem tudo que podem para nos ajudar".

Nas escolas pesquisadas, os professores que percebiam o progresso na transformação do currículo e das práticas de avaliação identificaram três grupos de apoio que seus administradores ofereceram, os quais seriam a habilidade de:

- Ser uma liderança intelectual interpretando, traduzindo e articulando direções políticas.
- Ser uma liderança cultural e emocional, construindo culturas de colaboração e de enfrentamento de riscos.
- Ser um líder estratégico, procurando e proporcionando o material e os recursos humanos necessários visando facilitar os esforços de mudança.

Liderança intelectual

Os professores discutiram o quanto foi importante a sua administração ter demonstrado liderança e apoio em relação ao trabalho intelectual da mudança, executando

> atividades bastante intelectuais e tornando-as reais para as pessoas – fazendo-as entender que elas não precisam jogar tudo fora e começar tudo outra vez, mas que podem trabalhar com o que elas já têm e que não é um salto tão grande até um produto mais acabado.

Os professores contavam muito com seus diretores e vice-diretores no que diz respeito à ajuda para o entendimento e a classificação das partes mais confusas dos documentos da política. Bons administradores uniram-se a comitês comerciais existentes e obtinham, assim, apoio e orientação aos professores através dos canais existentes, ou reorganizaram o horário para pensar e construir as reformas em equipe.

Os administradores, às vezes, serviram em comitês como facilitadores curriculares para orientar e ajudar os professores na busca de entendimento das mudanças em que estavam concentrados. Um deles descreveu assim o processo de conduzir a equipe através do documento da política: "Definir o que era, quais eram os objetivos e como seriam utilizados os indicadores, essa foi, e ainda é, a parte mais difícil da terminologia". Outra diretora levou um membro de nosso grupo de pesquisa em um escritório onde dois professores estavam planejando categorias para resultados curriculares em um computador, interagindo com eles enquanto continuavam seu trabalho. Esse tipo de apoio, observaram os professores, era característico dela.

Em um ou dois casos, os administradores foram além das reuniões, levando sua orientação e seu apoio até a sala de aula, oferecendo assistência prática. Uma professora descreveu de forma apreciativa a maneira como,

> quando planejamos as seções de cada unidade e quando cada pessoa for responsável por uma parte dela, a administração proporciona mais do que o tempo para o planejamento: ela realmente se envolve com o ensino.

Em todos esses casos, diretores e vice-diretores tiveram um controle ativo em mediar, interpretar e auxiliar a transformação da política e das diretrizes escritas, à medida que elas passavam do ministério para a secretaria de educação e para o professor. De fato, em termos da clareza e da acessibilidade da política, foi interessante que os educadores em nosso estudo considerassem os administradores de fora da escola como obstáculos, ao passo que os diretores das escolas onde os professores prosperavam eram vistos principalmente como apoios.

Liderança cultural e emocional

Os administradores escolares também apoiaram a mudança construindo culturas de trabalho colaborativo em suas equipes (Fullan e Hargreaves, 1991; Nias, Southworth e Yeomans, 1989). Eles fizeram isso, em parte, manipulando o horário para permitir sessões de planejamento conjunto ou mesmo para envolver os professores na realização de mudanças estruturais. Uma professora comentou: "O diretor mudou o meu horário, porque toda a equipe está indo naquela direção".

Os administradores freqüentemente ofereciam maneiras pessoais e difusas de encorajamento e apoio com a finalidade de que os professores demonstrassem iniciativa profissional, corressem riscos e não olhassem sobre seus ombros com receio. Um professor concluiu: "Está ótimo aqui porque a administração é uma força motriz e porque deseja que as pessoas experimentem idéias novas e sintam-se à vontade com aquilo que ensinam". Outra professora apreciava a liberdade de poder manter o som ligado em aula, o que certas pessoas poderiam considerar níveis de ruído inaceitáveis, pois a música impulsionava a atividade de aula. A administração não a questionou, mas ela observou que "se o tipo errado de administração assumisse, ela teria muita dificuldade para lidar com isso". Outra professora fez alusão à tranqüilidade geral da administração por

> encorajar riscos, experimentar o novo sem medo de retrair-se se tudo desse errado. Temos muita liberdade para explorar, há muitas reuniões na escola para unir o grupo e para falar a respeito de como tudo está indo. Nosso diretor é muito dinâmico.

Encorajar, participar e proporcionar tempo para o diálogo foram consideradas formas especialmente positivas de apoio administrativo pelos professores. No final, no entanto, as ações falaram mais alto do que as palavras, sobretudo quando os diretores "se envolveram e ajudaram os professores a implementar a mudança". Um professor disse:

> Você não é abandonado à sua sorte para fazer isto sozinho. Eles estão logo ali, dando sugestões caso você as deseje. Quer dizer, não é imposta a presença deles sobre você. Se há um problema e você não tem certeza disso, o diretor está disposto a liberar outros professores para ajudar a resolvê-lo.

Esses diretores foram considerados como uma parte integral do processo colaborativo. Os próprios administradores tiveram os mesmos sentimentos. Um deles concluiu que "a colaboração foi a primeira atitude que começamos a desenvolver com o grupo". Outro tentou modelar o que "eu acredito, sem esperar que ninguém comece com 100% de entusiasmo". Enquanto tentavam reorganizar culturalmente suas escolas, os administradores, por outro lado, não queriam ser vistos como alguém que forçava a colaboração ou determinadas iniciativas de reformas sobre os professores; ainda assim, seus esforços visando à mudança e à reorganização foram caracterizados pela determinação.

Um exemplo especialmente importante diz respeito à diretora de uma escola que nossa equipe de pesquisa havia estudado há muitos anos. Naquela época, a escola havia sido uma referência do que era descrito como "colegiado planejado" (Hargreaves, 1994), onde a equipe fora levada pelo diretor e vice-diretor (ambos aproximando-se da aposentadoria) a trabalhar em equipes colaborativas. Os professores não gostaram dessa imposição. Muitos pediram demissão, alguns foram transferidos à força e um número grande apenas resistiu à iniciativa.

Sete anos depois, o diretor da escola havia mudado. Nessa região, diretores novos, designados para escolas com equipes "difíceis", em geral tinham a opção dos superintendentes regionais de nomear dois de seus professores mais problemáticos para serem transferidos para outras partes. Ao chegar em sua nova escola, porém, essa diretora garantiu a cada membro da equipe que se sentia preparada e que queria trabalhar com todos – com a força e com as contribuições que eles tivessem a oferecer. Apoiadora e encorajadora, ela também foi impiedosa em sua busca pelo diálogo e pelo cumprimento de prazos. A nova diretora falava interminavelmente com a equipe, caminhava muito pelos corredores da escola, visitava as salas de aula, participava de reuniões dos professores e interagia muito com os estudantes. Ela apoiava os professores, mas nunca tornava-se flexível com eles. "Se realmente quer algo", disse um dos professores, "ela é como um cachorro com um osso"; ou seja, ela nunca desistiria.

Os resultados de seus firmes esforços podiam ser vistos nos comentários calorosos a respeito de sua liderança feitos pelos professores entrevistados, nos cartões do dia dos namorados feitos pelas crianças da 8ª série, os quais cobriram a porta de seu escritório e, não menos no comportamento diferente de dois professores, em meio de carreira, os quais eram considerados resistentes à mudança pelo regime de liderança anterior, mas que agora iam à escola aos finais de semana e ficavam após o seu horário com os pais buscando construir um laboratório de multimídia para os estudantes.

Não podemos enfatizar de maneira suficiente o quão importante é o processo de sucessão de liderança no preparo de uma escola a fim de lidar com a mudança de maneira eficaz. Entretanto, quando novos diretores mostram indiferença ou desencorajamento, as escolas rapidamente voltam às suas origens e retiram-se do envolvimento com a mudança. Assim, quando, um ano após nossas entrevistas iniciais, a diretora foi transferida para outra instituição, um local problemático em necessidade de uma liderança dinâmica, a escola que ela deixou (a que estudamos) não prosseguiu nessa direção, pois sua líder havia determinado os controles. Quando a nova diretora, perto da aposentadoria, foi empossada, e quando a equipe notou que ela estava menos envolvida com os esforços de mudança e menos presente em suas salas de aula, nossos entrevistados relataram que o comitê de inovações das 7ª e 8ª séries entrou em colapso, os professores retiraram-se das suas salas de aula novamente, e os estudantes começaram a danificar o equipamento da escola de uma forma nunca vista antes.

Em outra escola, a troca de diretor assinalou uma diminuição no interesse e no apoio à integração curricular e uma mudança no foco e no apoio inovador para a implementação do uso de computadores em aula. Esse novo enfoque foi considerado à parte, e não uma extensão dos compromissos anteriores com a integração. Como resultado disso, um dos professores que havíamos entrevistado originalmente nessa escola assumiu uma vaga em outro local, enquanto outro manteve seu interesse na integração, mas dentro dos limites de sua própria sala de aula, em isolado dos colegas.

Os administradores do sistema educacional freqüentemente tentam estimular o aperfeiçoamento escolar trocando diretores e designando os melhores líderes para as instituições que mais precisam deles. Pesquisas relativas ao aperfeiçoamento escolar, em geral, concentram-se nos sucessos de cada uma das escolas que tiveram novos líderes dinâmicos, mas que raramente são acompanhadas através do processo de sucessão de liderança para acompanhar como elas e sua cultura se comportam quando seus líderes exemplares vão embora (Fink, 2000). Os exemplos que descrevemos levantam a seguinte questão: se a política de trocar diretores regularmente torna o aperfeiçoamento escolar uma porta giratória, na qual certas escolas estão "dentro" em um ano e "fora" no próximo ano (Macmillan, 2000). Um dos grandes desafios da mudança educacional, nesse sentido, é como implantar e manter uma liderança eficaz em todos os sistemas escolares, e não como fazer com que ela gire por escolas que estão "em aperfeiçoamento" transitório.

Liderança estratégica

A maioria dos professores de nosso projeto comentou a maneira como os administradores lhes forneceram materiais e recursos humanos para apoiar suas tentativas de mudança:

> Queríamos recursos e tempo, e a resposta sempre era: "Sim, sim, sim". Parte disso devia-se à confiança com relação à direção em que estávamos indo. O diretor pode nos delegar algo e falar diretamente conosco. Nós tomamos a decisão. Se chega à escola um diretor novo que não gosta do que fazemos, ou que

diz: "Não, é esse o rumo que tomaremos", teremos um grande problema, pois grande parte do pessoal não vai voltar a ser mandado.

Os administradores tanto da escola como da secretaria apoiaram seus professores, abrindo oportunidades para que eles se envolvessem no aprendizado profissional. Os professores descreveram a facilidade com a qual eles podiam discutir a necessidade de participar de *workshops* ou de reuniões no local de trabalho. Um professor que estava interessado no aprendizado cooperativo fez comentários ao diretor, o qual "imediatamente fez tudo que pôde para me colocar naquelas reuniões". Como outro professor observou: "Tudo que ocorre é divulgado, ou o diretor vem pelo corredor perguntando: 'Quer participar de uma sessão? Está interessado'?" Outro professor afirmou: "A administração realmente faz tudo para garantir que eles cumpram seu trabalho, certificando-se de que as pessoas estão lá fora, buscando idéias além dos limites de sua escola, se quiserem estar, e isso é importante". Um outro professor disse: "Nossa vice-diretora foi meu maior apoio. Ela está sempre encontrando algo interessante para ler, sempre encontrando novas maneiras para pesquisarmos algo quando nada parecia bom".

Os diretores e vice-diretores, em outras palavras, motivaramn e deram apoio aos professores com o intuito de que eles se envolvessem no trabalho intelectual da mudança educacional, reconhecendo seus esforços de participarem de cursos, divulgando oportunidades de treinamento e aprendizado profissional e, de um modo geral, encorajando-os a se relacionarem com outras idéias e práticas além de sua própria escola (Hargreaves e Fullan, 1998). Por fim, os professores acreditavam que suas secretarias e o conjunto de quatro secretarias no qual eles trabalhavam proporcionariam os recursos (como orientadores) e o desenvolvimento de pessoal de que eles precisavam a fim de tornarem-se mais especializados. Além disso, construindo culturas profissionais mais coesas em suas escolas, os diretores também estavam garantindo que o aprendizado profissional ocorreria na prática profissional como uma parte integral dela, somado aos cursos e *workshops* fora do local de trabalho.

IMPLICAÇÕES

Aprender a ensinar por caminhos diferentes é algo complexo e exigente (McLaughlin e Talbert, 1993). Mesmo os professores das 7ª e 8ª séries altamente comprometidos deste estudo necessitaram de muitos meses para aprender a planejar padrões em lugar de matérias para disciplinas, trabalhar de maneira eficaz com os colegas, desenvolver estratégias de avaliação complexas e elaborar materiais curriculares integrados. Entre as formas indispensáveis de apoio para eles, estavam o tempo de planejamento durante o dia escolar, as oportunidades de trabalhar com os colegas, as visitas de observação das práticas exemplares em outras escolas, as abordagens ao aprendizado profissional no trabalho, a instrução instantânea de orientadores, o apoio emocional de líderes habilidosos e um leve toque político, o qual deixou os professores com *status* e arbítrio profissional para projetarem as mudanças e para adaptarem-se a elas, de maneira que funcionassem bem com os estudantes que eles conhecem melhor. Em geral, essas são as áreas de apoio à política que são mais prováveis de esmorecerem a curto prazo, além de projetos-piloto e iniciativas localizadas (Darling-Hammond, 1998), o que ameaça a sustentabilidade e a capacidade de generalização da mudança educacional (Hargreaves e Fink, 2000).

8
Conclusão
Aprendendo a Mudar

Nosso livro apresentou um grupo de professores que realizou mudanças consideráveis no ambiente de sala de aula em nome da integração curricular, dos resultados do aprendizado amplamente definidos e dos sistemas alternativos de avaliação de sala de aula e relatório. A literatura da reforma educacional, muitas vezes, é um catálogo dos fracassos e das limitações dos professores, os quais, repetidas vezes, deixam de cumprir as expectativas crescentes e mutáveis que lhes são impostas por pessoas distantes da sala de aula. Nossa pesquisa tomou um rumo diferente, observando intimamente as realizações de professores dispostos a – e capazes de – realizar mudanças complexas e difíceis em suas salas de aula e de aumentar a qualidade do que ocorre nelas.

Os quadros que pintamos dos professores orientados para o aperfeiçoamento e do seu trabalho não foram completamente românticos. As realizações dos profissionais que estudamos não foram alcançadas com facilidade, pois exigiram um trabalho intelectual intenso, enquanto os professores lutavam para compreender princípios e diretrizes políticos definidos de maneira muito ampla e para transformá-los em realidades aproveitáveis em suas aulas. O sucesso dos professores exigiu, sobretudo, uma quantidade imensa de trabalho emocional. Eles tentaram garantir que as mudanças que realizassem preservassem e fortalecessem os valorizados laços emocionais com seus alunos. Nesse caso, tiveram que desenvolver e resolver relacionamentos complexos, por vezes difíceis, com seus colegas, cujas percepções a respeito das mudanças nem sempre estavam de acordo com as deles. Além disso, os educadores lutaram para manter seus compromissos pessoais quando seus compromissos com o trabalho e com o aperfeiçoamento lhes exigiam muito.

Este capítulo final une os principais resultados de nosso estudo e discute suas implicações. Em primeiro lugar, ele apresenta o que aprendemos sobre a integração curricular, sobre os resultados e padrões do aprendizado e sobre os sistemas alternativos de avaliação em sala de aula, e sobre o relatório, com professores comprometidos com as mudanças nessas áreas. Essas áreas de inovação são, às vezes, retratadas, e até ridicularizadas, como sendo inferiores, medíocres e mal-elaboradas. De acordo com os professores que estudamos, nada poderia estar mais afastado da verdade. A integração curricular e as outras inovações tiveram concepção e execução rigorosas e sofisticadas. A mediocridade não é mais intrínseca ao trabalho interdisciplinar e às inovações a ele associadas do que a exposição tediosa seria para formas mais tradicionais de ensino de disciplinas. O que importa é como essas inovações são definidas, sustentadas e utilizadas na prática. Esse livro foi além da retórica da reforma do currículo e da avaliação: explorou algumas das realidades dessa reforma em seu melhor ângulo.

Em segundo lugar, no momento em que a reforma educacional não apresenta sinais de enfraquecimento, este capítulo final ressalta aquilo que uma mudança profunda exige dos professores do ponto de vista prático, intelectual e emocional. Uma mudança educacional que verdadeiramente eleve aquilo que os professores fazem e os alunos alcançam na sala de aula, não é garantida apenas quando são anunciados novos padrões e quando são lançadas novas ordens, ou quando é feito o gesto da caneta. Os legisladores que agem de outra forma porque é nisso que acreditam, trilham sobre uma linha tênue entre a ignorância e a arrogância. Uma mudança educacional significativa, a qual conduza ao ensino e ao aprendizado mais eficaz, é complexa e difícil, mesmo para os melhores professores. Este último capítulo indica formas indispensáveis de apoio aos professores, necessárias para que esse tipo de mudança tenha sucesso e sustentação.

A ESSÊNCIA DA MUDANÇA

A mudança tem substância e forma, conteúdo e processo. Este capítulo final observa esses aspectos inter-relacionados do molde educacional em uma seqüência, unindo os resultados de nosso estudo e estabelecendo recomendações com base neles.

Resultados e padrões

Em um caminho paralelo ao que as pessoas que propõem reformas de currículo e de padrões recomendam oficialmente, nossas evidências são de que os professores raras vezes seguiram um processo de planejamento linear, no qual traçassem metas de forma inversa, ou seja, a partir dos resultados ou dos padrões até os indicadores da realização desses padrões (e os métodos e os materiais que os levariam até eles). Ao contrário disso, era mais provável que os professores integrassem suas unidades de trabalho ou outros tipos de aprendizado de sala de aula com base no que eles sabiam a respeito de seus alunos, no que eles sabiam que estimulava e envolvia seus alunos, no que havia funcionado com alunos com perfis semelhantes no passado e no que eles imaginavam que funcionaria bem em suas salas de aula. Em vez de ser o ponto de partida e o organizador supremo do planejamento curricular, os resultados deram aos professores um critério para validar seu ensino. Os educadores partiram do que sentiam e sabiam, utilizando os resultados para conferir ao programa, como um todo, uma forma e uma linguagem a ser utilizada com os estudantes e pais.

É difícil dizer se planejar com o coração, tanto quanto com a razão, é inerente a todo o planejamento eficaz de currículo e de sala de aula, ou se padrões e resultados do aprendizado poderão um dia ser tão bem integrados ao pensamento e à linguagem profissional dos professores a ponto de eles os utilizarem de forma espontânea desde o início em seu planejamento. Somente estudos longitudinais serão decisivos a esse respeito. Mas, por enquanto, fazer com que os educadores elaborem seu planejamento de forma inversa, a partir de padrões e resultados, pode ser contrário à maneira como muitos bons profissionais o fazem na prática.

Apesar dessas peculiaridades do processo de planejamento, os professores ainda consideram os resultados muito úteis, em especial para estabelecer um diálogo com os alunos a respeito de sua forma de ensinar e para ajudá-los a assumir a responsabilidade pelo seu processo de aprendizagem. Compartilhar os resultados com os alunos fez com que eles se envolvessem ativamente no desenvolvimento do currículo, já que foram encorajados a levar os resultados para casa e mostrá-los a seus pais. Nesse sentido, os resultados também se tornaram a base para a interação com a família. No processo de discutir os resultados com outras pessoas, os professores esclareceram para si mesmos o que estavam tentando realizar.

Entretanto, quando as secretarias começaram a especificar e a dividir os resultados em detalhes intricados (como muitas jurisdições agora fazem com os padrões), os professores os consideraram enfadonhos e opressivos; além disso, eles não sabiam por onde começar para interpretá-los e utilizá-los. Enquanto estruturas amplas de resultados ou padrões de aprendizado podem auxiliar os professores a alcançar equilíbrio e direcionamento no currículo, estimulando diálogos construtivos sobre o aprendizado com os alunos e com seus pais, a definição de resultados ou padrões em detalhes minuciosos nos conduz aos piores excessos do domínio do aprendizado e do comportamento. Ela transforma os padrões em obstáculos, substitui a profundidade conceitual por uma compulsão frenética de abarcar todos os aspectos do currículo, padroniza o aprendizado de maneira que não possa ser adaptado com facilidade a um corpo discente diverso e inclui ainda menos os alunos na maneira como os padrões são interpretados e definidos. O nível de detalhe técnico da especificação de padrões ou resultados pode facilmente impedir qualquer oportunidade de imaginação ou envolvimento emocional no aprendizado.

Ao mesmo tempo, os resultados, muitas vezes, foram escritos de forma imprecisa na linguagem perifrástica do "educacionês". Os professores reclamavam muito disso. Portanto, os padrões e os resultados devem permanecer ambiciosos, mas devem também ser expressados com maior clareza. Essa é uma das vantagens recíprocas do recente movimento pelos padrões: a de defini-los de forma mais precisa. Entretanto, o desafio não é simplificar os padrões de aprendizado, mas descrevê-los com termos mais claros.

Por último, mas não menos importante, em nossas conclusões sobre resultados e padrões, verificou-se o dilema dos professores de decidir se deveriam fazer com que todos os alunos cumprissem um padrão definido (apenas para descobrir que aqueles com sérias dificuldades de aprendizado não o conseguiriam) ou se deveriam modificar o padrão a fim de que todos os alunos pudessem cumpri-lo (mas destruindo a própria idéia de padrão e tornando-o insignificante como resultado). Evitar esse dilema, afirmando que os estudantes podem alcançar certos padrões "com apoio", como é comum em muitos modelos de padrões, significa que quase todos podem, então, alcançá-lo por definição. A menos que os legisladores possam ser mais claros e mais realistas acerca de quem pode alcançar seus padrões, os professores serão incapazes de se libertar desse dilema.

A seguir, apresentamos as implicações para a ação de nossos achados em relação àqueles que lidam com padrões ou resultados comuns do aprendizado:

- Utilize padrões e resultados do aprendizado como consciência ou critério, tanto quanto como um alvo, ao planejar sua estratégia de ensinar.
- Planeje padrões e resultados com seu coração tanto quanto o faz com a razão. Não deixe as etapas do planejamento racional absorverem seu envolvimento emocional e imaginativo desse processo.
- Elabore o planejamento em companhia de seus colegas e não sozinho. Essa atitude leva a objetivos de carreira mais claros e a um ensino mais confiante.
- Comunique, do modo mais claro possível, os padrões e os resultados aos pais.
- Evite, no que alude à política, subtrair a imaginação do ato de ensinar, tornando os padrões muito numerosos, muito detalhados e muito específicos. Não deixe que padrões ou resultados transformem-se em algo muito enfadonho e padronizado demais.
- Descreva os padrões de aprendizado de maneira clara, mas não os limite ou simplifique.
- Estabeleça padrões ambiciosos, mas realistas. Nem todas as crianças podem aprender todo e qualquer conteúdo. É importante fazer com que cada vez mais crianças atinjam certos padrões, mas é irrealista insistir que todas atinjam todos eles.
- Garanta que os padrões promovam a amplitude curricular, incluindo as artes e os estudos sociais, e não reduza o currículo a uma preocupação

utilitária com a alfabetização e a aritmética em detrimento a outras formas importantes e envolventes de aprendizado e experiência.

Avaliação

Os professores afirmaram que a avaliação e o relatório para os pais foram as partes mais difíceis de seu trabalho. Muitos admitem que ficavam desconfortáveis por terem de julgar seus alunos. Eles consideravam a avaliação dos estudantes complexa, exigente, demorada e preocupantemente subjetiva. Se os educadores fingem ter a confiança e a certeza com as quais fazem seus julgamentos com simples números e letras, eles estão condenados a sentirem-se como impostores da avaliação e a tornarem-se defensivos quando outras pessoas examinarem seus julgamentos. O surgimento de técnicas de avaliação mais complexas e sofisticadas impede ainda mais a habilidade dos professores em confiarem no seu próprio conhecimento tácito e de recorrerem a ele quando avaliam os alunos.

Apesar de tudo isso, o comprometimento de muitos professores com estudantes e pais os conduziu a desenvolver novas práticas de avaliação e novos sistemas de relatório mais abertos, os quais desmitificaram o processo de avaliação. Paradoxalmente, essa abordagem colaborou, em lugar de impedir, com os julgamentos profissionais dos professores, esclarecendo para os alunos e seus pais o segredo sobre a maneira como esses julgamentos eram feitos.

O relato para os pais é uma das partes mais desafiadoras e uma das que provoca mais ansiedade no trabalho do professor, pois estão cientes de que os alunos são preciosos para seus pais e de que os pais desejam boas informações a respeito do progresso de seus filhos. Quando essa forte necessidade da família é adicionada às inseguranças dos professores com a avaliação, as conseqüências são potencialmente explosivas, levando os professores e os pais ao confronto ou ao distanciamento.

Os progressos que esses professores estavam fazendo no sentido de envolver os pais e os alunos no processo de avaliação eram significativos. Os profissionais em nosso estudo haviam desenvolvido muitas formas inovadoras visando a aumentar seus contatos com os pais e proporcionar a eles muito mais informações do que um boletim escrito. Eles escreveram informativos, deram telefonemas e realizaram reuniões conduzidas pelos estudantes, por exemplo.

Fica claro que os professores são, no que se refere ao aspecto técnico, capazes de expandir seu repertório de avaliação e desenvolver sua capacidade de avaliar de maneira significativa. Eles, na maior parte das vezes, também são culturalmente sensíveis e politicamente comprometidos com o envolvimento de estudantes e pais nas atividades até agora secretas da prática da avaliação. Porém, a disposição e a habilidade dos professores tornarem-se mais criativos e proficientes na avaliação de sala de aula parece depender de sua disposição para colocar as necessidades dos estudantes e os laços de entendimento e envolvimento que construíram com os estudantes e com os pais à frente de suas ansiedades e inseguranças sobre a avaliação. De fato, a abertura do processo da avaliação parece ser um dos mais poderosos antídotos contra a insegurança. Se essa abertura reduz, em vez de aumentar, as ansiedades dos professores quanto à avaliação, eles devem passar mais tempo juntos, falando das práticas de avaliação, e chegar a um acordo com seus colegas em relação aos critérios de avaliação que sejam razoavelmente claros e específicos. Esse tipo de acordo compartilhado sobre a avaliação pode aliviar o frágil senso de incerteza dos professores. É honrável ser aberto com os pais a respeito da avaliação; porém, ser aberto, sozinho e inseguro, ao enfrentar suas questões, é insensatez.

Essas ansiedades intrínsecas à avaliação raras vezes são amenizadas por políticas governamentais. A natureza esquizofrênica da política de avaliação ataca os professores com exigências conflitantes e com desafios virtualmente impossíveis. Os legisladores buscam práticas de avaliação que envolvam e motivem os estudantes. Eles também desejam práticas de avaliação que diagnostiquem as dificuldades dos alunos com o intuito dos professores poderem ajudá-los em seu aprendizado e, ao mesmo tempo, desejam que as práticas de avaliação classifiquem, escolham e selecionem alunos e escolas, levando-os a esconderem suas fraquezas, e os professores direcionarem o ensino apenas aos testes. Aos professores de nosso estudo (como em muitas outras partes) restou lidar com as conseqüências dessas contradições mais abrangentes da política. As avaliações contínuas que eles tentaram fazer do progresso de seus estudantes foram, por exemplo, interrompidas por exigências maiores da avaliação, as quais necessitavam de uma documentação detalhada, assim como de uma suspensão de outras partes do currículo.

Outra face da contradição da avaliação é encontrada naquilo que os pais desejam com ela. Assim, com alunos que apresentavam um desempenho inferior, os professores produziram avaliações modificadas, as quais mediam os alunos em comparação ao seu próprio progresso prévio, ao passo que os pais talvez queiram que os alunos sejam medidos em comparação a outros alunos ou em comparação a um padrão único que deveria ser aplicado a todos. É pouco provável que essas contradições diminuam em um futuro próximo. Entretanto, o que os professores podem esperar atingir é uma maior capacidade e diversidade em suas práticas de avaliação, desvendando os mistérios da atribuição de notas ou conceitos para pais e estudantes, desenvolvendo uma confiança compartilhada nos critérios de avaliação, discutindo-os com seus colegas e manifestando-se, a partir da sabedoria recém-adquirida de sua prática, contra processos avaliativos que possam ser politicamente atraentes, mas que contenham poucos benefícios aos alunos.

A seguir, apresentamos as implicações para a ação de nossos achados a respeito das abordagens dos professores às formas alternativas de avaliação:

- Desenvolva um repertório amplo de práticas de avaliação visando a capturar a totalidade das diferentes formas de realizações de seus alunos.
- Torne seus critérios de avaliação específicos e claros para os alunos.
- Envolva os alunos no seu próprio processo avaliativo através de estratégias, como a avaliação dos colegas, a auto-avaliação, compartilhando objetivos com suas classes.
- Não estimule lembranças e preconceitos dos pais sobre o que os "verdadeiros" boletins e esquemas de avaliação deveriam ser. Se todos os alunos podem aprender, os pais também podem. Trabalhe com os pais para, juntos, aprofundar o entendimento das questões relacionadas à avaliação.
- Amplie o diálogo com os pais para além de boletins escritos utilizando, por exemplo, portfólios que os alunos possam levar para casa, conduzindo entrevistas em três vias entre o professor, os pais e a criança.
- Tome cuidado quando avaliar as características afetivas dos alunos. Não avalie apenas os comportamentos que sejam, na verdade, sinônimos de submissão.
- Tenha cuidado quando avaliar as características afetivas dos alunos. Reconheça comportamentos, como a iniciativa e a assertividade, os quais irão facilitar aos alunos para que tenham uma vida digna quando se tornarem adultos, mesmo que esses comportamentos os torne mais difíceis de ensinar agora.
- Discuta critérios de avaliação com seus colegas e como você avaliaria trabalhos específicos dos alunos. Acabe com o mistério das notas.
- Questione a esquizofrenia da política de avaliação para que tais práticas escolares contribuam, em vez de interferir, consigo mesmas.

Integração curricular

Os professores de 7ª e 8ª séries estavam bastante dispostos a realizar experiências com a integração curricular, pois acreditavam que ela tornaria o aprendizado mais relevante e benéfico aos estudantes. As unidades integradas que eles descreveram quase sempre estavam conectadas com questões reais da vivência dos estudantes, do mundo ao seu redor ou das questões sociais. Os professores acreditavam que a relevância era essencial para que os estudantes se envolvessem inteiramente em seu aprendizado, a qual se manifestou não tanto em temas gerais, os quais definiram as unidades integradas, mas nas idéias e nos conteúdos encontrados em seus pormenores. Para alguns professores, essa relevância foi praticamente garantida através do envolvimento dos estudantes no planejamento e na produção de idéias para as unidades integradas.

Os professores ficaram orgulhosos com as unidades integradas que haviam desenvolvido e entusiasmados ao mostrá-las para nós. As mais completas haviam sido beneficiadas por uma longa e refletida preparação, feita em conjunto com outros professores da respectiva série. Esse tipo de planejamento (uma parte durante o período de trabalho escolar) foi particularmente bem-recebido pelos professores, tendo em vista que proporcionava um apoio essencial para a integração curricular. Eles o consideraram um valioso desenvolvimento profissional no trabalho e elogiaram os orientadores da secretaria de educação que, às vezes, eram destinados para trabalhar com as equipes de planejamento. A integração obteve menos sucesso onde esse enfoque de equipe não existiu, ou onde as equipes haviam sido impostas pelo diretor como uma forma de colegiado forçado, em lugar de serem constituídas com o apoio dos próprios professores.

O planejamento de unidades integradas foi um trabalho exaustivo, mas divertido, para os professores. Quando eles começaram a criar idéias e materiais para a 3ª unidade, a alegria da integração curricular começou a se esgotar. Dessa forma, as escolas e os professores devem buscar um equilíbrio perfeito entre o ato de inventar novas unidades integradas (como estímulo ao desenvolvimento profissional) e o de retirar outras unidades da prateleira, as quais seus colegas, em outros momentos, tenham produzido como forma de poupar suas energias.

Em quase todas as escolas, as tentativas de integração confrontam-se com os sistemas existentes de especialização por disciplinas. Isso ocorreu até com nossa amostra de professores das 7ª e 8ª séries, cujos vínculos com as disciplinas, em geral, são mais frágeis do que as de seus colegas da escola de ensino médio. Algumas vezes, essas tensões resultaram de identidades e apegos arraigados dos professores às disciplinas, os quais eles, por sua vez, consideraram difíceis de abandonar. Às vezes, elas resultaram do fato da integração ser inserida em um sistema cujos outros componentes permaneceram baseados nas disciplinas, como no caso de boletins que eram organizados conforme categorias de disciplinas. Em outras situações, no entanto, as tensões partiram das preocupações genuínas dos professores de que a integração curricular exigiria que eles lecionassem matérias sobre as quais não tivessem domínio e nas quais seu conhecimento fosse pouco profundo.

A integração funciona melhor não quando se espera que cada professor, individualmente, tenha um entendimento profundo de muitas matérias e disciplinas, mas quando os professores unem suas habilidades complementares para ensinar (e não apenas para planejar) juntos, de modo que cumpram os objetivos da integração e as necessidades de aprendizado dos estudantes. A integração curricular funciona melhor não quando elimina disciplinas escolares de maneira ideológica, mas quando ela une essas disciplinas e seus professores na busca de princípios educacionais superiores que as transcendam.

A seguir, apresentamos as implicações práticas de nossos achados a respeito da integração curricular:

- Utilize a integração visando a garantir que o aprendizado seja relevante e contextualizado nas necessidades, nos interesses e na vivência dos alunos.
- Vá além da noção de relevância dirigida ao trabalho para outros pontos como a relevância na família, na comunidade e na sociopolítica.
- Planeje em equipe unidades integradas.
- Encontre o ponto de excelência para escrever novas unidades integradas, no qual o estímulo ainda seja mantido e a exaustão ainda não tenha se instalado. Escreva unidades novas, mas também faça bom uso das antigas.
- Ofereça orientação e apoio para o planejamento em equipe.
- Disponibilize tempo para preparar o currículo.
- Não faça da integração o inimigo de toda a especialização, porque ela funciona melhor quando é uma característica criteriosa, e não uma característica promíscua do currículo.
- Não especifique padrões baseados exclusivamente em disciplinas, os quais reduzam ou impeçam as oportunidades de os professores contextualizarem o currículo e o aprendizado na vivência culturalmente diversa dos alunos.

O PROCESSO DE MUDANÇA

As mudanças educacionais que os professores das 7ª e 8ª séries tentaram implementar apresentaram-lhes desafios intelectuais e emocionais muito importantes: conectar as mudanças com seus valores, decodificar o que elas significam exatamente, tentar resolver a melhor forma de torná-las eficazes na prática, e assim por diante. Os tipos de auxílios que ajudaram os professores na resolução desses desafios foram descritos no capítulo anterior e são detalhadamente documentados na literatura da mudança:

- Tempo para que os professores planejem as novas práticas que estão implementando e reflitam sobre elas de maneira que façam sentido para eles mesmos e para seus estudantes.
- Assistência prática de orientadores da secretaria de educação para ajudar os professores na compreensão das complexidades do processo de planejamento.
- Abordagem de equipe à mudança, sustentada pelos próprios professores e não imposta, como um colegiado forçado sem o consentimento deles.

- Liderança de diretores que não apenas apoiassem as idéias por trás das mudanças no currículo e na avaliação, mas que também fizesse com que eles se envolvessem em algumas das práticas do planejamento e da mudança curricular.

Somado a essas questões familiares de como auxiliar os professores que estavam construindo seu caminho através de mudanças complexas, nosso estudo também produziu noções mais aprofundadas das dimensões emocionais do ensino e de sua importância para o processo de mudança educacional. O ato de lecionar não significava apenas um exercício técnico, mas uma experiência profundamente emocional para os professores que entrevistamos. Ele fazia parte de uma missão educacional e social mais ampla, a qual conferia significado ao seu trabalho. Esses professores valorizavam os laços emocionais que tinham com os alunos e importavam-se muito com eles; além disso, consideravam que não estavam apenas preparando aprendizes e futuros trabalhadores, mas também desenvolvendo cidadãos. Cultivar o desenvolvimento emocional ou a inteligência emocional dos estudantes foi uma das partes centrais do trabalho, afetando a maneira como lecionavam e relacionavam-se com todos os estudantes, incluindo aqueles com necessidades especiais e outros vindos de histórias culturais diversas. A força da preocupação emocional dos professores e de sua ligação com os alunos influenciou tudo que eles faziam. Sempre que alguma mudança era prevista, a primeira questão era: "Como isso irá afetar meus alunos?"; "Como isso se dará na sala de aula?". A literatura da mudança educacional e o movimento pela reforma baseada na padronização são muito silenciosos em relação aos aspectos emocionais do ensino e da mudança educacional. A natureza qualitativa de nossa investigação levou nossa atenção a essas emoções, as quais nos influenciavam através das páginas. Nossos professores eram apaixonados, e o fato de entendermos isso produziu *insights* importantes e surpreendentes.

Por exemplo, os professores gostavam dos programas básicos e das outras estruturas flexíveis de tempo contidas nas reformas dos anos de transição por permitirem que eles seguissem o fluxo intelectual e emocional de seu ensino e, sobretudo, que estabelecessem laços emocionais mais fortes e uma maior compreensão de seus alunos em relação ao conteúdo, possibilitando que planejassem e que ajustassem o aprendizado para os alunos de maneira mais eficaz. Além disso, os professores não eram dogmáticos no que se refere a qual seria a melhor abordagem ao ensino, mas se valeram de uma quantidade considerável de métodos para tornar tudo mais interessante e eficaz aos estudantes. Eles utilizaram uma variedade de abordagens tradicionais e inovadoras ao ensino. Os professores participantes de nosso estudo consideraram a si mesmos como presenças vívidas e vitais no ambiente escolar, às vezes facilitando o aprendizado, mas, às vezes, lecionando de forma bastante direta e inspiradora. Os meios que os professores escolheram para a prática de ensino também foram moldados por suas próprias necessidades emocionais de se envolverem em atividades de sala de aula que reavivassem seus interesses e suas paixões.

Os professores planejaram tanto unidades integradas como resultados, buscando, para esse fim, aspectos emocionais e racionais. O "planejamento emocional" pode soar para as pessoas como um oximoro; entretanto, para os professores em nosso estudo, ele foi essencial ao envolvimento eficaz no processo de planejamento. Todavia, nessa área do currículo, os objetivos emocionais dos professores em relação aos alunos e às necessidades emocionais que os professores mesmos tinham não eram facilmente sincronizados. Por um lado, os educadores freqüentemente identificavam-se com as necessidades dos estudantes para ver elos naquilo que eles haviam estudado. Ao mesmo tempo, muitos profissionais ficavam aflitos porque abandonavam suas próprias conexões com as disciplinas, mesmo concordando com o argumento de que fazer isso seria melhor para os estudantes. Um dos principais desafios da reforma escolar é sincronizar os objetivos emocionais dos professores em relação aos seus estudantes e às suas próprias necessidades de segurança ou envolvimento emocional.

A seguir, apresentamos as implicações práticas de nossos achados a respeito de como os professores experimentaram e enfrentaram o processo de mudança educacional:

- Reorganize seu horário para que ele fique alinhado com seus propósitos curriculares, ao contrário de tentar ajustá-los em estruturas já existentes.
- Garanta tempo, bastante tempo, para que os professores reflitam conjuntamente a respeito das reformas, testem-nas em suas salas de aula e reflitam sobre ela, visando a refiná-las com seus colegas. O tempo, de forma contínua, dentro e fora do período escolar, é indispensável no sucesso da mudança escolar. Busque tempo para que os professores construam seu caminho através da mudança. Não o trate como um luxo dispensável, ou, pior ainda, não faça cortes nesse sentido por motivo de custos.
- Transforme o tempo de desenvolvimento profissional para os professores planejarem, discutirem e revisarem as mudanças que estão passando em uma prioridade maior do que curtas sessões de treinamento no trabalho.
- A integração bem-sucedida exige um bom trabalho de equipe. Forme grupos com cautela, e não apenas constitua-os de forma administrativa. Equipes sem confiança dificilmente obtêm sucesso.
- Programe, como diretor ou professor líder, a forma como as outras pessoas deveriam mudar, mas também envolva-se juntamente com seus colegas na desordem pessoal e prática da mudança.
- Tente garantir, em uma mesma região escolar, consistência de liderança quando a manutenção da mudança for uma prioridade. Nesse

sentido, é melhor desenvolver a liderança em todo o sistema do que deslocar alguns líderes temporários de escola para escola no sistema.
- Confira o *status* de alta prioridade aos objetivos emocionais e intelectuais que há para os alunos e aos laços emocionais que é mantido com eles.
- Motive estruturas escolares que fortaleçam os laços emocionais que há entre professores e alunos.
- Desenvolva um repertório de ensino amplo. Inclua nele o ensino tradicional e inspirador. Os professores devem saber como facilitar o aprendizado e também como inspirá-lo diretamente.

AS EXIGÊNCIAS DA MUDANÇA

Este livro, assim como a pesquisa em que ele se baseou, apresentou o que é possível de ser alcançado com o que há de mais moderno na mudança educacional, tendo professores motivados para ensinar, abertos às mudanças e comprometidos com os alunos. Mostrou-se que tornar o aprendizado relevante para a vida dos estudantes, no sentido mais amplo, pode conduzir a experiências de aprendizagem rigorosas e sofisticadas, as quais são apropriadas para os ambientes complexos, diversos e turbulentos em que os alunos vivem hoje em dia e em que irão assumir atividades profissionais e responsabilidades como adultos.

Planejar a educação com base nos padrões que os alunos deveriam atingir, e não no que os professores estão acostumados a ensinar, é essencial para preparar os jovens de maneira eficaz para as demandas e oportunidades da sociedade da informação. Estabelecer padrões exigentes, os quais irão evocar o aprendizado profundo necessário para participar nesse tipo de sociedade, é muito mais adequado do que restringir os padrões aos conceitos mais limitados de habilidades básicas e de competências técnicas ou às áreas mais utilitárias da alfabetização e da aritmética, isolando-os de áreas como as artes e os estudos sociais, as quais poderiam ser poderosas fontes de envolvimento para muitos alunos pobres e alunos de diferentes culturas. Resultados mais abrangentes e a integração curricular, como vimos, têm o potencial, com alguns de nossos melhores professores, de atingir os padrões e os níveis de sofisticação e, nesse sentido, não precisam submeter os alunos a uma confusão de temas e tópicos mal-concebidos.

Trabalhar com dedicação, imaginação e paixão, buscando ligar o currículo aos entendimentos prévios dos jovens, quando eles vêm de culturas e histórias diferentes, é um trabalho excepcionalmente difícil, mesmo para os melhores professores. Aprender a mudar, de modo que os motivem a servir seus estudantes em um mundo complexo, leva os professores ao limite. Novos currículos; novas formas de definir, estabelecer e atingir padrões; novas abordagens ao ensino e ao aprendizado não são compreendidas através de diretrizes impressas, freqüentando alguns *workshops* isolados, ou concentrando todo o pensamento e tempo de preparação antes da prática (nas férias, por exemplo). Nos detalhes da prática, na própria sala de aula e em seu entorno é que as dificuldades e as complicações são, a princípio, encontradas, e é nesse momento em que os professores mais necessitam de apoio.

Aprender a mudar exige bastante do ponto de vista intelectual, e os professores necessitam de muito tempo, dentro e fora do período escolar, para refletir, individual e coletivamente, a respeito de mudanças curriculares complexas. Eles precisam de orientação e apoio de diretores habilidosos e de outros orientadores que os conduzam no processo de compreensão das novas abordagens e precisam do apoio emocional de seus colegas, dos líderes, dos administradores e dos pais, enquanto tentam redirecionar seu ensino a fim de proporcionar os tipos de aprendizado de que os estudantes realmente necessitam. Buscar atalhos, economizar e reduzir a necessidade de apoio, escrevendo os padrões de maneira centralizada, minuciosa, de uma forma "à prova de professor", presa a textos associados e a sistemas de avaliação, força os professores e o ensino rumo ao caminho da desprofissionalização, o qual conduz os professores a um trabalho com menos arbítrio, menos discernimento e menos probabilidades de que o currículo e o aprendizado cumpram as necessidades de um grupo específico e diverso de alunos, o qual todo professor conhece. Não se conquista os padrões para os alunos da sociedade da informação equipando os professores com sistemas inflexíveis de padronização.

A maioria dos professores de hoje em dia está tendo de aprender a ensinar de uma forma diferente da qual eles foram ensinados. Isso é intelectual e emocionalmente exaustivo. Padrões com flexibilidade, ao contrário de uma padronização forçada, podem proporcionar uma excelente estrutura que motive os professores a avançarem. O tempo, a orientação, o apoio e o encorajamento são os bens mais preciosos para ampará-los. Ainda assim, essas qualidades, com freqüência, são consideradas como os artigos facilmente cortados nas despesas com educação. Aqueles que acreditam que o ensino pode e deve melhorar, pois o mundo em que os alunos irão ingressar exige, cada vez mais, suas habilidades, deveriam cuidar para que esse amparo essencial, que irá ajudar os professores a melhorar, não seja apenas preservado, mas também aumentado. Com esse tipo de amparo, os padrões elevados e as melhorias sustentáveis nos tipos de aprendizado que realmente importam para todos os alunos e as práticas dos professores representados neste livro não estarão mais, de maneira frustrante, além do nosso alcance.

Referências Bibliográficas

Acker, S. (1999). Realities of teaching. London: Cassell.
Adelman, N. E.; Walking-Eagle, K. P. (1997). Teachers, time and school reform. In A. Hargreaves (Ed.), *Rethinking educational change with heart and mind: The 1997 ASCO Yearbook.* Alexandria, VA: Association for Supervision and Curriculum Development.
Aronowitz, S.; Giroux, H. (1991). *Postmodern education: Politics, culture and social curriculum.* Minneapolis: University of Minnesota Press.
Ashforth, B. E.; Humphrey, R. H. (1993). Emotional labor in service roles: The influence of identity. *Academy of Management Journal, 18(1),* 88-115.
Ashton, P; Webb, R. (1986). Making a difference: Teacher's sense of efficacy and student achievement. New York: Longman.
Ball, D. L. (outono de 1990). Reflections and deflections of policy: The case of Carol Turner. *Educational Evaluation and Policy Analysis, 12(3),* 263-275.
Bandura, A. (1986). *Social foundations of thought and action.* Englewood Cliffs, NJ: Prentice Hall.
Barlow, M.; Robertson, H-J. (1994). *Class warfare: The assault on Canada's schools.* Toronto: Key Porter Books.
Bascia, N.; Hargreaves, A. (Eds.). (2000). *The sharp edge of educational change.* Bristol, PA: Falmer Press.
Beane, J. (1991). The middle school: The natural home of integrated curriculum. *Educational Leadership, 49(2),* 9-13.
Beane, J. A. (1995). Curriculum integration and the disciplines of knowledge. *Phi Delta Kappan,* 76(8), 616-622.
Bernstein, B. (1971). On the classification and framing of educational knowledge. In M.F.D. Young (Ed.), *Knowledge and control.* London: Collier-Macmillan.
Black, P. (1998). *Testing: Friend or foe? The theory and practice of assessment and testing.* Bristol, PA: Falmer Press, 1998.
Blackmore, J. (1996). Doing "emotional labour" in the education market place: Stories from the field of women in management. *Discourse: Studies in the Cultural Politics of Education, 17(3),* 337-349.
Boler, M. (1999). *Feeling power: Emotions and education.* New York: Routledge.
Brady, L. (1996). Outcome-based education: A critique. *Curriculum Journal,* 7(1), 5-16.
Broadfoot, P. (1996). *Education, assessment and society.* Bristol, PA: Open University Press.
Case, R. (1991). *The anatomy of curricular integration.* Forum on Curriculum Integration. Tri-University Integration Project, Occasional Paper 2. Burnaby, BC: Simon Fraser University.

Case, R (1994). Our crude handling of educational reforms: The case of curricular integration. *Canadian Journal of Education, 19(1),* 80-93.
Castells, M. (1996). *The rise of the network society.* Oxford, England: Blackwell.
Castells, M. (1997). *The power of identity.* Oxford, England: Blackwell.
Castells, M. (1998). *The end of millennium.* Oxford, England: Blackwell.
Cochran-Smith, M.; Lytle, S. L. (1992). Communities for teacher research: Fringe or forefront? *American Journal of Education, 100(3),* 298-324.
Cohen, D. (1995). What is the system in systemic reform? *Educational Researcher, 24(9),* 11-17, 31.
Cox, C.; Scruton, R. (1984). *Peace studies: A critical survey.* Occasional paper n. 7. Institute for European Defence and Strategic Studies. London: Alliance.
Csikzentmihalyi, M. (1990). *Flow: The problem of optimal experience.* New York: HarperCollins.
Cumming, J. (1996). *From alienation to engagement: Opportunities for reform in the middle years of schooling.* Australia: Australian Curriculum Studies Association.
Cummins, J. (1998). Language issues and educational change. In A. Hargreaves; A. Lieberman; M. Fullan; D. Hopkins (Eds.), *International handbook of educational change.* Norwell, MA: Kluwer Press.
Cunningham, G. (1998). *Assessment in the classroom: Constructing and interpreting tests.* Bristol, PA: Falmer Press.
Dadds, M. (em fase de elaboração). The politics of pedagogy. *Teachers and Teaching.*
Darling-Hammond, L. (novembro de 1992). Reframing the school reform agenda. School Administrator: Journal of the American Association of School Administrators, p. 22-27.
Darling-Hammond, L. (1997). *Doing what matters most: Investing in quality teaching.* New York: National Commission on Teaching and America's Future.
Darling-Hammond, L. (1998). Policy and change: Getting beyond bureaucracy. In A. Hargreaves; A. Lieberman; M. Fullan; D. Hopkins (Eds.), *International handbook of educational change.* Norwell, MA. Kluwer.
Datnow, A.; Castellano, M. (abril de 1999). *An "inside look" at the implementation of Success for All: Teachers' responses to the reform.* Artigo apresentado no encontro anual da American Educational Research Association, Montreal, Canadá.
Dauber, S. L.; Epstein, J. L. (1993). Parents' attitudes and practices of involvement in inner-city elementary and middle schools. In N. Feyl Chavkin (Ed.), *Families and schools in a pluralistic society* (p. 53-72). Albany, NY: State University of New York Press.
Davis, J. (1992). *Cultures and subcultures in secondary schools.* Artigo apresentado no encontro anual da American Educational Research Association, San Francisco.
Day, C. (1998). *Developing teachers: The challenges of lifelong learning?* Bristol, PA: Falmer Press.
Deal, T.; Kennedy, A. (1982). *Corporate cultures.* Reading, MA: Addison-Wesley.
Dean, C. (2000). Anxiety mounts over staff shortage. *Times Educational Supplement,* 30 de junho.
Denzin, N. (1984). *On understanding emotion.* San Francisco: Jossey-Bass.
Dewey, J. (1938). *Experience and education.* New York: Touchstone Press.
Donofrio, H.; Davis, K. (2 a 6 de abril de 1997). *Oral communication across disciplines: Adding value to academic pursuit and marketability.* Artigo apresentado no encontro anual da Southern States Communication Association, Savannah, GA.
Drake, S. (outubro de 1991). How our team dissolved the boundaries. *Educational Leadership,* 49(2), 20-22.
Drake, S. M. (1998). *Creating integrated curriculum.* Thousand Oaks, CA: Corwin Press.
Earl, L.; Cousins, J. B. (1995). *Classroom assessment: Changing the face; Facing the change.* Ontario: Ontario Public Service Teachers' Federation.
Earl, L.; Katz, S. (2000). Changing classroom assessment: Teachers' struggles. In N. Bascia; A. Hargreaves (Eds.), *The sharp edge of educational change.* Bristol, PA: Falmer Press.

Earl, L.; Lee, L. (1998). *Evaluation of the Manitoba School Improvement Program.* Toronto: Walter and Duncan Gordon Foundation.
Earl, L. M.; Lee, L. L. (1996). *Evaluation of the Manitoba School Improvement Program.* Toronto: International Centre for Educational Change at OISE/UT
Earl, L.; LeMahieu, P. G. (1997). Rethinking assessment and accountability. In A. Hargreaves (Ed.), *Rethinking educational change with heart and mind: The 1997 ASCL) yearbook.* Alexandria, VA: Association for Supervision and Curriculum Development.
Edmonds, R. R. (1979). Effective schools for the urban poor. *Educational Leadership, 37,* 15-24.
Eisner, E. W. (1992). The federal reform of schools: Looking for the silver bullet. *Phi Delta Kappan, 73(9),* 722-723.
Eisner, E. W. (junho de 1995). Standards for American schools: Help or hindrance. *Phi Delta Kappan,* 76(10), 758-760, 762.
Elkind, D. (1989). *The hurried child: Growing up too fast too* soon. Cambridge, Mass.: Perseus Publishing.
Elkind, D. (1997). Schooling in the postmodern world. In A. Hargreaves (Ed.), *Rethinking educational change with heart and mind: The 1997 ASCD Yearbook.* Alexandria, VA: Association for Supervision and Curriculum Development.
Elmore, R. (1995). Getting to scale with good educational practice. *Harvard Educational Review,* 66(1), 1-26.
Entwistle, H. (1979). Conservative schooling for radical politics. New York: Routledge.
Epstein, J. L. (1988). *Schools in the center: Schools, family, peer and community, connections for more effective middle grade schools and students.* Baltimore, MD: John Hopkins University Center for Research on Elementary and Middle Schools.
Evans, R (1997). *The human side of school change: Reform, resistance, and the real-life problems of innovations.* San Francisco: Jossey-Bass.
Eyers, V. (1992). *The report of the junior-secondary review: The education of young adolescents in South Australian government schools.* Adelaide: Department of Education of South Australia.
Farson, R. (1996). *Management of the absurd: Paradoxes in leadership.* New York: Simon & Schuster.
Fielding, M. (1999). Radical collegiality: Affirming teaching as an inclusive professional practice. *Australian Educational Researcher,* 26(2), 1-34.
Fink, D. (2000). *Good schools/real schools: Why school reform doesn't last.* New York: Teachers College Press.
Firestone, W. A.; Mayrowetz, D.; Fairman, J. (1998). Performance-based assessment and instructional change: The effects of testing in Maine and Maryland. *Educational Evaluation and Policy Analysis, 20(2),* 95-113.
Fogerty, R (1991). Ten ways to integrate curriculum. *Educational Leadership,* 49(2), 61-65.
Ford, M. (1992). *Motivating humans: Goals, emotions and personal agency beliefs.* Thousand Oaks, CA: Sage.
Foucault, M. (1977). *Discipline and punish: The birth of the prison.* New York: Pantheon.
Fried, R. (1995). *The passionate teacher.* Boston: Beacon Press.
Fullan, M. (1991). *The new meaning of educational change.* New York: Teachers College Press.
Fullan, M. (1993). *Change forces: Probing the depths of educational reform.* Bristol, PA: Falmer Press.
Fullan, M. (1999). *Change forces: The sequel.* Bristol, PA: Falmer Press.
Fullan, M. (2000). The return of large-scale reform. *Journal of Educational Change, 1(1),* 5-28.
Fullan, M.; Hargreaves, A. (1991). *What's worth fighting for? Working together for your school.* Andover, MA. The Regional Laboratory for Educational Improvement of the Northeast & Islands.
Fullan, M.; Hargreaves, A. (Eds.). (1992). *Teacher development and educational change.* Bristol, PA: Falmer Press.
Fullan, M.; Hargreaves, A. (1996). *What's worth fighting for in your school* (2. ed.). New York: Teachers College Press. (Em português: A escola como organização aprendente, Artmed, 2000).

Fullan, M. com Stiegelbauer, S. (1991). *The new meaning of educational change.* New York: Teachers College Press.
Garbarino, J. (1995). *Raising children in a socially toxic environment.* San Francisco: Jossey-Bass.
Gedge, J. (1991). The hegemonic curriculum and school dropout: The Newfoundland case. *Journal of Education Policy, 6*(2), 215-224.
Gehrke, N. (1991). Explorations of teacher development of integrated curriculums. *Journal of Curriculum and Supervision, 6*(2), 107-117.
Giddens, A. (1991). *Modernity and self-identity.* Cambridge: Polity Press.
Giles, C. (1997). Improving school development planning: Theoretical and practical perspectives. Dissertação de doutorado não-publicada, University of Nottingham.
Gilligan, C. (1982). *In a different voice: Psychological theory and women's development.* Cambridge, MA: Harvard University Press.
Gipps, C. V. (1994). *Quality assurance in teachers' assessment.* Artigo apresentado no encontro anual da American Educational Research Association (New Orleans, LA, 4 a 8 de abril) e da British Educational Research Association.
Goleman, D. (1995). *Emotional intelligence.* New York: Bantam Books.
Goleman, D. (1998). *Working with emotional intelligence.* New York: Bantam Books.
Goodlad, J. I. (1984). *A place called school: Prospects for the future.* New York: McGraw-Hill.
Goodson, I. F. (1988). *The making of curriculum.* Bristol, PA: Falmer Press.
Goodson, I. F. (1999). The educational researcher as public intellectual. *British Educational Research Journal, 25(3),* 277-297.
Goodson, I. F.; Ball, S. (Eds.). (1985). *Defining the curriculum.* Bristol, PA: Falmer Press.
Gramsci, A. (1971). *Selections from the prison notebooks.* London: Lawrence & Wishart.
Green, B.; Bigum, C. (1993). Aliens in the classroom. *Australian Journal of Education, 37(2),* 119-141.
Grundy, S.; Bonser, S. (1997). Choosing to change: Teachers working with student outcome statements. *Curriculum Perspectives, 17(1),* 1-12.
Guskey, T. R. (1986). Staff development and the process of teacher change. *Educational Researcher, 15(5),* 5-12.
Gutierrez, C. (2000). Teaching and learning are complex and evolutionary but market forces can collide with quality practice. Revisão de *Change forces: The sequel. Journal of Educational Change, 1(2).*
Habermas, J. (1972). *Knowledge and human interests.* Boston: Beacon Press.
Hall, G. (1988). The principal as leader of the change facilitating team. *Journal of Research and Development in Education, 22(1),* 49-59.
Hall, G. E.; Loucks, S. (1977). A developmental model for determining whether the treatment is actually implemented. *American Educational Research Journal, 14(3),* 263-276.
Hamilton, D. (1989). *Towards a theory of schooling* Bristol, PA. Falmer Press.
Hansberry, L. (1959). *Raisin in the sun.* London: Samuel French.
Hargreaves, A. (1986). *Two cultures of schooling: The case of middle schools.* Bristol, PA: Falmer Press.
Hargreaves, A. (1989). *Curriculum and assessment reform.* Buckingham: Open University Press.
Hargreaves, A. (1994). *Changing teachers, changing times: Teachers' work and culture in the postmodern age.* New York: Teachers College Press.
Hargreaves, A. (1995). Towards a social geography of teacher education. In N. K. Shimahara; I. Z. Holowinsky (Eds.), *Teacher education in industrialized nations.* New York: Garland.
Hargreaves, A. (janeiro a fevereiro de 1996). Revisiting voice. *Educational Researcher,* p. 1-8.
Hargreaves, A. (1997a). New ways to think about teachers and time. In N. E. Adelman; E. P. Walking-Eagle; A. Hargreaves (Eds.), *Racing with the clock: Making time for teaching and learning in school reform* (p. 79-88). New York: Teachers College Press.

Hargreaves, A. (1997b). Rethinking educational change: Going deeper and wider m the quest for success. In A. Hargreaves (Ed.), *Rethinking educational change with heart and mind: The 1997 ASCD yearbook.* Alexandria, VA. Association for Supervision and Curriculum Development.

Hargreaves, A. (1998a). Teachers' role in renewal. *Orbit, 29(1),* 10-13.

Hargreaves, A. (1998b). The emotions of teaching and educational change. In A. Hargreaves; M. Fullan; A. Lieberman; D. Hopkins (Eds.), *The international handbook of educational change.* Norwell, MA: Kluwer.

Hargreaves, A. (1998c). The emotional politics of teaching and teacher development: With implications for educational leadership. *International Journal of Leadership in Education, 1(4),* 315-336.

Hargreaves, A. (1999). The psychic rewards (and annoyances) of classroom teaching. In M. Hammersley (Ed.), *Researching school experience: Ethnographic studies of teaching and learning* (p. 87-106). Bristol, PA: Falmer Press.

Hargreaves, A. (2000). Four ages of professionalism and professional learning. *Teachers and Teaching: Theory and Practice,* 6(20), 151-182

Hargreaves, A. (em fase de elaboração). Beyond anxiety and nostalgia: Building a social movement for educational change. *Phi Delta Kappan.*

Hargreaves, A. (a ser publicado). Mixed emotions: Teachers' perceptions of their interactions with students. *Teaching and Teacher Education.*

Hargreaves, A.; Baglin, E.; Henderson, P.; Leeson, P.; Tossell, T. (1988). *Personal and social education: Choices and challenges.* Oxford, England: Basil Blackwell.

Hargreaves, A.; Beatty, B.; Lasky, S.; Schmidt, M.; Wilson, S. (em fase de elaboração). *The emotions of teaching.* San Francisco: Jossey-Bass.

Hargreaves, A.; Earl, L.; Ryan, J. (1996). *Schooling for change: Reinventing education for early adolescents.* Bristol, PA: Falmer Press. (Em português: *Educação para mudança*: recriando a *educação para adolescentes.* Porto Alegre: Armed, 2001.)

Hargreaves, A.; Evans, R. (Eds.) (1997). *Beyond educational reform.* Buckingham: Open University Press.

Hargreaves, A.; Fink, D. (2000). Three dimensions of educational reform. *Educational Leadership, 57(7),* 30-34.

Hargreaves, A.; Fullan, M. (1998). *What's worth fighting for out there? Breaking down the walls of schooling.* New York: Teachers College Press.

Hargreaves, A.; Leithwood, E.; Gérin-Lajoie, D.; Cousins, B. L.; Thiessen, D. (1993). *Years of transition: Times for change.* Relatório final de projeto financiado pelo Ontario Ministry of Education. Toronto: Queen's Printer.

Hargreaves, A.; Lieberman, A.; Fullan, M.; Hopkins, D. (Eds.). (1998). *The international handbook of educational change.* Norwell, MA: Kluwer.

Hargreaves, A.; Moore, S. (2000). Educational outcomes, modern and postmodern interpretations: Response to Smyth and Dow. *British Journal of Sociology of Education, 21(1),* 27-42.

Hargreaves, D. (1982). *The challenge for the comprehensive school: Culture, curriculum and community.* New York: Routledge.

Haynes, N. (Ed.). (abril de 1998). Changing schools for changing times: The Comer School development program. *A Special Issue of the Journal of Education for Students Placed at Risk.*

Helsby, G. (1999). *Changing teachers' work.* Bristol, PA. Open University Press.

Helsby, G.; Saunders, M. (1993). Taylorism, Tylerism, and performance indicators: Defending the indefensible? *Educational Studies, 19(1),* 55-77.

Hill, P. W.; Crévola, C. A. (1999). The role of standards in educational reform in the 21st century. In *Preparing our schools for the 21st century: The 1999 ASCD yearbook* (p. 117-142). Alexandria, VA: Association for Supervision and Curriculum Development.

Hochschild, A. R. (1983). *The managed heart: Commercialization of human feeling* Berkeley: University of California

Hopfl, H.; Linstead, S. (1993). Passion and performance: Suffering and the carrying of organizational roles. In S. Fineman (Ed.), *Emotion in organizations.* Thousand Oaks, CA: Sage.

House, E. (1981). Three perspectives on innovation: Technological, political and cultural. In R. Lehming; M. Kane (1981), *Improving schools: Using what we know.* Thousand Oaks, CA: Sage.

Huberman, M. (1993). *The lives of teachers.* London: Cassell and New York: Teachers College Press.

Huberman, M.; Miles, M. (1984). *Innovation up dose.* New York: Plenum.

Jeffrey, B.; Woods, P. (1996). Feeling deprofessionalized: The social construction of emotions during an OFSTED inspection. *Cambridge Journal of Education, 126(3),* 235-343.

Joyce, B.; Showers, B. (1988). *Student achievement through staff development.* White Plains, NY: Longman.

Kain, D. (1996). Recipes or dialogue? A middle school team conceptualizes "curricular integration." *Journal of Curriculum and Supervision, 11(2),* 163-187.

Khattri, N. (1995). How performance assessments affect teaching and learning. *Educational Leadership, 53(3),* 80-83.

King, J.; Evans, K (outubro de 1991). Can we achieve outcome-based education? *Educational Leadership,* 49(2), 73-75.

Lave, J.; Wenger, E. (1991). *Situated learning: Legitimate peripheral participation.* Cambridge: Cambridge University Press.

Lawton, D. (1975). *Class, culture and curriculum.* New York: Routledge.

Leinhardt, G. (1992). What research on learning tells us about teaching. *Educational Leadership,* 49(7), 20-25.

Leithwood, K. A.; Jantzi, D.; Steinbach, R. (1999). *Changing leadership for changing times.* Bristol, PA: Open University Press.

Lieberman, A. (1995). Restructuring schools: The dynamics of changing practice, structure and culture. In A. Lieberman (Ed.), *The work of restructuring schools: Building from the ground up.* New York: Teachers College Press.

Lieberman, A.; McLaughlin, M. (2000). Professional development in the United States: Policies and practices. *Prospects in Education.*

Lima, J. de (2000). Forgetting about friendship: Using conflict in teacher communities as a catalyst for school change. *Journal of Educational Change, 1(3).*

Linn, R.; Baker; Dunbar (1991). Complex performance-based assessment: Expectations and validation criteria. *Educational Researcher, 20(3),* 15-21.

Little, J. W. (1990). The persistence of privacy: Autonomy and initiative in teachers' professional relations. *Teachers College Record,* 91(4), 509-536.

Little, J. W. (1993). Teachers' professional development in a climate of educational reform. *Educational Evaluation and Policy Analysis, 15(2),* 129-51.

Livingstone, D.; Hart, D.; Davie, L. (1998). *Public attitudes toward education in Ontario, 1998: The twelfth OISE/UT survey.* Toronto: OISE/UT.

Lortie, D. (1975). *Schoolteacher: A sociological study.* Chicago: University of Chicago Press.

Macmillan, R. (2000). Leadership succession, culture of teaching, and educational change. In N. Bascia; A. Hargreaves (Eds.), *The sharp edge of educational change.* Bristol, PA: Falmer Press.

Manning, S.; Freeman, S.; Earl, L. (1991). *Charting the voyage of planned educational change: Year one—The Scarborough Transition Years pilot projects.* Scarborough, Ontario: Scarborough Board of Education.

Marsh, M. (1999). Life inside a school: Implications for reform in the 21st century. In *Preparing our schools for the 21st century: The 1999 ASCO yearbook* (p. 185-202). Alexandria, VA: Association for Supervision and Curriculum Development.

Marzano, R. J.; Pickering, D.; McTighe, J. (1993). *Assessing student outcomes: Performance assessment using the dimensions of a learning model.* Alexandria, VA. Association for Supervision and Curriculum Development.

Maurer, R. (1996). *Beyond the wall of resistance*. Austin, TX: Bard Books.
McAdoo, M. (1998). Buying school reform: The Annenberg grant. *Phi Delta Kappan, 79(5)*, 364-69.
McGilp, E.J.; Michael, M. (3-6 de julho de 1994). *The home-school connection: Empowering the professional*. Artigo apresentado no 24º encontro anual da Australian Teacher Education Association, Brisbane, Queensland, Austrália.
McLaughlin, M. W. (1989). The RAND change agent study ten years later: Macro perspectives and micro realities. Paper based on address given at the annual meeting of the American Educational Research Association (San Francisco, CA, 27 de março).
McLaughlin, M.; Talbert, J. (1993). *Contexts that matter for teaching and learning*. Stanford University CA: Center for Research on the Context of Secondary School Teachers.
McNeil, L. (2000). *Contradictions of reform*. New York: Routledge.
McTaggart, R. (1989). Bureaucratic rationality and the self-educating profession: The problem of teacher privatism. *Journal of Curriculum Studies, 21(4)*, 345-361.
Meier, D. (1998). Authenticity and educational change. In A. Hargreaves; A. Lieberman; M. Fullan; D. Hopkins (Eds.), *International handbook of educational change* (p. 596-615). Norwell, MA: Kluwer.
Mestrovic, S. G. (1997). *Postemotional society*. London: Sage.
Metz, M. (1991). Real school: A universal drama amid disparate experience. In D. Mitchell; M. Gnesta (Eds.), *Education politics for the new century: The twentieth anniversary yearbook of the Politics of Education Association*. Bristol, PA: Falmer Press.
Mintzberg, H. (1994). *The rise and fall of strategic planning*. New York: Free Press.
Muller, C.; Kerbow, D. (1993). Parent involvement in the home, school and the community. In B. Schneider; J. S. Coleman (Eds.), *Parents, their children and schools* (p. 13-42). Boulder, CO: Westview Press.
Muncey, D.; McQuillan, P. (1996). Reform and resistance in schools and classrooms: A view of the Coalition of Essential Schools. New Haven, CT: Yale University Press.
Murphy, R.; Broadfoot, P. (1995). *Effective assessment and the improvement of education: A tribute to Desmond Nuttall*. Bristol, PA. Falmer Press.
National Commission on Time and Learning. (1994). *Prisoners of time*. Washington, D.C.: U.S. Department of Education.
Newmann, F.; Wehlage, G. (1995). *Successful school restructuring*. Madison, WI: Center on Organization and Restructuring Schools.
Newmann, F; Wehlage, G. (1996). *Authentic achievement: Restructuring schools for intellectual quality*. San Francisco: Jossey Bass.
Nias, J. (1989). *Primary teachers talking*. New York: Routledge.
Nias, J. (1991). Changing times, changing identities: Grieving for a lost self. In R. G. Burgess (Ed.), *Educational research and evaluation: For policy and practice*. Bristol, PA: Falmer Press.
Nias, J.; Southworth, G.; Yeomans, A. (1989). *Staff relationships in the primary school*. London: Cassell.
Nieto, S. (1998). Cultural difference and educational change. In A. Hargreaves, M. Fullan, A. Lieberman; D. Hopkins (Eds.), *International handbook of educational change*. Norwell, MA: Kluwer.
Nikiforuk, A. (1993). *School's out: The catastrophe in public education and what we can do about it*. Toronto: Macfarlane, Walter and Ross.
Noddings, N. (1992). *The challenge to care in schools*. New York: Teachers College Press.
Norton, R. (1988). Similarities between history-social science framework and English-language arts framework: What it means for elementary teachers. *Social Studies Review, 28(1)*, 48-52.
Nuttall, D. (1994). Choosing indicators. In K. Riley; D. Nuttall (Eds.), *Measuring quality: Educational indicators, the United Kingdom and international perspectives*. Bristol, PA: Falmer Press.
Oakes, J.; Lipton, M. (1998). *Teaching to change the world*. New York: McGraw-Hill.

Oakes, J.; Wells, A.; Yonezawa, S.; Ray, K. (1997). Equity issues from detracking schools. In A. Hargreaves (Ed.), *Rethinking educational change with heart and mind: The 1997 ASCD yearbook*. Alexandria, VA: Association for Supervision and Curriculum Development.

Oatley, K. (1991). *Best laid schemes: The psychology of emotions*. Cambridge: Cambridge University Press.

O'Day, J.; Goertz, M.; Floden, R. (1995). *Building capacity for educational reform*. Policy brief. Consortium for Policy Research in Education, Carriage House at the Eagleton Institute of Politics, Rutgers University.

Ontario Ministry of Education and Training. (1995). *The common curriculum: Policies and outcomes, Grades 1-9*. Toronto: Queen's Printer.

Ontario Ministry of Education and Training. (1997). *Ontario secondary schools: Discussion document*. Toronto: Queen's Printer.

Panaritis, P. (1995). Beyond brainstorming: Planning a successful interdisciplinary program. *Phi Delta Kappan*, 76(8), 623-628.

Pirsig, R. (1991). *Lila*. New York: Bantam Books.

Pliska, A.; McQuaide, J. (março de 1994). Pennsylvania's battle for student learning outcomes. *Educational Leadership*, 16-21.

Pollard, A.; Broadfoot, P.; Croll, P.; Osborn, M.; Abbott, D. (1994). *Changing English primary schools: The impact of the Education Reform Act at key stage one*. London: Cassell.

Postman, N. (1995). *The end of education: Redefining the value of school*. New York: Vintage Books.

Rasinski, T.; Padak, N. (1995). *Curriculum integration in even start programs*. Occasional paper 5. (ERIC Document Reproduction Service No. ED 388 948.)

Ritzer, G. (1999). *Enchanting a disenchanted world: Revolutionizing the means of consumption*. Thousand Oaks, CA: Pin Forge Press.

Rosenholtz, S. (1989). *Teachers' workplace*. New York: Longman.

Rowan, B. (1994). Comparing teachers' work with work in other occupations: Notes on the professional status of teaching. *Educational Researcher*, 23(6), 4-17.

Rudduck, J. (1991). *Innovation and change: Developing involvement and understanding*. Philadelphia: Open University Press.

Rudduck, J.; Day, J.; Wallace, G. (1997). Students' perspectives on school improvement. In A. Hargreaves (Ed.), *Rethinking educational change with heart and mind: The 1997 ASCO yearbook*. Alexandria, VA: Association for Supervision and Curriculum Development.

Ryan, J. (junho de 1995). *Organizing for teaching and learning in a culturally diverse school setting*. Artigo preparado para a Annual Conference of the Canadian Society of the Study of Education.

Sabar, N.; Silberstein, M. (1998). Toward a more balanced curriculum: Multi-oriented curriculum structure in Israeli primary schools. *Journal of Curriculum and Supervision*, 14(1), 43-67.

Said, E. W. (1994). *Representations of the intellectual*. London: Vintage Books.

Sarason, S. (1971). *The culture of school and the problem of change*. Needham Heights, MA: Allyn & Bacon.

Sarason, S. (1990). *The predictable failure of educational reform*. San Francisco: Jossey-Bass.

Schlechty, P. (1990). *Schools for the twenty-first century: Leadership imperatives for educational reform*. San Francisco: Jossey-Bass.

Scruton, R.; Ellis-Jones, A.; O'Keefe, D. (1985). *Education and indoctrination?* London: Sherwood Press.

Sergiovanni, T. J. (1990). *Moral leadership: Getting to the heart of school improvement*. San Francisco: Jossey-Bass.

Sergiovanni, T. J. (2000). *The lifeworld of leadership*. San Francisco: Jossey-Bass.

Shave, D. (1979). *Psychodynamics of the emotionally uncomfortable*. St. Louis, MO: Warren H. Green.

Sheppard, L. (1991). Psychometricians' beliefs about learning. *Educational Researcher*, 20(7), 2-16.

Shimahara, K.; Sakai, A. (1995). *Learning to teach in two cultures: Japan and the United States*. New York: Garland.
Shmerling, L. (1996). *Communication in the workplace*. Victoria, Australia: Macmillan Education.
Sikes, P. (1985). The life cycle of the teacher. In S. Ball; I. Goodson (Eds.), *Teachers' lives and careers*. Bristol, PA: Falmer Press.
Siskin, L. (1994). *Realms of knowledge*. Bristol, PA: Falmer Press.
Siskin, L. S. (1995). Subject divisions. In L. S. Siskin; J. W. Little (Eds.), *The subjects in question: Departmental organization and the high school* (p. 23-47). New York: Teachers College Press.
Siskin, L. S.; Little, J. W. (Eds.). (1995). *The subjects in question: Departmental organization and the high school*. New York: Teachers College Press.
Smith, L. M.; Dwyer, D. C.; Prunty, J. J.; Kleine, P. F. (1987). *The fate of an innovative school*. Bristol, PA: Falmer Press.
Smith, W. J.; Donahue, H.; Vibert, A. B. (1998). Student engagement in learning and school life: Case reports from project schools. In A. Vibert; J. Portelli; C. Shields; L. LaRoque (Eds.), *Curriculum practice in elementary schools: Curriculum of life, voice and community*. Montreal, Quebec: Office of Research on Educational Policy, McGill University.
Smyth, J.; Dow, A. (1998). What's wrong with outcomes? Spotter planes, action plans, and steerage of the educational workplace. *British Journal of Sociology in Education, 19(3)*, 291-303.
Sockett, H. (1989). *The moral base for teacher professionalism*. New York: Teachers College Press.
Spady, W. (1994). *Outcomes based education: Critical issues and answers*. Arlington, VA: American Association of School Administrators.
Spady, W.; Marshall, K. (1991). Beyond traditional outcomes-based education. *Educational Leadership, 49(2)*, 67-72.
Spies, P. (1996). High school learning teams: Engaging and empowering students and teachers through interpersonal and interdisciplinary connections. *New Schools, New Communities, 12(2)*, 45-51.
Stanl, S. A.; Miller, P. D. (1989). Whole language experience approaches for beginning reading: A quantitative research synthesis. *Review of Educational Research, 59(1)*, 87-116.
Stiggins, R. (março de 1991). Assessment literacy. *Phi Delta Kappan, 72(7)*, 534-539.
Stiggins, R. J. (1995). Assessment literacy for the 21st century. *Phi Delta Kappan*, 77(3), 238-245.
Stiggins, R. J. (1996). *Student centered classroom assessment*. Englewood Cliffs, NJ: Prentice Hall.
Stiggins, R. J.; Bridgeford, N. J. (1985). Ecology of classroom assessment. *Journal of Educational Measurement, 22(4)*, 271-286.
Stoddart, T. (19-23 de abril de 1999). *Integrating science learning and language development*. Artigo submetido em um simpósio da conferência anual da Amencan Educational Research Association, Montreal, Canada.
Stodolsky, S. S. (1988). *The subject matters: Classroom activity in math and social studies*. Chicago: University of Chicago Press.
Stoll, L. (janeiro de 1999). *Realizing our potential building capacity for lasting improvement*. Keynote presentation to the Twelfth International Congress for School Effectiveness and Improvement, San Antonio, TX.
Tharp, R.; Dalton, S.; Yamauchi, L. (1994). Principles for culturally compatible Native American education. *Journal of American Education, 11(3)*, 33-39.
Thomson, P. (1999). *Doing justice: Stories of everyday life in disadvantaged schools and neighborhoods*. Dissertação de doutoramento não publicada, Deakin University, Australia.
Tom, A. (1983). *Teaching as a moral craft*. White Plains, NY Longman.
Torrance, H. (1995). Investigating teacher assessment in infant classrooms: Methodological problems and emerging issues. *Assessment in Education, 2(3)*, 305-320.
Torrance, H.; Pryor, J. (1998). *Investigating formative assessment: Teaching learning and assessment in the classroom*. Bristol, PA: Falmer Press.

Troman, G.; Woods, P. (2000). Careers under stress: Teachers' adaptations at a time of intensive reform. *Journal of Educational Change, 1(3)*.
Tucker, M. S.; Codding, J. B. (1998). *Standards for our schools: How to set them, measure them, and reach them.* San Francisco: Jossey-Bass.
Tucker, M. S.; Codding, J. B. (1999). Education and the demands of democracy in the next millennium. In D. D. Marsh (Ed.), *Preparing our schools for the 21st century: The 1999 ASCD yearbook* (p. 25-44). Alexandria, VA: Association for Supervision and Curriculum Development.
Tunstall, P.; Gipps, C. (1996). Teacher feedback to young children in formative assessment: A typology. *British Educational Research Journal, 22(4)*, 389-404.
Tyack, D.; Tobin, W. (1994). The grammar of schooling: Why has it been so hard to change? *American Educational Research Journal, 31(3)*, 453-480.
Tye, B. (1985). *Multiple realities: A study of 13 American high schools.* Lanham, MD.: University Press of America.
Vincent, C. (1996). *Parents and teachers: Power and participation.* Bristol, PA: Falmer Press.
Wallace, M. (1991). Flexible planning: A key to the management of multiple innovations. *Educational Management and Administration, 19(3)*, 180-192.
Wang, M.; Haertel, G.; Walberg, H. (1998). *Achieving student success: A handbook of widely implemented research-based educational reform models.* Philadelphia: Temple University Center for Research in Human Development and Education.
Webb, R.; Vulliamy, G. (1993). A deluge of directives: Conflict between collegiality and managerialism in the post-ERA primary school. *British Education Research Journal, 22(4)*, 441-458.
Werner, W. (1988). Program implementation and experienced time. *Alberta Journal of Educational Research*, 34(2), 90-108.
Whitford, B. L. (2000). Commitment and compliance: High stakes consequences in Kentucky. *Journal of Educational Change,* 1(1), 107-112.
Whitty, G.; Power, S.; Halpin, D. (1998). *Devolution and choice in education: The school, the state and the market.* Melbourne, Australia: Open University Press.
Wideen, M.; Mayer-Smith, J.; Moon, B. (1996). Knowledge, teacher development and change. In I. Goodson; A. Hargreaves (Eds.), *Teachers' professional lives.* Bristol, PA: Falmer Press.
Wiggins, G.; McTighe, J. (1998). *Understanding by design.* Alexandria, VA: Association for Supervision and Curriculum.
Wilson, R. (1990). Classroom processes in evaluating student achievement. *Alberta Journal of Educational Research,* 36(1), 4-17.
Woloszyk, C. (1996). *Vocational education's linkages with the business community of Michigan.* East Lansing: Michigan Center for Career and Technical Education.
Woodhead, C. (1995). *Education—the elusive engagement and continuing frustration.* Times Educational Supplement: First Annual Lecture to Her Majesty's Chief Inspectors.
Woods, P. (1993). *Critical events in teaching and learning.* Bristol, PA: Falmer Press.
Woods, P.; Jeffrey, B.; Troman, G.; Boyle, M. (1997). *Restructuring school, reconstructing teachers.* Bristol, PA: Open University Press.
Wraga, W. (1997). Patterns of interdisciplinary curriculum organization and professional knowledge of the curriculum field. *Journal of Curriculum and Supervision, 12(2)*, 98-117.
Wylie, C. (1997). *Self-managing schools seven years on: What have we learnt?* Wellington: New Zealand Council for Educational Research.
Wyn, J. (1994). Continuing inequalities into new times, In J. Kenway (Ed.), *Schooling what future? Balancing the education agenda* (p. 101-112). Deakin, Australia: Deakin Centre for Education and Change, Deaking University.
Zlatos, B. (setembro de 1993). Outcomes-based outrage. *Executive Educator, 15(9),* 12-16.

Índice

A

A Raisin in the Sun (filme), 94
Abbott, D., 124
Acker, S., 161
Adelman, N. E., 157
Administração: mudança apoiada pela, 152-153
    cultura de colaboração e, 160
    mudança educacional apoiada pela, 167-172
    tarefas da mudança educacional da, 151-152
Agenda de padrões/resultados: crenças básicas da, 29-29
    como desafio à abordagem tradicional, 28-29
    currículo definido pela, 27-28
    da mudança educacional, 177-178-179
    foco da, 27
    padrões de conteúdo e desempenho da, 29-30
    tradicional *versus*, 29. *Ver também* Resultados do aprendizado
Alunos: avaliação e relatório de resultados pelos, 64-67
    avaliação e relacionamento dos professores com, 72-75
    comunicação entre professores e pais sobre, 68-72. *Ver também* Estudantes portadores de necessidades especiais; Resultados do aprendizado
    desenvolvimento/relacionamentos curriculares e pessoais dos, 91-96
    envolvidos no planejamento de resultados, 46-48
    papel autêntico da avaliação feita pelos, 59
    perspectiva política da avaliação e, 59-60
    perspectiva pós-moderna da avaliação e, 62-64
    relacionamentos emocionais entre professores e, 134-139
Alunos com necessidades especiais. *Ver* Estudantes com dificuldades de aprendizagem
Alunos portadores de necessidades especiais: avaliando resultados de, 69
    objetivos/laços emocionais com, 137-138
    resultados baseados na padronização e, 54. *Ver também* Estudantes
Apoio à mudança educacional: para garantir sustentabilidade, 153-154
    aprendizado profissional como, 162-166
    arbítrio profissional e, 166-167
    cultura do professor e, 159-162
    estruturas escolares e, 154-159
    implicações do, 173
    papel da liderança no, 152-153
    tarefas da liderança durante, 151-152
Aprendizado profissional, 163
Arbítrio do professor, 29
Arbítrio profissional, 166-167
Aronowitz, S., 118
Arquitetura escolar, 156-157
Ashforth, B. E., 134
Ashton, P., 159
Avaliação autêntica, 59, 63
Avaliação de sala de alua. *Ver* Avaliação
Avaliação: de qualidades do afeto/de atitudes, 75-78
    a abordagem da nova ortodoxia a, 14, 55-56

autêntica, 59, 63
baseada no desempenho, 21
confrontando contradições curriculares durante a, 67-68
da mudança educacional, 178-179, 181
de estudantes com dificuldades de aprendizagem, 69
desenvolvendo um repertório de, 75-81
e o processo de relatar resultados, 64-67
implicações para a reforma educacional da, 81-82
perspectiva cultural da, 58-59
perspectiva política da, 59-62
perspectiva pós-moderna da, 62-64
perspectiva técnica da, 56-58
questionamento dos professores da, 78-81
relacionamentos entre professores e estudantes e, 72-75
relacionamentos entre professores e pais, 68-72
resultados de formas alternativas de, 180-181
Avaliações baseadas no desempenho, 21

B

Baker, 57
Ball, D. L., 104
Ball, S., 84, 101
Bandura, A., 117
Barlow, M., 88
Beane, J. A., 87
Bernstein, B., 83, 108
Bigum, C., 62
Black, P., 55
Blackmore, J., 118, 134
Boler, M., 132
Bonser, S., 27, 33, 45, 54
Boyle, M., 18
Brady, L., 36
Bridgeford, N. J., 57
Broadfoot, P., 55, 58,124

C

Canadian Immigration Organization, 96
Case, R, 84, 87, 104
Castells, M., 19, 62, 89
Churchill, W., 156

Cochran-Smith, M., 107
Codding, J. B., 13, 16, 17, 29
Cohen, D., 29, 114
Concurso "Vamos Acabar com o Racismo" (Canadian Immigration Organization), 97
Conseqüente responsabilidade, 14
Core blocking time structure, 140
Cousins, J. B., 55, 56, 57, 67
Cox, C., 83
Crévola, C. A., 13, 16, 29, 29, 30
Croll, P., 124
Csikzentmihalyi, M., 147
Cultura da comunidade profissional, 159-162
Cultura do professor, 159-162
Culturas de trabalho colaborativas, 159-162
Cumming, J., 20
Cummins, J., 17, 85
Cunningham, G., 58
Currículo apressado, 15-16
a nova ortodoxia educacional como "karaokê", 15-21
entendendo o significado da reforma, 121-124
foco de estudo nos professores e na reforma do, 22-24
Ontario Ministry of Education and Training, 21-22
Ver também Currículo baseado na padronização
Currículo "interdisciplinar", 17. Ver também Integração curricular
"Currículo Karaokê", 15-21
Currículo baseado na padronização: contextos contraditórios do, 19-20
atuais práticas de, 16-17
críticas ao, 29-33
desprofissionalização e, 18-19
dificuldades com a integração do, 30-31
estudantes com dificuldades de aprendizagem e, 54
foco do, 27-28
indo além, 21-22
professores enfrentando contradições no, 67-68
Currículo centralizado, 13.
Ver também Currículo integrado Change forces: the sequel (Fullan), 31
Currículo clínico, 16-17
Currículo de simulações, 99

D

Dadds, M., 15, 18
Dalton, S., 17, 85
Darling-Hammond, L., 18, 60
Datnow, A., 151
Dauber, S. L., 48
Davis, J., 156
Davis, K, 89
Day, C., 163
Day, J., 16
Deal, T., 154
Dearing Committee (Currículo nacional), 31
Denzin, N., 132, 133
Desenvolvimento do conhecimento: integração curricular e, 109
 de reforma e declarativo, 128
Desenvolvimento do pensamento crítico, 109
Desenvolvimento profissional do professor: apoio à mudança através do, 162-166
 mudança educacional e, 127-130
Desenvolvimento profissional. *Ver* Desenvolvimento profissional do professor
Desenvolvimento/relacionamentos pessoais, 91-96
Detracking (*destreaming*), 21
Dewey, J., 85
Donahue, H., 85
Donofrio, H., 89
Dow, A., 32, 52
Drake, 103, 104
Dunbar, 57
Dwyer, D. C., 153

E

Earl, L., 16, 55, 56, 57, 58, 59, 60, 61, 67, 67, 117, 156
Edmonds, R. R., 54
Eisner, E. W., 32, 101
Elkind, D., 15, 95
Ellis-Jones, A., 83
Elmore, R, 116
Ensino: apoio à mudança e cultura do, 159-162
 emoções e estratégias pedagógicas utilizadas no, 141-147
 implicações do trabalho emocional para,148-149
 trabalho emocional do planejamento do, 147-148
 trabalho emocional e estrutura do, 139-141
 entendendo o significado da, 121-124
Entendimento emocional, 132-133
Entwistle, H., 78
Epstein, J. L., 48
Estratégias pedagógicas (ou de instrução), 141-147. *Ver também* Ensino
Estrutura espacial (escola), 156-157
Estruturas escolares: culturas de colaboração e, 159-162
 mudança educacional, apoio das, 154-159
 trabalho emocional e, 139-141
Estudo de relacionamentos familiares, 93-96
Evans, K., 27
Evans, R., 18, 116, 167
Experience and education (Dewey), 84
Eyers, V., 84

F

Fairman, J., 60
Farson, R., 145
Fielding, M., 161
Fink, D., 102,151, 153, 155, 171, 173
Firestone, W. A., 60, 61, 67
Floden, R., 153
Fluxo de planejamento, 147-148
Fogerty, R., 104
Ford, M., 117
Foucault, M., 61, 76
Freeman, S., 156
Fried, R., 134
Fullan, M., 31, 45, 50, 52, 58, 83, 88, 90, 113, 116, 118, 120, 127, 128, 151, 153, 156, 159, 163, 167, 169, 172

G

Gedge, J., 87
Gehrke, N., 84
Giles, C., 52
Gilligan, C., 136
Gipps, C. V., 55, 59
Giroux, H., 118
Goertz, M., 153
Goleman, D., 75, 132, 147, 160
Goodlad, J. I., 113, 141, 163
Goodson, I. F., 16, 32, 84, 101, 157
Gramsci, A., 118

Green, B., 62
Grundy, S., 27, 33, 45, 54
"Guerra e Paz," 95
Guskey, T. R., 162
Gutierrez, C., 16, 32, 120

H

Habermas, J., 17, 56
Haertel, G., 84
Hall, G. E., 101,167
Halpin, D., 20
Hamilton, D., 157
Hansberry, L., 94
Hargreaves, A., 16, 18, 19, 27, 28, 29, 45, 49, 50, 54, 58, 61, 67, 71, 75, 76, 83, 85, 87, 88, 90, 92, 102, 105, 125, 127, 128, 131, 133, 137, 151, 153, 155, 157, 159, 161, 163, 164, 169, 170, 172, 173
Haynes, N., 84
Helsby, G., 18, 52, 102, 105, 159, 159, 167
Hill, P. W., 13, 16, 29, 29, 30
Hochschild, A. R., 134, 146
Hopfl, H., 61
Hopkins, D., 83
House, E., 56, 58
Huberman, M., 146, 153
Humphrey, R. H., 134

I

Indicadores, 14
"Implementation dip," 118
Integração curricular: vantagens e benefícios da, 107-109
　desafios da implementação, 100-101
　dificuldades de planejamento, 164-166
　discontinuidade da, 105-107
　exceções da, 104-105
　história da, 83-86
　papel do professor no sucesso da, 101-104
　princípios organizacionais da, 86-87
　relevância para contextos sociais e políticos, 96-100
　relevância para o desenvolvimento/relacionamentos pessoais, 91-96
　relevância para o trabalho, 87-91
　resultados de estudos sobre, 181-183

J

Jantzi, D., 128
Jeffrey, B., 18, 167
Joyce, B., 163

K

Kain, D., 84, 101
Kennedy, A., 154
Kentucky Education Reform Act, 152
Kerbow, D., 48
Khattri, N., 57
King, J., 27
Kleine, P. F., 153

L

Lave, J., 17
Lawton, D., 103
Learning Consortium, 22
Lee, L. L., 117
Leinhardt, G., 85
Leithwood, K. A., 128, 167
LeMahieu, P. G., 58-60, 67
Liderança cultural, 169-171
Liderança emocional, 169-171
Liderança escolar: cultural e emocional, 169-171
　estratégica, 171-172. *Ver também* Administração
　intelectual, 168-169
　papel na mudança educacional, 167-168
Liderança estratégica, 171-172
Liderança intelectual, 168-169
Lieberman, A., 19, 54, 83, 166
Lima, J. de, 161
Linguagem da política de reforma educacional, 121-124
Linn, R, 57
Linstead, S., 61
Lipton, M., 118
Little, J. W., 45, 101, 159, 160, 162, 163
Livingstone, D., 22
Lortie, D., 135
Loucks, S., 101
Lytle, 20. L., 107

M

Macmillan, R., 171
Manning, S., 156
Marsh, M., 18, 19
Marshall, K., 27
Marzano, R. J., 55
Maurer, R., 119
Mayer-Smith, J., 163
Mayrowetz, D., 60
McAdoo, M., 84
McGilp, E. J., 48
McLaughlin, M., 19, 54, 101, 113, 124, 159, 173
McNeil, L., 167
McQuaide, J., 28
McQuillan, P., 102
McTaggart, R., 159
McTighe, J., 55, 56, 58
Medindo resultados do aprendizado, 37-38
Meier, D., 63
Meighan, 151
Mestrovic, S. G., 63
Metz, M., 154
Michael, M., 48
Miles, M., 153
Mintzberg, H., 52, 148
Modificando resultados do aprendizado, 38-40
Moon, B., 163
Moore, S., 27
Motivação para a reforma, 117-118
Mudança educacional: avaliação da, 178-179, 181
   achados a respeito da reação do professor a, 185-186
   considerando, 122-130
   essência da, 176
   liderança escolar e, 167-172
   motivação para, 117-118
   perspectiva cultural da, 115-118
   perspectiva política da, 118-119
   perspectiva pós-moderna da, 119-120
   perspectiva técnica da, 114-115
   questões relativas a, 113, 130
   resultados de estudos sobre a, 183-186
   resultados de estudos sobre as exigências da, 186-187
   resultados e padrões da, 177-179
   sustentabilidade da, 153-154

   trabalho emocional da, 131-149
Mudança. *Ver* Mudança educacional
Mullendore, R. H., 262
Muller, C., 48
Muncey, D., 102
Murphy, R, 55

N

National Commission on Time and Learning, 157
National Curriculum (Inglaterra e País de Gales): dificuldades na implementação, 31
   implementação do, 16,83
   OFSTED sistema de inspeção para, 124
   reação do professor ao, 18, 52
Newman, F., 156, 159
Nias, J., 18, 45, 124, 134, 159, 159, 161, 169
Nieto, S., 17
Nikiforuk, A., 142
Noddings, N., 136
Nova ortodoxia educacional. *Ver também* Reforma educacional
Nuttall, D., 60

O

O'Day, J., 153
O'Keefe, D., 83
Oakes, J., 118, 125
Oatley, K., 134
OFSTED, 124
Ontario Institute for Studies in Education (University of Toronto), 22
Ontario Ministry of Education and Training, 21-22, 30
Ortodoxia da aritmética, 13
Ortodoxia das avaliações alinhadas, 14
Ortodoxia de categorias, 14
Ortodoxia do aprendizado profunda, 13
Osborn, M., 124

P

Padak, N., 108
Padrões elevados, nova ortodoxia sobre, 13
Pais: avaliação e relacionamento com os professores, 68-72
   envolvidos no planejamento de resultados, 48-50, 53-54

Panaritis, P., 164
Parcerias empresariais, 90
Pensamento da reforma educacional: decidir mudar como forma de, 124-127
 desenvolver a capacidade de mudar como forma de, 127-130
 entendendo o significado do, 121-124
Perspectiva Cultural: da avaliação, 58-59
 da reforma educacional, 115-118
Perspectiva política: de avaliação, 59-62
 de reforma educacional, 118-119
Perspectiva pós-moderna: de avaliação, 62-64
 de reforma educacional, 119-120
Perspectiva técnica: da avaliação, 56-58; da mudança educacional,114-115
Pickering, D., 55
Pirsig, R., 120
Planejamento de resultados do aprendizado: etapas básicas do, 41
 colaboração do professor para, 43-46
 dificuldades do planejamento colaborativo, 164-166
 envolvendo os estudantes, 46-48
 envolvendo os pais no, 48-50, 53-54
 mal-entendidos públicos a respeito do, 54
 racionalidades do, 42-43
 ressonância emocional versus racionalidade do, 43-43, 52-53
Pliska, A., 28
Pollard, A., 124
Postman, N., 98
Power, S., 20
Prática emocional, 132
Princípio da verossimilhança, 99
Professores: vantagens da integração curricular para, 84
 aumentando o desenvolvimento pessoal dos estudantes, 91-96
 avaliação e relacionamento dos estudantes com os, 72-75
 avaliação e relacionamento entre pais e, 68-72
 avaliação e relatório de resultados pelos, 64-65
 como foco de estudo da reforma curricular, 22-24
 desafios afetivos da avaliação para, 76-78
 desafios da avaliação técnica para, 58
 desenvolvendo repertório de avaliação, 75-81
 dificuldades quanto à reforma enfrentadas por, 130
 do sistema educacional de Ontário, 22
 enfrentando contradições curriculares, 67-68
 envolvendo os estudantes no planejamento de resultados, 46-48
 envolvendo os pais no planejamento de resultados, 48-50, 53-54
 funções intelectuais dos, 118
 impacto do currículo baseado na padronização sobre, 32-33
 papel autêntico da avaliação pelos, 59
 papel na implementação da integração curricular, 101-104
 pensamento sobre a reforma educacional dos, 121-130
 perspectiva política da avaliação e, 59-61
 planejando trabalho conjunto entre, 43-46
 questionando a avaliação, 78-81
 reação ao National Curriculum dos, 18, 52
 resposta ao currículo baseado na padronização, 18-19
 ressonância emocional versus racionalidade do planejamento de resultados pelos, 43-43, 52-53
 sobre medição de resultados, 37-38
 sobre modificação de resultados, 38-40
 sobre o planejamento de resultados, 41-50
 sobre resultados do aprendizado vagos, 34-36
 sobre resultados enfadonhos, 36-37
 subestimação pública dos, 54
 trabalho emocional dos, 131-149
 utilizando o currículo relevante para o trabalho, 87-91
Prunty, J. J., 153
Pryor, J., 59, 59

R

Rasinski, T, 108
Ray, K., 125
Recursos de tempo, 163-164

Reforma curricular: foco dos estudos no professor, 22-24
Reforma educacional: dificuldades enfrentadas pelos professores na, 130
  agenda de padrões/resultados da, 27-30. *Ver também* Currículo baseado na padronização
  implicações da avaliação para, 81-82
  mudanças da educação tradicional pela, 14
  principais componentes da, 13-14
  questionando a, 15-21
Reformas baseadas na padronização no Kentucky, 20
Responsabilidade, 14
Resuldados do aprendizado enfadonhos, 36-37
Resultados do aprendizado vagos, 34-36, 51-52
Resultados do aprendizado: avaliando dificuldades de aprendizado, 69
  agenda de padrões/resultados sobre, 28-29
  avaliando e relatando, 64-67
  da mudança educacional, 177-179
  do currículo baseado na padronização, 33
  enfadonhos, 36-37
  implicações da, 50-54
  medindo, 37-38
  modificando, 38-40
  planejando, 41-50
  tradicionais *versus* baseados na padronização, 29
  vagos, 34-36, 51-52. *Ver também* Agenda de padrões/resultados
Resultados. *Ver* Resultados do aprendizado; Agenda de padrões/resultados
Ritzer, G., 63
Robertson, H. J., 88
Rosenholtz, S., 159, 159
Rudduck, J., 16, 17, 46, 159
Ryan, J., 16, 61, 62

S

Sabar, N., 86
Said, E., 100
Sakai, A., 139
Sarason, S., 113, 157
Saunders, M., 52
Schlechty, P., 13, 87

Schooling for Change (Hargreaves), 161
Scruton, R., 83
Sergiovanni, T. J., 17, 21, 30, 121
Shave, D., 120
Sheppard, L., 59
Shmerling, L., 89
Showers, B., 163
Shunahara, N. K., 139
Sikes, P., 146
Silherstein, M., 86
Siskin, L., 101, 102, 153
Smith, L. M., 153
Smith, W. J., 85
Smyth, J., 32, 52
Sockett, H., 121
Southworth, G., 45
Spady, W., 27
Spies, P., 84
Steinbach, R., 128
Stiggins, R. J., 55, 57, 58, 59, 82
Stoddart, T., 17
Stodolsky, S. S., 101
Stoll, L., 153

T

Talbert, J., 101, 159, 173
Tharp, R., 17, 85
The Common Curriculum: Policies and Outcomes, Grades 1-9 (Ontario Ministry of Education and Training), 30
Thomson, P., 20
Times Educational Supplement (Inglaterra), 20
Tobin, W., 113, 140, 153, 157
Tom, A., 121
Torrance, H., 57, 59
"Trabalhadores do conhecimento", 87-88
Trabalho emocional, 133-134
Trabalho emocional: objetivos e laços do, 134-139
  conceitos fundamentais do, 131-134
  de planejar o ensino, 147-148
  estrutura escolar e, 139-141. *Ver também* Reforma educacional
  implicações para o ensino do, 148-149
  pedagogia (ou instrução) e, 141-147
Troman, G., 18
Tuck everlasting, 93

Tucker, M. S., 13, 16, 17, 29
Tunstall, P., 55
Tyack, D., 113, 140, 153, 157
Tye, B., 141

U

Unidade de estudo "Conflitos e Mudança", 94
Unidade de estudo "Países em Notícia", 97
Unidade de estudo "O Jogo Real", 90, 91
University of Toronto, 22

V

Vibert, A. B., 85
Vincent, C., 49, 68
Vulliamy. G., 124

W

Wahlberg, H., 84
Walking-Eagle, K. P., 157
Wallace, G., 16
Wallace, M., 52
Wang, M., 84
Webb, R,, 124, 159

Wehlage, G., 156, 159
Wells, A., 125
Wenger, E., 17
Werner, W., 122
Whitford, B. L., 20, 152
Whitty, G., 20
Wideen, M., 163
Wiggins, G., 56, 58, 59
Wilson, R., 68
Wolf et al., 55
Woloszyk, C., 89
Woodhead, C., 142
Woods, P., 18, 99, 124, 125, 152, 159, 167
Wraga, W., 85
Wylie, C., 20, 29
Wyn, J., 88, 91

Y

Yamauchi, L., 17, 85
Yeomans, A., 45
Yonezawa, S., 125

Z

Zlatos, B., 28, 33, 43

METRÓPOLE
Indústria Gráfica Ltda.

Fone/Fax: (51) 3318-6355
e-mail: mig@mig.com.br
www.mig.com.br